JN288001

岩城裕之

方言数量副詞語彙の個人性と社会性

和泉書院

目　次

凡　例 ……………………………………………………………………… vii
はじめに …………………………………………………………………… 1

I　方言数量副詞語彙の世界

1　数量副詞語彙とは ……………………………………………………… 5

　1　数量副詞語彙とは ……………………………………………………… 5
　　1.1　副詞語彙の定義 …………………………………………………… 5
　　1.2　数量副詞語彙の大きな分類枠―分量と割合― ………………… 7

2　数量副詞語彙の記述と解釈 ……………………………………………16

　1　大崎下島大長（広島県呉市豊町大長）の概要 ……………………16
　2　大長方言の数量副詞語彙の記述 ……………………………………17
　3　量的構造 ………………………………………………………………48
　　3.1　全体量の比較 ………………………………………………………48
　　3.2　数量〈多〉と〈少〉の語形の非対称性 …………………………49
　4　意味的構造 ……………………………………………………………50
　　4.1　数量スケールの語彙体系 …………………………………………50
　　4.2　割合スケールの語彙体系 …………………………………………53
　　4.3　数量スケールと割合スケールの比較 ……………………………54

3　広島県安芸方言の数量副詞語彙体系 …………………………………56

　1　数量副詞語彙の地域性 ………………………………………………56

  2 広島県安芸太田町加計方言の数量副詞語彙の記述 ……………………56
   2.1 調査および調査地の概要 ………………………………………56
   2.2 カテゴリー別の数量副詞語彙体系 ……………………………57
   2.3 大長方言との語数比較 …………………………………………64
   2.4 大長方言との分類枠比較 ………………………………………65

<h2 style="text-align:center;">Ⅱ 個人差の世界へ</h2>

4 語彙研究と個人差の扱い ……………………………………………………69

 1 なぜ語彙の個人差を問題にするのか ……………………………………69
  1.1 語彙研究史と個人差の問題 ………………………………………69
  1.2 語彙の社会言語学的研究へ ………………………………………71
  1.3 最終的な目標 ………………………………………………………73
 2 「個人差」の位置づけ ………………………………………………………74
 3 副詞語彙を取り上げた理由 …………………………………………………75
 4 個人差を捉える方法 …………………………………………………………76

5 数量副詞語彙体系の個人性と社会性 ………………………………………78

 1 語の所有の有無についての実態提示と法則性 …………………………78
   ──大長方言を例に──
  1.1 はじめに ……………………………………………………………78
  1.2 数量〈多〉カテゴリーの場合 ……………………………………78
  1.3 数量〈少〉カテゴリーの場合 ……………………………………84
  1.4 割合〈全〉の場合 …………………………………………………85
  1.5 割合〈大〉の場合 …………………………………………………86
  1.6 語の所有の有無の法則 ……………………………………………87

2　意味上の個人性と社会性 …………………………………………88
　　　　──数量〈多〉カテゴリーを中心に──
　　　2.1　個人性と社会性の実態 …………………………………88
　　　2.2　対象物制限の分類枠をめぐって …………………………100
　　　2.3　個人性と社会性という点からみた数量〈多〉カテゴリーの構造 …………103
　　3　数量〈少〉カテゴリーの場合 ……………………………………106
　　　3.1　個人性と社会性の実態 …………………………………106
　　　3.2　対象物制限をめぐって …………………………………112
　　　3.3　個人性と社会性という点からみた数量〈少〉カテゴリーの構造 …………113
　　4　割合〈全〉カテゴリーの場合 ……………………………………114
　　　4.1　個人性と社会性の実態 …………………………………114
　　　4.2　文脈制限、対象物制限のある語をめぐって ……………120
　　　4.3　個人性と社会性という点からみた割合〈全〉カテゴリーの構造 …………125
　　5　割合〈大〉カテゴリーの場合 ……………………………………126
　　6　まとめ ……………………………………………………………126

6　語彙組織という概念 …………………………………………………130

　　1　語彙組織の提案 ……………………………………………………130
　　2　大長方言の数量〈多〉〈少〉カテゴリーの非対称性 ……………130
　　3　数量〈多〉〈少〉の語彙組織の比較 ………………………………131
　　4　数量副詞語彙の語彙組織 …………………………………………133
　　5　語彙組織からみえること …………………………………………134

Ⅲ　個人性と社会性からみえること
　　──生活への接近、意味への接近──

7　個人性と社会性からみる地域差 ………………………………………137
　　　　──広島県安芸地方方言2地点の比較──

		1	地域差の可能性 ·································	137

- 1 地域差の可能性 ·· 137
- 2 調査地点の選定 ·· 137
- 3 両集落における構造にみる個人性と社会性 ·················· 139
  - 3.1 数量に関わる分類枠の場合 ···························· 139
  - 3.2 文脈や対象物に制限がある分類枠の場合 ················ 143
- 4 地域差の実態 ·· 146
- 5 地域差の解釈の可能性 ······································ 147
  - 5.1 言語に反映する3つの環境 ···························· 147
  - 5.2 大長と加計の言語外環境の比較 ························ 149

8　個人性と社会性からみる世代差 ································ 153

- 1 若年層話者の個人差の実態とは ······························ 153
- 2 調査の概要 ·· 154
  - 2.1 調査地の概要 ·· 154
  - 2.2 調査項目 ·· 154
  - 2.3 話者・調査方法 ······································ 155
- 3 所有語数の世代差 ·· 155
  - 3.1 老年層話者の場合 ···································· 155
  - 3.2 若年層話者の場合 ···································· 156
  - 3.3 老年層話者、若年層話者の比較 ························ 158
- 4 語彙組織の世代差 ·· 158
  - 4.1 老年層話者の場合 ···································· 158
  - 4.2 若年層話者の場合 ···································· 164
  - 4.3 老年層話者と若年層話者の比較 ························ 170
- 5 まとめ ·· 170

9　語彙の生活カテゴリー分類と個人性・社会性 ···················· 172
　　――風位語彙にみる地域の生活像――

1	語彙の生活カテゴリー分類	172
2	調査の概要	174
	2.1　調査地点	174
	2.2　調査方法	175
	2.3　方言話者	175
	2.4　調査日時	175
3	農業従事者の風位語彙の実態と構造	175
	3.1　大崎下島大長方言の風位語彙の全容	175
	3.2　上蒲刈島宮盛の風位語彙の全容	187
4	両島の農業従事者の風位語彙の比較と解釈	190
	4.1　量的構造に着目して	190
	4.2　意味による比較	192
5	風位語彙の個人性と社会性	195
6	個人性からみる社会	196
	6.1　量的構造に注目して	196
	6.2　意味に注目して	200
7	まとめ	202

10　まとめにかえて …………………………………………210

1　数量副詞語彙から読み取れること …………………………210
2　個人差の出現状況 ……………………………………………210
3　語彙組織から地域差、世代差、生活語彙を捉える …………211
4　今後の展開の方向性 …………………………………………212

付章　用法の拡張と語彙体系 ………………………………214
　　　　――語彙体系をプロトタイプから描く――

1　プロトタイプから拡張する「意味」 …………………………214
2　副詞「タップリ」をめぐって …………………………………215

3　『分類語彙表』項目3.1910-10の内部体系 …………………217
　　　　3.1　所属する語と先行論における意味記述 ……………217
　　4　同一文中に共起する他語との関係にみる意味分析試論……219
　　　　4.1　方法 ……………………………………………………219
　　　　4.2　「豊か」と「豊富」について ………………………219
　　　　4.3　「潤沢」について……………………………………223
　　　　4.4　「たっぷり」について ………………………………225
　　5　詳細な分析からわかること …………………………………226
　　6　今後の展開 ……………………………………………………227

資料編

第1部　大崎下島大長で使用した調査票 ………………………………229
第2部　鹿島方言調査での若年層への確認用アンケート ……………240

参考・引用文献 ……………………………………………………………246
索引 …………………………………………………………………………249
おわりに ……………………………………………………………………253

凡　例

　特に注記する場合をのぞき、本文中における用例等の記述の態度及び符号は、以下のように定める。

1　発話はカタカナで記述する。
2　アクセントは高い部分に上線で示す。
3　発話の前には丸印をつけた。うち、自然傍受で得られた使用文には○を、語の説明として話者から得た説明文には●を付し、区別した。説明文のうち、要約したものは●の後、漢字仮名混じりで示した。
4　○や●のすぐ後の{　}内には、その発話の行われた状況や、発話の前提にある事柄のうち、発話の理解に必要と思われる情報を記した。発話の終わりにある（　）内には、その発話の共通語訳を載せている。極力共通語に翻訳するようにつとめたが、細かなニュアンスは反映できなかったところもある。
5　話者が同義語であるとしてあげた語は、＝の後に、「＝ゼンブ」のような形であげた。
6　教示者が実際に発音した文でない文（アンケートで使用した文や意味記述の引用部分）は漢字仮名交じりで示した。また教示者の発話通りに記述できなかった教示も同じ扱いにした。このような文の前には◎を付した。
7　非文である文の前には＊をつけた。

はじめに

　ことばには、伝達言語という面と認識言語という面の2つがある。これらはコインの裏表のように切っても切れない関係にあり、別々のものではない。人間という種としての先天的な認知パターンに基づく認識はあるものの、ことばやその背後にある認識様式である文化は、生まれてから学ぶものである。そしてこれらは、ことばで伝達されることが前提となる。したがって、卵が先なのか、鶏が先なのかが「問題」であるように、認識が先なのか、伝達が先なのかも「問題」である。

　しかし、伝達言語と認識言語には原理的な違いも大きい。まず、伝達言語においては、同じ言語を用いるすべての人が「同じ意味」を伝達することが好ましい。一方、認識言語においては必ずしもすべての人が「同じ認識」を持つことは要請されない。そもそも、伝達言語は人と人との間にあるものであり（聞き手と話し手が常に意識される）、きわめて社会的なものである。一方、認識言語は、どちらかといえば1人の内なる世界にある。当然個人の経験や能力に依るところも大きい。

　では、切っても切れない関係であるにも関わらず、原理的に異なるこの2つの相反した「ことば」なるものと、人はどのようにつきあっているのであろうか。

　本書では、語彙に焦点をあて、個人差の問題を考えてみたい。ただ、伝達というきわめて社会的な側面と、認識という個人的な側面の2つを併せ持ったものであるため、社会性と個人性という捉え方をする。個人差の少ない部分を社会性の高い部分と呼び、個人差の大きい部分を個人性の高い部分と呼ぶ。語彙体系を社会性と個人性という捉え方で描いてみたら何が見えるだろうか。

　そこで、本書は以下のように構成した。
　まずIにおいて、方言数量副詞語彙の世界を描いた。瀬戸内海に浮かぶ大崎

下島大長(広島県呉市豊町大長)方言の数量副詞語彙をとりあげ、その内部構造を明らかにするとともに、そこにみられる人々の認識について考察した。その後、大長と同じ広島県の、しかし山間部に位置する安芸太田町加計方言の数量副詞語彙との比較を行った。

次に、本書の題名となった「個人性と社会性」の問題をⅡ、Ⅲで考えていく。

Ⅱでは、語彙体系にみられる個人差の実態とその出現法則を明らかにする。語彙研究史上、語彙の個人差の問題が常に意識されてはいたものの、その実態はほとんど明らかにされてこなかったことをふまえ、数量副詞語彙を例に、個人差が語彙体系のどの部分にどのように出現するのかを明らかにする。そして、個人差の大きい部分を「個人性の高い部分」、個人差が小さい部分を社会的に共有されている部分として「社会性の高い部分」と捉えた。個人差の出現を捉え、体系的に安定している部分とそうでない部分を明らかにすることで、言語と環境の関わりをこれまで以上に詳細に描き、解釈することができると考えたからである。このように、個人性と社会性という視点から描く語彙体系を語彙組織と呼び、Ⅲでは、語彙組織の地域差、世代差、語彙カテゴリーによる差を観察し、解釈を試みた。

Ⅰ 方言数量副詞語彙の世界

1　数量副詞語彙とは

1　数量副詞語彙とは

1.1　副詞語彙の定義

　副詞とは、最も基本的な定義にしたがえば、「自立語で活用がなく、用言を修飾する」とされる。

　しかし、副詞に関して明確な定義があるかといえば、必ずしもそうではない。副詞とは何かという問題を追求することに意味を認めないわけではないが、ここではいろいろな立場があることを承知の上で『内海文化研究紀要　第4号　特輯号』(瀬戸内海域方言の副詞語彙の研究)の5ページに記されているものに従うことにする。つまり「文法的特性として、文中、常に連用修飾話部に立ち、単独で一話部を形成する。形態的特性として、語形はそれ自身として常に固定的であって、規則的な語形変化が認められない」ものと考える。『内海文化研究紀要　第4号　特輯号』の定義を利用する理由は、上記の基準で蒐集された瀬戸内海方言における数量副詞語彙のデータが、本書で扱う数量副詞語彙の研究に役立てることができること、そして何よりも、副詞に関して研究者の多くが行った定義と大きく外れるものではないことにある。

　さて、副詞語彙についてこのように定義した場合、副詞語彙全体に関して、概略以下のような分類枠を仮設することができる。

```
├─分量関係の副詞
├─時間関係の副詞
├─情態関係の副詞
```

├─叙述決定の副詞
├─擬態関係の副詞
└─擬声関係の副詞

　この中で、特に分量関係の副詞に注目すると、さらに次のように分類できる。

├─数　量　副　詞　エットなど
│　　　○エット　アル　ノー。（たくさんあるなあ。）
├─状態程度副詞　エライなど
│　　　○エライ　ツカレタ　ワイ。（とても疲れたよ。）
├─距離関係副詞　ズーットなど
│　　　○ズート　マットッタンジャガ。（ずっと待っていたのだが。）
├─回数関係副詞　イッツモなど
│　　　○イッツモ　イソガシー　ワ。（いつも忙しいな。）
└─比較関係副詞　イチバンなど
　　　　○イチバン　エーデ、コレガ。（最もいいぞ、これが。）

　数量副詞とは、副詞語彙のうち、数量関係の意味を担う語である。数量副詞は、分量関係の副詞の中では語彙量が豊かで、また、具体物の量をあらわすという点で「何の分量を」「どれくらいの量として」捉えているかがわかりやすい。語彙体系を考える際にも、語彙体系を比較的明確に描くことができると考えられる。
　語彙の体系性という問題を考えた場合、体系が比較的認められやすい意味分野と、そうでない意味分野とがあろう。もちろん体系そのものの存在を疑うわけではない。ところで、体系が比較的認められやすい分野とは、一つ一つの語の指し示す意味空間が確定しやすく、語によって指示される具体物の側にも一定の秩序がみられるような場合である。親族語彙がその代表であろう。それに

比べ、副詞語彙は体系性を捉えにくい意味分野であると思われる。副詞語彙は、構文論的に文法上の働きを担っており、具体物としての指示物がはっきりとは存在せず、語相互の相対的関係によって規定される性格を持つものである。したがって、体系性を捉えにくいと考えるのである。しかし、これも体系性が認められないということではなく、方法によっては、それが見えてくる可能性があろう。

　数量副詞語彙の体系は、ある語が指示する数量、数量の捉え方などに注目することによって構築することができると考えられる。

1.2　数量副詞語彙の大きな分類枠—分量と割合—

　では、数量副詞語彙全体はどのように分類されるのであろうか。ここではまず、大崎下島大長（行政区分では広島県呉市豊町大長）方言を例に、その大きな枠組みを考えてみたい。この枠組みのことを、個人性と社会性の問題を考えていくことをふまえ、意味枠と呼ばず、今後は分類枠と呼ぶことにする。

　ところで、これまでの定義から得られた大長方言の数量副詞語彙は次のような語である。

　　　イクラデモ、イッパイ、イッパー、ウント、エット、ギョーサン、シコタマ、ジョーサン、ジョーニ、タイソー、タクサン、タップリ、タブンニ、タラフク、ドッサリ、ナンボデモ、バクダイ、フトイコト、ヤマホド、ヨーケ、ヨケー、ヨーサン、カッチリ、キッチリ、チョード、チョッキリ、ピッシャリ、スコシ、スコーシ、チート、チックリ、チッピリ、チビット、チョット、チョッピリ、チョッポシ、チョビット、チョボット、チョンビリ、ドロツキホド、ハナクソホド、メクソシカ、メクソホド、ワズカ、アリッタケ、イッサイガッサイ、キレーニ、ゴッソリ、ゴッポリ、スベテ、ゼンブ、ドイツモコイツモ、ドナイツモコナイツモ、ナニモカニモ、ナニモカモ、ネコソギ、マルマル、ミナ、ミンナ、オーカタ、ダイショー、ダイブ、ダイブン、ホトンド

これを分類する分類枠について考える際、参考になるのは『内海文化研究紀要　第4号　特輯号』である。これは、瀬戸内海のいくつかの地点における副詞語彙を調査したものである。大崎下島も瀬戸内海の島の1つであり、参考になるであろう。ここでの分類は以下のとおりであった。

　1　数量の多・適当・少・不定を表わすもの
　　⑴　多いことを表わすもの
　　　a　きわめて多いことを表わすもの
　　　b　かなり多いことを表わすもの
　　　c　やや多いことを表わすもの
　　⑵　適当なことを表わすもの
　　　a　全く適当なことを表わすもの
　　⑶　少ないことを表わすもの
　　　a　やや少ないことを表わすもの
　　　b　かなり少ないことを表わすもの
　　　c　きわめて少ないことを表わすもの
　　⑷　不定を表わすもの　　　　　　　　　　　　　　　　　※以下略

　この分類は、「適当な量」を基準にして、それを超えて分量が多い、あるいは少ないという関係が論理的に配列され、さらに不定量をあらわす語群に分節されている。論理的には整った構造である。
　しかし、実際に大長で得られた数量副詞の各語をこの分類にあてはめてみると、この分類にはいくらかの問題点があると思われる。それを1つずつ紹介しつつ、『内海文化研究紀要　第4号　特輯号』で紹介された例や、その他筆者が調査した地点の文例もあわせ、改めて数量副詞語彙の全体の分類枠を考えてみたい。
　まず「⑵a　全く適当なことを表わすもの」には「チョード」などが所属する。この語は、次のように使われる。

○チョード　アッタ。(ちょうどあった。)広島県呉市豊町大長
　○コレナラ　チョード　アロージャナイ。(これならちょうどあるのではない
　　か。)広島県呉市豊町大長
　ここでは、話者が想定していた適当量になっていることを示している。つまり、何かの基準をもとに、それに過不足なく合致していることをあらわしている。次のような例が典型である。
　○ヒャク　チョード。(100ちょうど。)広島県呉市豊町大長
　このように具体的数値が示され、その100という数に合致していることを意味する。
　●スージニ　オートル　ユー　コトジャケン。(数字に合っているということだ
　　から。)広島県呉市豊町大長
という教示も聞かれた。この他にも「(2)a　全く適当なことを表わすもの」には「カッチリ」「キッチリ」などが所属するが、いずれも基準に合致していることを示す。
　○ヒャク　カッチリ　アッタ。(100ちょうどあった。)広島県呉市豊町大長
　○カゾエテ　ミタラ　チョッキリ　ヒトハコダッタ。(数えてみたらちょうど
　　1箱だった。)広島県呉市豊町大長
　○ヒャク　ピッシャリジャ。(100ちょうどだ。)広島県呉市豊町大長
　つまりこれらの語は、基準が前提にあり、それに合致していることを示すだけで、基準量そのものをあらわしているわけではない。したがって、数量が多いことそのものをあらわす「エット」や、少ないことをあらわす「チート」などとは別の論理であると考えられる。別の論理であることがわかる例として、「チート」「チョード」が共起している文例をあげる。
　○チートシカ　ナー　ヨ。ニジュー　チョードジャニ。(少ししかないよ。20
　　ちょうどなのだから。)広島県呉市中央
　事実として、そこにものが20個存在する。しかし話者の基準では、20という数は少ないと認識されている。
　一方で「(1)　多いことを表わすもの」と「(3)　少ないことを表わすもの」の

2つは共起しない。「多いけれど少ない」は成立しない。

したがって、「(1) 多いことを表わすもの」「(3) 少ないことを表わすもの」に対して、「(2) 適当なことを表わすもの」は別論理のカテゴリであり、平面的に並べることには無理があることがわかる。むしろ、「(2) 適当なことを表わすもの」は、分量をあらわしているというよりも「(基準に) 合致していることを表わす」というべき性質のカテゴリである。したがって、今回の数量副詞の定義からは外れることになろう。

では、「(1) 多いことを表わすもの」カテゴリの内部構造には問題はないのであろうか。その1つとして「(1)a きわめて多いことを表わすもの」について取り上げる。

このカテゴリには、例えば「ミナ」という語が所属する。しかし、「ミナ」という語は、次のように使われるのが普通である。

○ミナ ナーヨン ナッタ。(すべてないようになった。) 広島県呉市豊町大長

このような例を考えると、「ミナ」は、もともとあった量を基準にして、その100％の量を失ったということを示していると考えられる。

次に、「(1)b かなり多いことを表わすもの」には「エット」という語が所属している。この語は、例えば次のように使われる。

○ ｜軒先で、お礼に｜ マー、ヨーケ クレテ。(まあ、たくさんくれて。) 広島県呉市豊町大長

あるいは「ヨーケ」も同様である。

○ケッコンヤ ナンカデモ、オーチョーノ ヒトワ ヨーケ シタク モッテクルゾ イーヨッタ。(結婚などでも、大長の人はたくさん支度を持って来るぞと言っていた。) 広島県呉市豊町大長

この2語は単なる多量をあらわしている。

したがって、100％の量をあらわす「(1)a きわめて多いことを表わすもの」と、単なる多量をあらわす「(1)b かなり多いことを表わすもの」は異質のものであると考えたほうがよい。「ミナ」が少し欠けて「ヨーケ」になったという発話はまず聞かないし、かなり違和感がある。「きわめて多い→多い」のよ

うに直線的に並んでいるのであれば、違和感はないはずであるし、文として成立するはずである。そこで、前者を「割合の全」、後者を「分量の多」とし、別の分節枠に所属させるほうが妥当であると考える。

「(1)c　やや多いことを表わすもの」には「ナンモカンモ」という語が所属している。しかし「ナンモカンモ」という語と(1)bの「エット」とどこが異なるのかを考えると、「ナンモカンモ」が多種のものの多量をあらわすことができるのに対し、「エット」は種類については何の言及もしない多量であるという違いがある。

●ナンモカンモ　イッショクタンニ。(何でも一緒にまとめて。) 広島県安芸太田町加計

例えば一種類のもの（この場合は蜜柑）の多量を言う「そこに蜜柑がナンモカンモある。」は成立しないのに対し、「そこに蜜柑がエットある。」は成立する。

そこで、(1)bとcは数量〈多〉として１つのカテゴリーにし、その下位に多種のものをあらわす場合と同種のものをあらわす場合に分けることにする。

「(3)　少ないことを表わすもの」については、「数量の多」に対応させ、「数量の少」という分節枠を設けることができる。その下位の部分は、基本的にはこのままで問題はないと思われる。

ところで、先に「(1)a　きわめて多いことを表わすもの」を「割合の全」であると考えた方がよいことを述べた。では、割合を表す語群の内部はどのようになっているのであろうか。たとえば、次のような例を考えてみる。

○ミナ　ノーナッテ　シモータ。(すべてなくなってしまった。) 広島県呉市豊町大長

○ミカンズクリノ　シリョーワ　アリマス　カネー。(蜜柑づくりの資料はありますか。)

↓

○ |農協の選果場を指して| アッコ　イッテ　ミナサイ。ミナ　アル　デ。(あそこに行ってみなさい。|資料は| すべてあるよ。) 広島県呉市豊町大長

上の２例はいずれも「ミナ」が使用されている。うち、前者は「ナイ」に、

後者は「アル」に続く。現象的には先の文は無になってしまったことを、後の文は全量存在していることを示す。「ミナ」は「アル」に続くか「ナイ」に続くかによって全にも無にもなり得る。全（100%）の状態も無（0%）の状態も、いずれも「ミナ」であらわされ、「ミナ」の被修飾語によって全と無を言い分けているのである。

また、「ネコソギ」という語もある。
○ナヤニ　オイトッタノー　ネコソギ　モッテカレタ。（納屋に置いていたのをすべて持っていかれた。）広島県呉市豊町大長
○ネコソギ　モッテ　ニゲタ。（全部持って逃げた。）広島県安芸太田町加計

現象的にみれば、「ネコソギ　モッテカレタ。」は持っていかれた後にそこには何も存在していないことをあらわす。そういう意味では、「ネコソギ」は数量の無をあらわすということになる。また、「ネコソギ」は「ナイ」、「モッテイク」などに続くのであって、「ネコソギ　アル」は成立しない。この点で、無をあらわすと言えなくもない。しかし、これも「ミナ」と同じように言語的には100%の割合を示していると考える。上の文では、「ネコソギ」はあくまでも「モッテカレタ」を修飾しているのであって、「モッテカレタ」ものの割合が全であるということを示している。したがって、純粋に言語からのみ判断すれば、「ネコソギ」は被修飾語の選択制限があるものの、〈全〉をあらわしていると捉えられるのである。

つまり、割合に関しては、語のレベルでは0%から100%までを連続的に表現しているのではなく、あくまでも50%から100%までを言語で表現し、被修飾部によってそれを裏返し、0%から50%までを表現していると考えられる。

100%から50%までは被修飾語が「ある」となり、50%から0%までは被修飾語が「ない」となることで、実際の状況を表現しているということである。

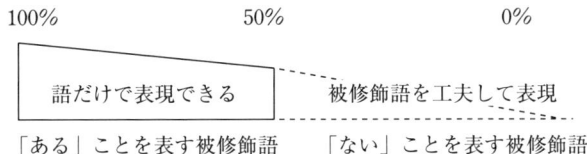

```
 100%              50%              0%
  ┌──────────────┐┄┄┄
  │語だけで表現できる│   被修飾語を工夫して表現
  └──────────────┘
「ある」ことを表す被修飾語　「ない」ことを表す被修飾語
```

　このようにみてくると、数量副詞の世界には2つの分類基準が存在していることがみえてくる。1つは数量、1つは割合である。この2つの基準は全く別のものさしのように、互いに独立し、別々の働きをしている。

　○<u>チョット</u>シカ　ナーケド　<u>ミナ</u>　モッテ　イニンサイ。(少ししかないけれ
　　どすべて持って帰りなさい。)　広島県呉市豊町大長

　調査の帰り、土地の人々におみやげをいただいた時のことばである。

　この発話において、数量をあらわす「チョット」という語と割合をあらわす「ミナ」という語が共起している。まずは「チョット」という分量をあらわす語で全体の分量に言及し、次にそのうち何％程度をあらわすのかを指し示す「ミナ」という語が差し向けられたと考えられよう。

　また、次のような発話も聞かれた。

　●<u>オーカタ</u>デモ　<u>ゼンブ</u>　ユー　ヨ。(大部分でもゼンブと言うよ。)　広島県呉市
　　豊町大長

　「ゼンブ」という語についての話者の説明である。このように回答した話者は一部で、ほとんどが「スベテ」は〈全〉であると認識している。しかし、この回答からは、場合によっては「スベテ」が「オーカタ」という、割合を示す語につながっているということである。ちなみに「オーカタ」は、話者の説明では「<u>ジッチュー　ハック</u>。(十中八九。)」ということである。さらに、人によっては「ゼンブ」が「ホトンド」と同じように使われるという教示もあり、数量〈全〉は割合〈大〉と連続性を持ち、数量ではなく割合〈全〉と考えた方がよいことがわかる。

　ところで、これら割合のスケールは、「ゼンブ」「オーカタ」といった語を使わなくとも、数字で表現することも可能である。例えば、7割といった言い方

である。むしろこの種の表現のほうが正確に事態を表現することが可能である。一方、数量が多いことや少ないことは数字で表現することはできない。

　以上をまとめ、数量副詞の世界の２つの基準を示すと次のようになる。

　「チョード　エー（ちょうど良い）」状態を基準に、それよりも多いと認識された場合には〈多〉であり、足りない場合には〈少〉となる。基準値に対し、それよりも多いことや少ないことを示す、中心から２方向へ広がる関係がある。そしてこれらは数字で表現することのできない、主観的なスケールである。話者の数量に対する認識を表現しているものである。

　一方、〈全〉を基準として、〈多〉に至る、割合を示す一方向的で直線的な関係がある。こちらは割合であるので、数字で示すことも可能である。

　このように、数量副詞の２種のスケール（ものさし）が存在している可能性が指摘できる。前者を狭義の数量スケール、後者を割合スケールと呼ぶことにする。これを図示すると、下のようになる。

＊数量副詞における２種のスケール

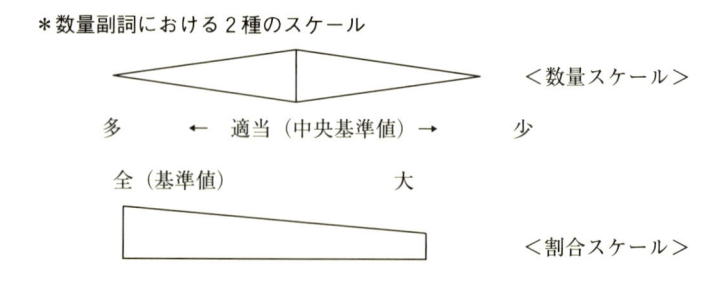

　　　多　　←　適当（中央基準値）　→　　少　　　　〈数量スケール〉

　　　全（基準値）　　　　　　大　　　　　　　　　〈割合スケール〉

　以上をまとめ、筆者が考える大長における数量副詞の体系を下に掲げる。

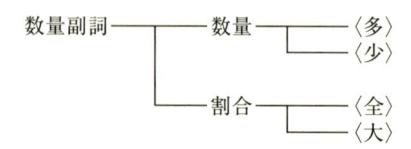

　　　　数量副詞　──　数量　──　〈多〉
　　　　　　　　　　　　　　　　　〈少〉
　　　　　　　　　　　割合　──　〈全〉
　　　　　　　　　　　　　　　　　〈大〉

　割合〈半分〉は、大長においては副詞では表現できないようである。「ハン

ブン　アル。」のようにしか表現できないようだ。割合の〈小〉や〈無〉についても副詞で積極的には表現できない。また、数量〈適当〉も、「チョードエー。(ちょうど良い。)」という形でしか表現できない。適当なことをあらわす副詞は存在していない。

　もちろんここで行った分節は、瀬戸内海大崎下島大長方言の数量副詞語彙の分節である。したがってこの分節が日本語すべてに適用できるものかどうかは、今後の研究の結果次第である。扱う方言が異なれば分節枠も変わってくることもあろう。

2　数量副詞語彙の記述と解釈

1　大崎下島大長（広島県呉市豊町大長）の概要

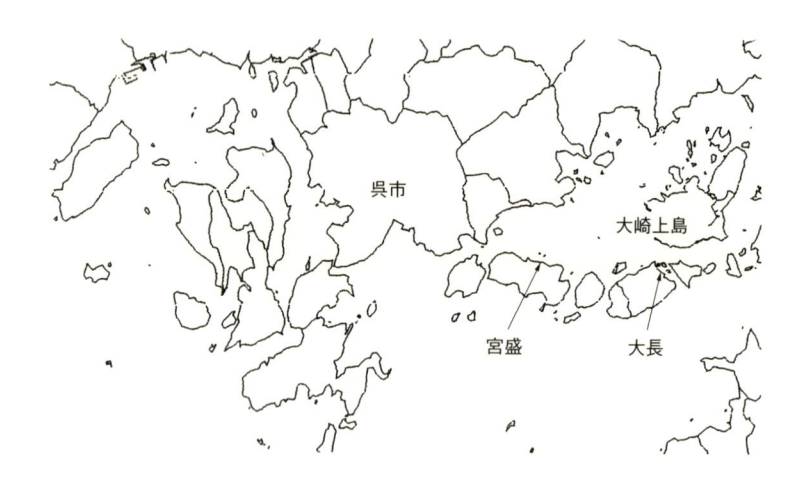

　広島県呉市豊町大長は、以前は豊田郡豊町大長であった。瀬戸内海中部地域の芸予諸島の東に位置する大崎下島の中心集落である。狭い海峡をはさみ、愛媛県に属する島と向かい合う。
　大長は柑橘類の栽培で有名な集落であり、特に「大長蜜柑」はブランド品として、かつては高値で取り引きされていた。柑橘栽培のため、農用船を利用して他の島などに出かけていく「渡り作（地元ではデサク）」が特徴的である。
　なお、方言区域では広島県安芸方言域に属する。

2 大長方言の数量副詞語彙の記述

(1)数量〈多〉をあらわす語

まず、数量〈多〉に所属する語は次のとおりである。

イクラデモ、イッパイ、イッパー、ウント、エット、ギョーサン、シコタマ、ジョーサン、ジョーニ、タイソー、タクサン、タップリ、タブンニ、タラフク、ドッサリ、ナンボデモ、バクダイ、フトイコト、ヤマホド、ヨーケ、ヨケー、ヨーサン（50音順）

ここにあげた語それぞれについて、教示文と発話文をもとに、各々の語の意味を確認しながら、数量副詞を分類する分類枠を設定することにする。

なお、類義語の意味を確認するためには2語の比較をするのが普通であるが、ここでは語数が多いためにその方法はとらず、必要に応じて比較を行いながら、基本的には1語ずつの分析を行うという、便宜的な方法を取ることにしたい。

①ヨーケ

大長方言の数量〈多〉をあらわす語として代表的な語の1つが「ヨーケ」である。例えば「ヨー ツカウ。」のように、頻度が高いことを教示している話者があることから看取することができる。

「ヨーケ」の意味するところは、数量が多いことをあらわし、そのほかの限定要素はないと考えられる。すなわち、後に出てくる「シコタマ」や「ヤマホド」のような語とは異なり、抽象度が高いということである。

○ヒトー　ヨーケ　ヨビヨッタンジャケン。(人をたくさん呼んでいたのだから。)

○モノー　モラウ　コトガ　ヨーケ　ナーナッタ。(｜他人から｜物をもらうことがたくさんなくなった。)

○ケッコンヤ　ナンカデモ、オーチョーノ　ヒトワ　ヨーケ　シタク　モッ

テクルゾ　イーヨッタ。(結婚などでも、大長の人はたくさん支度を持って来るぞと言っていた。)
○サカナ　ヨーケ　アゲルケン。(魚をたくさんあげるから。)
○｜軒先で、お礼に｜マー、ヨーケ　クレテ。(まあ、たくさんくれて。)

これらの自然発話をみると、対象は人間からお金などの抽象物（英語で言うところの抽象名詞）に至るまで幅広い。さらに、「ソー　ヨネー、ヨーケ　チガヤーセン。(そうだね、たくさん違いはしない。)」のような、状態程度にも使用できる。

②ヨケー

「ヨーケ」と同じく、抽象度の高い語である。
○ヨケー　モギンサッタ　ノー。(たくさん収穫なさったねえ。)
○ヨケーワ　ナイケド。(たくさんはないけれど。)
○トシヨリガ　ヨケー　イットルケン。(年寄りがたくさん行っているから。)
○ナナジュッサイノ　ヒトワ　ヨケー　オランデショー。(70歳の人はたくさん｜は｜いないでしょう。)

対象も人や物などの多岐にわたる。また、
●ヨケー　ユーノト　エット　チガワンノジャナイ　カネー。(「ヨケー」というのとそんなに違わないのではないかね。)

という教示があるように、「ヨーケ」も「ヨケー」も意味的に変わりはないようである。単なる音声上の問題であろうか。ただ、次のような教示も聞かれた。
●ヨケーワ　チジメテ　イヨルワケ　ヨ。(「ヨケー」は｜ヨーケを｜縮めて言っているわけよ。)

意味的には「ヨーケ」と同様であるものの、「ヨケー」は「ヨーケ」の省略形であるとする教示である。

③エット

　「エット」も、大長方言の数量〈多〉をあらわす語の代表といってもよい語の１つである。意味的には「ヨーケ」と違いはないと考えてよいだろう。

　○エット　ハイットル　ネ、コリャー。（たくさん入っているね、これは。）
　○エット　クレー　ヨ。（たくさん頂戴よ。）
　○ミカンガ　エット　アッタ　ノー。（蜜柑がたくさんあったなあ。）
　○アラ、エット　クレタ　ノー。（あら、たくさんくれたなあ。）

　これらの自然発話の「エット」の部分を「ヨーケ」に変えても問題はない。特に、４つ目の発話については、よく似た発話が「ヨーケ」を使って行われている。

　○ |軒先で、お礼に| マー、ヨーケ　クレテ。（まあ、たくさんくれて。）

　教示の中にも「エット」と「ヨーケ」が近いことに言及するものがある。

　●ヨーケモ　エットモ　オンナジヨーニ　ツカウト　オモウ　ネー。（「ヨーケ」も「エット」も同じように使うと思うね。）

　なお、この語の待遇度はあまり高くないようである。

　●ヨソラノ　ヒトヤ　メウエノ　ヒトニワ　ツカワン。（よその人や目上の人には使わない。）

　さらに、次のような教示もあった。

　● |「ギョーサン」と比べて| エットノ　ホーガ　エーカモ　ワカランネー、ミンナニ　キキヤスイカモ　ワカラン　ネー。（|「ギョーサン」と比べて|「エット」のほうがよいかも知れないなあ。みんなに聞きやすいかも知れないなあ。）

　「ギョーサン」と「エット」は意味的に変わらないという前提の上に、「エット」のほうが聞こえがよいというものである。これもまた、「エット」の分類枠としてとりたてておく。

④イッパイ

　この語の頻度に関する情報は、人によって大きく異なるものであった。例え

ば「あまり使わない。」という教示がある一方で、「ジョーサン ユー ネー。(しばしば言うね。)」というものもあった。頻度の情報にばらつきがあるということは、大長ではそれほど一般的ではないとみてよいのだろうか。この語を共通語と認識している話者もあった。

- ●ヒョージュンゴジャ オモートル ネ。(共通語だと思っているね。)
- ●イマゴロノ ヒトワ ツカウ ネ。チョット エー コトバジャ ネ。
    (最近の人は使うね。少し良いことばだね。)

さて、「イッパイ」の意味については、次のような教示を得た。

- ●ヨケー アル ユー コト ヨ。(「『ヨケー』ある」ということよ。)
- ●ツカウ ヨー。エット アンマリ カワルマー。(使うよ。「エット」とあまり変わらないだろう。)

これによると、「ヨーケ」や「エット」と変わらないということになろう。すなわち、対象や被修飾部に特に制限はなく、抽象度の高い語であると考えてよいだろう。

⑤イッパー

- ●イッパイジャ ナイ、イッパー ヨ。({発音は}イッパイではない、イッパーよ。)

大長で調査を行っていたとき、「イッパー」を聞いたのは1人の話者からであった。筆者の「イッパイ」という発音に対して、上のような発言があった。ただ、この教示はあくまでも音の問題であって、意味に関しては先の「イッパイ」と変わらないようである。

⑥タクサン

- ○ビョーイン イッタラ ネー トショリガ タクサン オルケン。(病院へ行ったらね、年寄りがたくさんいるから。)
- ○マー ミタライニモ オーチョーノ ヒトガ タクサン イットラレルケン。(まあ、御手洗にも大長の人がたくさん行っておられるから。)

この２つの発話は、大長の方から筆者に対して行われたものである。いずれも、適当な話者を探している時のものである。
　したがって、この語は大長以外から来た人に対して行われたもので、「迎えるためのことば」と言ってもよい。待遇度の高い語である可能性が高い。これを補強するような教示も下のように得られた。

- ●ヨソラノ　ヒトエ。（よその人へ ¦言う¦。）
- ●ココラデ　ネー、オジョーヒンナ　コトバノ　ヨーニ　キコエルノ　ヨネー。（このへんでね、お上品なことばのように聞こえるのよね。）
- ●ヒョージュンゴミタイナ　ネー。（共通語みたいだね。）
- ●イマゴロノ　ヒトワ。（今頃の人は ¦使う¦。）
- ●フツーダッタラ　ツカワン　ネー。（普通だったら使わないね。）
- ●ギョーサンジャ　エットジャ　イヨッテ　ツージンノデス。タクサン　ユータラ　ツージタユーテ。（¦友人が大阪で¦「ギョーサン」だ、「エット」だと言って通じないのです。「タクサン」と言ったら通じたと言って ¦いました¦。）
- ●ツカウケド。メウエノ　ヒトトカ　アンマリ　デタラメ　ユーテ。シタシュー　ナイ　ヒト。（使うけれど。目上の人や、あまり出鱈目を言ったりしないで。親しくない人 ¦に使う¦。）

　まず、「タクサン」は共通語意識が非常に強い語であることがわかる。そして、文体的価値の高い語（待遇度の高い語）である。また意味的にはこれまでの「ヨーケ」や「エット」と変わるところはないと思われる。「ヨーケ」「エット」の部分を共通語訳すれば、「タクサン」になる。これら３語は、文体的価値が異なるものの、いわゆる知的意味に関しての差はないと考えられる。

⑦ギョーサン
- ○ギョーサン　クレー。（たくさんくれ。）
- ○ギョーサン　アル　ネー。（たくさんあるねえ。）
- ●ヨーケ。（「ヨーケ」¦と同じ¦。）

「ギョーサン」はこれまでの「ヨーケ」「エット」と同じように、数量が多いことをあらわす語として、意味的に抽象度の高い語である。多くが「ヨーケ」「エット」との交換が可能である。しかし、表面的には入れ替えが可能であるものの、入れ替えた場合に若干「ヨーケ」などとは違うニュアンスを持つという教示が聞かれる。

● ソレ イジョー ユー カンジ。エットエット。エット ユー コトバカラ ハミデタ カンジ。(「エット」よりも多く、それ以上という感じ。「エットエット」。「エット」ということばからはみ出た感じ。)

これによれば、「ギョーサン」のほうが「ヨーケ」「エット」よりも量が多いような感じがするということである。このことは、例えば「ギョーサン」が主に関西の方言であることと関連があるかもしれない。もともと、「ヨーケ」「エット」があったところに「ギョーサン」が入り、意味分担がなされたと考えるのである。

また、「ギョーサン」には次のような使い方も聞かれる。

○ ギョーサンナ コトー ユー。(大げさなことを言う。)
● ギョーサンナ コトー ユーナ。オーゲサニ ユーナ ユー コトジャネー。(「ギョーサン」なことを言うな。大げさに言うなということだね。)

大げさなこと、という場合に「ギョーサンナ コト」と言うのである。数量副詞の範囲からはずれる用法であるが、意味がこの方向に拡張しているのである。

⑧ ヨーサン、ジョーサン

「ヨーサン」も「ジョーサン」も「ギョーサン」の音訛形であろう。「ギョ」「ジョ」という拗音の直音化による「ヨ」、また、ガ行子音の調音点が少し前(軟口蓋から硬口蓋へ)に移動することによってザ行子音にかわり、「ジョーサン」になったのであろう。これについては、後に詳しく述べる。この語が「ギョーサン」のことであると考える理由は、例えば、

● ギョーサンジャ ナー、ヨーサン ユー ヨ。(「ギョーサン」ではない、

「ヨーサン」と言うよ。）

という教示があったことや、「ギョーサン」を「ジョーサン」であると訂正する話者があったことなどによる。

なお、意味は「ギョーサン」と変わらない。発話文2例は、ともに「ギョーサン」への置き換えが可能である。

○ジョーサン　クレタ　ノー。（たくさんくれたね。）
○ジョーサン　チガウケン。（かなり違うから。）
●ジョーサン　ユー　ワイネー、タクサンオ。（「ジョーサン」といいますね、たくさん｜のこと｜を。）

⑨ウント

○｜話者の作例｜ソコラニ　ナニカガ　ウント　アル。（そのへんに何かがたくさんある。）
○ウント　ガンバッテ　ハヨー　オワロー　デ。（うんとがんばって早く終わろうよ。）
●トワレタ　トキ。（聞かれたときに。）
●ウントワ　ユワン　ネー。（「ウント」はいわないね。）
●アンマリ　ユワンケン　ネ。（あまり言わないからね。）
●アンマリ　キカン　ネ。（あまり聞かないね。）
●イマゴロノ　ヒトガ。（最近の人が｜使う｜。）

大長で一般的に使われる語ではない。また、数量副詞として使われるよりも、「ウント　ガンバル」のほうが使われやすいようである。具体的に何かの分量をあらわしているのではなく、状態程度をあらわしている。したがって、数量副詞としての用法としては不適である。「ウント」が数量副詞として使われた場合、抽象度の高い、制限のない語として用いられる。ただ、稀にしか使わないことと、最近のことばであったり、人に聞かれたとき答えるためのことばであること、共通語としての意識や、品位が高い語であるという教示があるように、知的意味よりも運用面において弁別がなされているようである。

⑩ ジョーニ

　○ジョーニ　トットローデ　ノ、コトシャー。(たくさん取っているだろうね、今年は。)

　上のような発話しか得ることが出来なかった。「エット」との交換が可能なため、「エット」と意味を同じくしているものと思われる。ただ、非常に稀な語形であるという教示を得た。

⑪ タブンニ

　●ワカルケド。エットデ　ショーリャクヤ　ナー。(わかるけれど。「エット」で省略だなあ〔普段は使わない〕。)

　「エット」で省略、と教示があるように、「タブンニ」は非常に稀な語である。意味的には「エット」で置き換えが可能である。

　したがって、抽象度が高いが稀であるというのが「タブンニ」の説明として適切であろう。

⑫ フトイコト

　「フトイコト」は聞けばわかるという回答がわずかにあった。又、この語は共通語であるということである。しかし、聞けばわかるという語であるために、話者の側から具体的な発話を得ることは難しく、「フトイコト　アル。」という文例を得る程度であった。

⑬ バクダイ

　「バクダイ」は数量が多いことを誇張して述べる語である。以下のような教示を得た。

　　●モノオ　オーキク　ユー。(ものを大きく言う。)
　　●スコーシ　コチョースル。(少し誇張する。)
　　●バクダイ　トッタゲナ　ユーテ　ユー　ネー。(「バクダイ」とったらしいというのを言うね。)

- ●オーイー　ノヨ。(量が　多いのだよ。)
- ●オーゲサニ　ユー。(大げさに言う。)

　しかし、被修飾部や対象の制限を要求しない語であるため、表面的には「ヨーケ」などとの置き換えは可能である。

⑭シコタマ
- ○シコタマ　モットルケン　ノー、アリャー。(たくさん持っているからねえ、あいつは。)
- ○シコタマ　モーケテ　キタ　ノー。(たくさん儲けてきたね。)
- ●オカネガ　ギョーサンノ　コト。(お金がたくさんのこと。)

　上の発話や教示にみるように、「シコタマ」はお金をためている、持っているという場合に使われる。あるいは、「『シコタマ』買ってきた」という使い方も可能である。

　また、人によっては下のような使い方もあるという。
- ●シコタマ　タベタ　ユー　ヨ。(「シコタマ」食べたというよ。)

　「シコタマ」は特定の述部を修飾する傾向がある。「ヒトガ　シコタマ　アツマッタ。」は不自然である。さて、「シコタマ」がとる特定の述部とは、飲食概念を持つ動詞や、取得・保有といった動詞である。むろん、修飾する動詞に限定があるということは、それに伴って対象の制限も生まれてくる。前者の場合は「飲食物」であり、後者の場合は「財産・お金」をはじめとする「物」である。

　なお、「シコタマ」は次のような使い方が盛んである。
- ○シコタマ　ヤラレタ　ヨー、アノ　ヒトニ。(ひどくやられたよ、あの人に。)
- ○シコタマ　オコラレタ　ワイ。(ひどく怒られたよ。)

　ここでは、「ひどく」という意味で使われている。状態程度の用法である。ただしこの場合も使い方は限定されており、怒られたりやられたりした時など、人にやり込められたという場合にしか使えない。
- ●リョーノ　トキニワ　ツカワン　ネー。(量の時にはつかわないね。)

このような教示があることからも、「シコタマ」は大長では、まず「シコタマ　ヤラレタ。」という使い方が盛んであるといえよう。

⑮タラフク
　○タラフク　ヨバレタケン　ネ。（たくさんいただいたからね。）
　●ギョーサン　タベタ　ユー　コト。（たくさん食べたということ。）
　●タベタンニシカ　ツカワン　ネー。（食べたのにしか使わないね。）
　●ソリャー　ヨーケ　タベタ　ユー　コト　ヨ。（それはたくさん食べたということだよ。）
　●タベタ　トキ　ギリ　ヨ。（使うのは食べたときだけだよ。）
　●ハラノ　コト。（お腹のこと。）
　土地の人の発話例や教示は上のようである。
　この「タラフク」は主に対象が飲食物で飲食概念を持つ動詞を修飾している。「ミカンガ　タラフク　アル。」や、「ヒトガ　タラフク　アツマッテイル。」は言えない。しかし、中には次のような教示もみられた。
　●タラフク　モーケタ　ユーノモ　ユーデショー。（「タラフク」儲けたというのも言うでしょう。）
　このままでは「シコタマ」も「タラフク」も同じとなってしまうが、回答者を絞っていないためにこの状況は生まれたものと考える。後に個人別に体系を示すところで改めて考えていく。

⑯タップリ
　○｜自治会の打ち上げの席で幹事が｜サケワ　タップリ　ヨーイシテマスカラ。（酒はたくさん用意していますから。）
　上の発話をみると、自治会の宴席での挨拶に出てくることから、この語は文体的価値が高いことがわかる。上位場面で使用されるようである。事実、
　●スコシ　ツクッタヨーナ。（少し改まったような。）
という教示も得られる。基本的に共通語的な、丁寧なものいいである。

2　数量副詞語彙の記述と解釈　27

また、数ではなく量について使われるようである。
　さらには、状況として、何らかの基準に不足がないというニュアンスを持つ。

⑰ヤマホド
　まず語の構造をみたとき、「ホド」という形態素に注目できる。この「ホド」は比況の助詞である。したがって、「ヤマホド」は数量が多いことを「山のように」と比況的に表現している。そこから、具体性という性質が導かれる。したがって、下のような文を聞くことはできなかった。
　＊ミズガ　ヤマホド　タマッタ。
　聞かれた発話は次のようなものであった。
　○イマワ　アレホーダイジャケド、ムカシャー　エット　ツクリョーッテ、
　　ヤマホド　トレトッタン　ヨ。(今は 畑が あれ放題だけれど、昔はたくさん作っていて、山ほど取れていたのよ。)
　ここでは作物の量を「ヤマホド」と言っている。積み上げることができる物、つまり固体物の量の話である。

⑱ドッサリ
　○マエニャー　ドッサリ　トレヨッタ　デ。(以前はたくさん取れていたよ。)
　○ナヤエ　ドッサリ　ツンデ　ノー。(納屋に 肥料を たくさん積んでなあ。)
　話者に「ドッサリ」を尋ねると、上のような使用文を提示された。しかし、下のような文は不適であると考えられる。
　＊ミズガ　ドッサリ　タマッタ。
　土地の人に確かめると、次のようであった。
　○筆者：ミズガ　ドッサリ　タマル　ユーノワ　オカシーデス　カ。
　　話者：オカシー　ノー。ユワン。
　　筆者：ビールオ　ドッサリ　ノンダ　ユーノワ。
　　話者：ソレモ　ユワン。

上の文の場合は使いにくいのである。

また、人が「ドッサリ」いるといった使い方はおかしいという教示も聞かれた。「ドッサリ」については『擬音語・擬態語辞典』(208-209p) に次のような記述がある。

  意味 もの、生物などが多量であるようす。

  例文 おみやげをどっさり買い込んだので、帰りのかばんの重いこと。
     米も麦も、今年はどっさりとれた。
     どっさり作って、どっさり食べる。そして運動量もどっさりというのが、わが家の健康法です。
     チャーター機でアメリカから食用牛どっさり到着。
     教え子の中には、有名人がどっさりいるから、謝恩金集めなんて簡単さ。

  類義語 たっぷりは「筆に墨をたっぷりふくませて」のように、十分であることを表すが、「どっさり」は、目に見える形での量の多いことの表現である。

生物について使うかどうかという点で、大長での教示と食い違う部分もあるが、目に見える形での量の多さ、あるいはそれに近いものの量をあらわしている点は一致する。

⑲ナンボデモ

 ○コーヒーナラ　ナンボデモ　アリマスカラ。(コーヒーならいくらでもありますから。)

 ○エンリョセズニ　エット　タベナサイ　ヨ。ナンボデモ　アルンジャケー。
  (遠慮しないでたくさん食べなさいよ。いくらでもあるのだから。)

 ○トシトッテ　インタイシタケー　ジカンワ　ナンボデモ　アル。(年をとって引退したから時間はいくらでもある。)

上の発話にみられるように「ナンボデモ」は限界性を感じさせない多量をあらわしている。限界はないから、気にしなくてもよい、といったことであろ

う。
　しかし、その限界性を感じさせない、という文脈ではない、次のような場合はどうであろうか。
　＊セ̄ンタクモノガ　ナ̄ンボデモ　ホ̄シテアル。
　目の前にあり、状態を描写しているような場合には使いにくい。
　●キ̄リガ　ナ̄イン　ヨ̄ネー、ナ̄ンボデ̄モワ。(限りがないのよね、「ナンボデモ」は。)
　したがって、「限界性がない」という分類枠が設定できる。

⑳イクラデモ
　先の「ナンボデモ」と同じである。形態に注目すると、「ナンボ」と「イクラ」の異なりがある。ここから、方言的な響きがあるかどうかが異なる。

㉑タイソー
　数量副詞に入れてよいのかどうか微妙な語である。
　○タ̄イソー　ブゲ̄ンシャジャケン　ノ̄ー。(大変分限者だからね。)
　出てきた発話は上のようなものであった。ただ、次のような教示もあり、これを手がかりにすると数量副詞にみえないこともない。
　●ヨ̄ケー　ユー　コ̄ト　ヨ。(たくさんということよ。)
　「ヨケー」という語で説明がされている。
　一方、この語の運用などについては下のような教示があった。
　●ト̄シ̄ヨリノ　ヒ̄トワ　ユ̄ーカモ　ワカランケド　ネ。(年寄りの人は言うかもしれないけどね|わかるが、使わない|。)
　●ワ̄カ̄ルケド　ツカワン　ネ̄ー。ヒョ̄ージュンゴミ̄タイナ。(わかるけれど使わないね、共通語みたいな|感じがする|。)
　●エ̄ー　コトバ。(良いことば。)
　共通語である、という教示がある一方、昔のことばであるという教示もある。あまり使われていない語なのであろう。

I 方言数量副詞語彙の世界

以上のことから、大長方言における数量〈多〉カテゴリーの内部体系を次のように描くことができる。

1　限界性を前提としない（限界がない多量）
2　「エット」よりも多い量をあらわす
対象物・被修飾部に制限がある
3　「飲食」の量の多さをあらわす
4　「取得・保有」したものの量の多さをあらわす
5　数ではなく、量の多さについて使う
6　重量感のある固体物を対象物とする
7　比況性があり固体物を対象物とする

(2) **数量〈少〉をあらわす語**

ここでは数量〈少〉に所属する以下の語について分類枠を設定する。

スコシ、スコーシ、チート、チックリ、チッピリ、チビット、チョット、チョッピリ、チョッポシ、チョビット、チョボット、チョンビリ、ドロツキホド、ハナクソホド、メクソシカ、メクソホド、ワズカ（50音順）

①チート

大長において最も普通に使われるのがこの「チート」である。

●スコシ　ユータラ　チート。(少しといったら「チート」という。)

「少し」の意で使われる語を尋ねると、このような教示を得た。大長で「少し」といったら「チート」であるという教示である。これを裏付けるように、多くの教示文を得ることが出来た。

○チートナラ　アル　デー。(少しならあるぞ。)
○チートダガ　タベテミテ　クレル　カ。(少しだが食べてみてくれるか。)
○チート　フトイ。(少し太い。)※状態程度の副詞として
○オイ、チートデ　エー　デ。(酒をついでもらうとき　おい、少しでいいぞ。)
○チート　ノンデ。(少し飲んで。)

○チー̄トシカ　キ̄トラン　デ。(少ししか来ていないぞ。)

　このような使用文を得ることができた。「ナラ」「シカ」などを伴うことから、この語が少量をあらわしていることがわかる。対象については、酒という液体から人に至るまで使われ、制限はないようにみえる。また、被修飾部にも制限はない。ある特定の被修飾部をとることで不自然になるということはない。

- ●オマ̄エガ　オモ̄ウ　チート。(おまえが思う「チート」。|「チート」であらわされる量は主観的であるということの説明。|)

　この教示は、「チョード」などのように具体的数値を伴うことがなく、少しであると判断できる量が、個々人バラバラであるということをいったものである。

②チョット

　先の「チート」と同じように、しばしば使われる語である。

- ●チョ̄ットワ　ヨ̄ー　ユー　ネ。(「チョット」はよく言うね。)
- ●|「チー̄ト」より|　チョ̄ット　ユー　ホ̄ーガ　オイカロー　ネ̄ー。(|「チート」より|「チョット」という場合のほうが多いだろうね。)

　しかし、「チート」と違い、共通語意識がある。

- ●ヒョ̄ージュンゴジャロー　ノ̄ー。(共通語だろうね。)

　また、共通語意識に関連して、文体的価値が高い語であると認識している人もある。

- ●チョ̄ット　メウ̄エ　ユーカ、ソーユー　ヨ̄ーナ　ヒトニワ。(少し目上というか、そのような人には|使う|。)

　さて、意味については以下のような教示がある。

- ●|「チート」と|　チョ̄ットモ　オ̄ンアジ　ヨ。(|「チート」と|「チョット」も同じよ。)
- ●チョ̄ット　ネ̄モ、チ̄ート　ネ̄モ　イッ̄ショ　ヨ。(「チョット」ねも、「チート」ねも一緒。)

また先の教示にあったように、「チート」と「チョット」は同じ意味を持つ語として比べられる。

③スコシ

語形から想像できるように、大長では共通語として捉えられている。
- ヒョージュンゴジャ　オモヨール　ヨネ。(共通語だと思っているよね。)

それに関連してであろう。下のように、最近のことばであるという教示や、少し気取った感じのことばである、あるいは「スコシ」というほうが文体的価値が高い(よいことばである)と認識されている。
- イマゴロノ　ヒト　ヨネ。(最近の人が｜使う｜よね。)
- チート　キドッタ。(少し気取った｜言い方｜。)
- スコシ　ユー　ホーガ　エー　ヨーナ　ユー　カネ。(「スコシ」と言うほうが良いようなというかね。)

被修飾部や対象の制限はないものの、分量に関しては非常に少数をあらわすという教示があった。
- ヨイヨ　ワズカ。(本当に僅か。)

一方で、「チョット」などと同じとする人もおり、個人差があることが予想される。

④スコーシ

- スコシのつもり。こちらが普通。

「スコシ」のことであろう。「コ」が長音化している。

このことで、「スコシ」を強調しているという可能性もあるが、確認したところ、そのようなことはないということであった。教示の中でも、この語は「スコシ」のことであるという教示があった。しかし、どちらが普通かということに関しては別々の話者から食い違った回答を得た。

先の教示文では「こちらが普通」という内容であったのに対し、次のような教示もある。

●ノバス　ヒトモ　オルガ。(「コ」をのばす人もいるが。)
　自分は言わないが「スコーシ」とのばす人もいるというのである。個人差が予想される。

⑤チョビット
　「チョット」と比較すると、「チョビット」のほうが少ない感じがするという教示があった。
　●チョットト　チョビット、チョビットノホーガ　スクナイ　カンジ。
　　　(「チョット」と「チョビット」は、「チョビット」の方が少ない感じ。)
　●チョビットノ　ホーガ　ナー　カンジガ　スルカモ　ワカラン　ネ。
　　　(「チョット」より「チョビット」のほうがない感じがするかもしれないね。)
　●ホンノ　チョット。(ほんのちょっとのこと。)
　一方で、「チョット」と「チョビット」に差を見出していない話者もある。
　●チョビットデ　スベテ　マカナウンジャ　ナイ　カネ。(「チョビット」という語で全部まかなうのではないかね。)
　しかし、ここでは「チョット」との差があるものとして考えておく。
　また、この語は年寄りが使うという教示が多く聞かれた。
　●年寄りが言う。
　●トシヨリノ　ヒトワ　チョビット　イヤーヘン　カネ。(年寄りの人は「チョビット」と言わないかね。)
　古い語であるということであろう。

⑥チビット
　●チョットより少ない。
　上のような教示が得られた。
　「チョビット」と音が似ているので、「ヨケー」「ヨーケ」のような関係を想像できるが、「チョビット」と「チビット」の関係を言及する教示文は得られなかった。

しかし、意味的には「チョビット」同様、「チョット」よりも少量をあらわすということがわかる。また、それに関連してであろうか、物を借りるときなど、遠慮するような場面に使われる。
- ●モノ カル トキニ、チビットデ エンジャガ。(物を借りるときに、『チビット』でいいのだが」｜といって借りる｜。)

方言、共通語の別については特にわからないが、子どもが使うという教示があった。新しいことばである、ということはいえそうか。
- ●コマイ コドモ ユーカ チョット ユー モノガ オルガ。(小さい子どもというか、少し言う人がいるが。)

先の「チョビット」が年寄りのことばであると答えられている一方、「チビット」は子どものことばであるという点が対照的である。

⑦チョボット

この語も、「チート」を基準にするとごく少量をあらわす語であるとの教示がある。
- ●チートヨリ コマイヨーナ カンジガ スル。(「チート」より少ないような感じがする。)

また、「チョッピリ」などにみられたような、なにかを貰うときなど遠慮するような場面でこの語を選択している。
- ○チョボット イレンサイ。(｜酒をついでもらうとき｜少し入れなさい。)
- ○(貸してくれと頼まれて) チョボットナラ アル デ。(少しならあるよ。)

語の新古意識については次のような教示を得た。
- ●コマイ トキニワ イヨッタ。(小さい頃には言っていた。)

昔のことばなのであろう。

⑧チョッピリ
- ●チートヨリ チョッピリノ ホーガ コマイ ヨーナ ネ。(「チート」より「チョッピリ」のほうが少ないようだね。)

2 数量副詞語彙の記述と解釈　35

　この教示にみるように、「チョッピリ」は「チート」よりも少ない量をあらわすと認識されている。次のような発話を得た。
　　○チョッピリデ　エーゾ。モラウ　トキワ。(少しでいいぞ。貰うときは。)
　物を貰うときに「チョット」よりも「チョッピリ」のほうを使うということは、遠慮の意識が働き、「チョット」より少ない量をあらわす「チョッピリ」を選択していると解釈することができよう。

⑨チッピリ
　●チッピリモ　{「チョット」より}　ナーカモ　ワカラン　ネ。(「チョッピリ」も {「チョット」より} ないかもしれないね。)
　「チョット」を基準として、「チッピリ」も先の「チョッピリ」同様、ごく少量をあらわすという教示である。語形をみても、「チョ」という特殊拍が「チ」になったものと解釈すれば同じものであると考えられる。この語の運用についての教示は特になかった。

⑩チックリ
　「チッピリ」の後に「『チッピリ』と同じことを『チックリ』と言いませんか」と尋ねたとき出てきた回答である。
　　●チックリ　ユーノモ　オルケド　ネ。(「チックリ」というのもいるけれどね。)
　これによれば、自分は言わないけれど、「チックリ」と言う人もある、というのである。意味は「チッピリ」に準ずると考えてよいであろう。
　また、この語は調査期間中あまり聞くことはなかった。

⑪チョッポシ
　●ヨイヨノ　チョッポシ　ユー　コト　ヨネー。(本当に少しということだよね。)
　この語を知っている人は1名だけであった。上のような教示を得た。
　言い間違いがあったのであろうが、言おうとしたことは「チョッポシ」がご

く少量をあらわすということである。
　頻度等については特に教示はなく、第2次調査で確認する必要がある。

⑫ワズカ
　まず「ワズカ」は共通語意識と、それに伴い、良いことばの意識がある。
　●ヒョージュンゴミタイナ。(共通語みたいな。)
　●ツカワン　コトワ　ナイケド、アラタマッタ　トキシカ　ツカワナイ　ヨ。
　　　(使わないことはないけれど、改まったときしか使わないよ。)
　●エー　コトバ。(良いことば。)
　使用については以下のような教示や使用文を得た。
　○ワズカナ　モノー　アゲテ。(|物を贈って相手がお礼を言ったとき|「ワズカ
　　　ナ」ものをあげて。)
　●ワズカデ　ヨワリマスガ。エンリョシタ　トキ　カネー。(「ワズカ」で弱
　　　りますが。遠慮した時 |言う| かね。)
　よいことばであるということから、遠慮するような丁寧さを求められる場面に使いやすかったとも考えられる。

⑬メクソホド
　「メクソホド」も、ごく少量をあらわしていると考えられる。
　●ホンノ　チョビットジャッタラ。(ほんの少しだったら。)
　●ホンマ　スクナー　トキ、メクソホド　ヨノ。(本当に少ないとき、「メクソ
　　　ホド」よね |と言う|。)
　また、「ヤマホド」と同じように、「ホド」が名詞に下接し、それと同じくらいの量であることを例示する。この場合は目やにに例えており、比況性があるといえる。目やにであるから、固体物の、それも、無生物のイメージが持たれていると思われる。実際の調査でも、9名の話者のうち全員が生物については使わず、固体物について使っていた。
　この語の使用についての教示も得られた。遠慮したときや謙遜した時に使う

という教示が多く聞かれた。ごく少量をあらわすということに関連するのであろうか。

- ●モノ　アゲテデモ　チョビットジャッタラ　メクソホドジャケン　ネ。
　　（ものをあげても少しだったら「メクソホドジャケン　ネ」と言う。）
- ●ヘリクダッタ　トキニ　リョーオ　アラワスンジャッタラ、ネー。（遜ったとき量をあらわすのだったら、ね使う。）
- ○メクソホドノ　モノー　アゲテカラニ。（謙遜してほんの少しの物をあげてから。）

使用は謙遜などの時に多いということはあるものの、品位の高いよいことばであるということではないようだ。頻度は低くないのである。

- ●ヨー　ユー。（よく言う。）

日常的な場面でしばしばみられるようである。

⑭ハナクソホド

　意味は「メクソホド」に同じである。また、この語も、語形からは分量を「ハナクソ」に例えていることがわかる。そのため、「メクソホド」と同じように、対象物が固体物となる比況性が認められる。

⑮ドロツキホド

- ●ミカンノ　トキダケ　ネ、アンタトコノ　チョットダケ　ヨ　ユー　コト。（蜜柑の時だけね、あなたのところの少しだけよということ。）

　これらの教示にみるように、「ドロツキホド」は蜜柑の量の時だけに使われる。そもそも「ドロツキ」とは、蜜柑の木の下の方になっている実をさす。その「ドロツキ」くらい、であるから、比況性がある。蜜柑についてのみ使われるのも、「ドロツキ」が蜜柑の実をさしているからであろう。

- ●コリャ　オーチョーダケノ　コトバ。（これは大長だけのことば。）

　この語は大長だけの語でもある。
　ところで、分量はかなり少量をあらわすものと考えられる。

○ドロツキホドシカ　ナー　ワイ。(少ししかないよ。)
● |よく取れたね、と言われて| イヤー、アンタカタノ　ドロツキホド
　ヨ。(|よく取れたね、と言われて| いや、あなたのところ |からみれば| 少しだけ
　よ。)

ここでも教示文にみられるように、謙遜の気持ちを込めた場合に「ドロツキ
ホド」を使用している。

⑯チョンビリ

少量をあらわすということ以外、意味に関する教示は得られなかった。そこ
には、次のような理由が考えられる。

●コマイ　トキニワ　イヨッタ。(小さい頃には言っていた。)

このように、昔使っていた、ということであって、現在は全くと言って良い
ほど使用しないというのである。確かに、調査の際、この語が使われているこ
とを耳にすることはなかった。なお、「コマイトキ」は子どもの時ということ
であろうが、これは昔のこと、といっているのであって、育児語である、ある
いは幼児語であるということではないことを確認した。

⑰タショー

○ナンボカワ　アル　カネ。タショー　アル　カネ。(いくらかはあるかね。
　|それを| 多少あるかね。)
○サガシテミリャー　タショー　アルカモ　シレン　ガネー。(探してみれば
　多少あるかも知れないがね。)

いくらかはあるという意味で使われる。すなわち、量が不確定である。

●コッチガ　ソーゾーシタヨリ　オイー　コトガ　アル　ワイネ。(こっちが
　想像したより多いことがあるよ。)
●ヨケーノト　チートノト　サガクガ　アッテモ　エー　ワイ。(たくさんと
　少しと差があってもよいよ。)
●オイー　スクナイノ　アイダ。(多いと少ないの間。)

しかし、基本は少ないことにある。なぜなら、「タショーナラ」のように、「ナラ」を接続させることができるからである。
　●アンタカタニ　ドー。タショーナラ　アル　ヨ。(あなたのところにどう｛と言われて｝。多少ならあるよ。)
　また、想像したのより多いことがあるという教示からも、少ないつもりでこの語を使うことがわかる。基本的には少ないことを意味する語であるが、そこには量の曖昧性がある。

⑱ダイショー
　●トキニ。モノノ　ハズミデ。(たまに。もののはずみで｛言う｝。)
　この語はほどんど使われないとの教示を得た。「タショー」と「ダイショー」は数量的な曖昧性を持った語である。

　設定できた分類枠は以下の通りである。
　1　曖昧な数量をあらわす
　2　「チート」よりも少ない量をあらわす
　対象に制限がある
　3　比況性があり蜜柑を対象物とする
　4　比況性があり目やにと同じ性質の固体物を対象物とする

(3)割合〈全〉をあらわす語
　これまで示してきた方法で割合〈全〉を表す語について分類枠を設定する。

①ミナ
　○アノ　ホーエ　ミナ　デタワイ。(あの方向へ全員出たよ。)
　○シリツノ　ダイガクエ　ミナ　イキヨッタガ　ネ。(私立の大学へ全員行っていたがね。)
　○ミナ　レーサイ　キギョーノ　イエデスカラ　ネ。(全部零細企業の家です

から。)
　〇ミナ　キタ　ヨー。(全員来たよ。)
　〇ヒトガ　ミナ　ビックリ　シテ。(人が全員びっくりして。)
　これらは全員という意味の名詞である。このような「ミナ」を除いて、数量副詞と思われる「ミナ」は以下のようなものである。
　〇ミナ　ナーヨン　ナッタ。(すべてないようになった。)
　〇｜蜜柑を｜　ミナ　モグ。(｜蜜柑を｜　全部取る。)
　〇ミナ　カワンニャー　イケン。(全部買わなければならない？)
　〇ノーセンワ　イマ　ミナ　エンジンガ　ツイテ　イマスガ。(農船は今全部
　　エンジンがついていますから。)
　〇ミナ　アゲルー。(全部あげる。)
　「ミナ」は全部ということであるが、上の発話文をみると、対象は特に限定されていないことがわかる。教示でも
　●ミナ　ノーナッタ。モノノ　リョー。(全部なくなった。物の量。)
　●シナモノヤナンカ。(品物など｜に使う｜。)
　●シナモノデモ　ミナ　ユー　ネ。(｜対象が｜品物でも「ミナ」というね。)
　●ミナデ　スベテ　アラワシテ　イルヨーナ。(「ミナ」ですべて言いあらわし
　　ているような。)
のように、対象物は品物がプロトタイプになっているようであるが、多くのものについて使うという意識がみられる。

②ミンナ
　●トーナラ　トー　ゼンブ。(十なら十全部。)
　意味はすべてということである。
　●ミンナ　ユータラ　ヒトノ　コトオ　ユーケド　ネ、ミナ　ユータラ　モ
　　ノノ　リョージャ　ワイネ。ミンナ　ユータラ　ヒトノ　コトオ　ミンナ
　　ユーケン　ネ。(「ミンナ」といったら人のことを言うけれどね、「ミナ」といっ
　　たらものの量　｜のこと｜　だね。「ミンナ」といったら人のことをいうからね。)

対象は人を要求するという教示である。しかし、教示文は収録できなかったものの、物の場合もないわけではないという回答もいくらか存在した。「ミンナ」を人に使うというのは、下のような場合であるかもしれない。

　○ミンナ、ミテタ　ミテタ　ユー　ネ。(全員、物がなくなったということをみてた、みてたと言うね。)

しかしこれは「ミンナ」が文の主語になっており、完全に名詞としての用法である。

③ゼンブ

「ミナ」とならび、大長でよく使われる語である。

●ツカイナレタ　コトバジャ　ネ。(使い慣れたことばだね。)

また、対象がかなり自由であることがわかる。

○ミカンガ　ゼンブ　ダメン　ナッタ。(蜜柑が全部だめになった。)

知識という抽象物についても使うことができる。

○ゼンブデワ　ナイ。ワシ　シットルノ　カイタダケダケー。(全部ではない。私が知っているのを書いただけだから。)

○アルダケ　ゼンブ　クレー。(店にゴムを買いに来て　あるだけ全部くれ。)

ただ、「ミナ」が100％をあらわすのに対し、必ずしもそうではないという教示が多く聞かれた。

●オーヨソ。スベテマデ　イカンデモ、ソレオ　ゼンブ　ユー　ワイネー。(おおよそ。すべてまでいかなくても、それを「ゼンブ」と言うね。)

●オーカタデモ　ゼンブ。(大部分でも「ゼンブ」という。)

さて、「ミナ」が方言的で古いことばであるという意識が高かったのに対し、「ゼンブ」は最近のことばと捉えられていることがわかる。

●イマノ　コドモヤ　ナンカワ。(今の子どもなどは　使う。)

●イマノ　コトバ　ミタイナ　ネ。ゼンブ　ノ　ナッタ　ユー　ネ。(今のことばみたいだね。「ゼンブ」なくなったというね。)

●キョーツーゴトワ　オモワン。(共通語とは思わない。)

方言語彙を調査していると、新しいことば＝共通語という傾向もあるが、この語についてはそうでもないようだ。

④スベテ
●ジューナラ　トー。（十なら十。）
●ゼンブ、ミナト　イッショ。（「ゼンブ」や、「ミナ」と一緒。）

「ゼンブ」「ミナ」と同じと答えられていることからわかるように、これら2語と意味の大部分を共通に持つ。

さて、「ゼンブ」は必ずしも割合が100％でなくても使える語であった。「スベテ」についても、同様の教示があった。

●ヒャクニン　オッテ　ハチジューニングライガ　サンセーシタラ　スベテ　サンセーシタ　ユーケド　ネ。ミナジャ　ノーテモ。（100人いて80人くらいが賛成したら『『スベテ』賛成した」と言うけれどね。全員でなくても。）
●スベテ　イワン。（すべてということばは使わない。）

また、この語を大長で普通聞くことはなかった。共通語意識が非常に高く、頻度もさほど高い語ではない。

なお、森田良行『基礎日本語』によれば、共通語の世界では全部は個々をまるごとまとめて、すべては数えていったニュアンスが強いという意の記述がある。森田はこれを確認する例文を挙げていないが、例えば「安かったので1箱××を買ってきた」という文では「すべて」のほうが適するような感じがある。しかし、大長方言の場合、後の補充調査でこのような枠を確認しても回答は得られず、今回はこの枠は設定できなかった。

⑤アリッタケ
●ヨー　ユー　ヨ。ツカウ。（よく言うよ。使う。）

よく使うという教示の一方、使わなくなったという教示もある。

●昔はあったかも知れないが、使わない。
●｜今はことばが｜ダイブン　ヒョージュンゴニ　ナッテ　ツカワンヨーニ

ナッタ。(大部共通語になって使わなくなった。)
● ユワン ネー、アマリ ツカワン ネー。(言わないね、あまり使わないね。)

教示の数などからみれば、あまり使われないというのが優勢である。

また、使い方がよいという教示もある。

● |「ゼンブ」と比べて| ツカイカタガ エー。(使い方がよい。)

さらに、「アリッタケ モッテイッタ」は言えるが「アリッタケ ジュンビ デキタ」「アリッタケ ソロッテ イル」などは非文であると考えられる。

⑥イッサイガッサイ

「イッサイガッサイ」は全をあらわす語である。しかし、その使い方には制限がある。

● タイフーヤ スイガイナンカデ ナガサレタ トキナンカニ。(台風や水害などで流されたときなどに |使う|。)

上の教示にみるように、台風や水害で流されたときなどに「イッサイガッサイ ナガサレタ」のように使う。ものがなくなるなどの、存在性マイナスの文脈でなければ使うことはできない。したがって、「イッサイガッサイ ソロッタ」「イッサイガッサイ ジュンビ デキタ」などは非文である。また、この語はそのように限定があることからも、しばしば使うことばではないようである。

● フダン ツカワナイ ネ。(ふだん使わないね。)

⑦キレーニ

〈全〉をあらわす語であるが、なくなるという文脈 (存在性マイナス) で使われることが普通であり、「イッサイガッサイ」同様、「キレーニ ソロッタ」などは聞かない。非文であると思われる。

● ゼンブ ノーナッテ シモータ ガネ。(|「キレーニ」は| 「ゼンブ」なくなってしまったがね |という意味|。)

○ キレーニ ミテタ。(全部なくなった。)

また、「イッサイガッサイ」同様、しばしば使う語ではないようである。

⑧ゴッソリ

「ゴッソリ」の発話文は次のようなものであった。
○ゴッソリ　ヤラレタ　ワイ。(すべてやられてしまったよ。)
ここでは物を持っていかれたという文脈である。
また、教示文も同様である。
●ゴッポリ　ユワン　ネ。ゴッソリ　モッテッテ　シモータ。(「ゴッポリ」は言わないね。「ゴッソリ」持っていってしまった｛と言う｝。)
ここでも「持っていってしまった」という使われ方である。
存在性についてはマイナスの使われ方であると規定できよう。

⑨ゴッポリ

「ゴッソリ」と同じであると思われる。
○ゴッポリ　トラレタ。(全部とられた。)

⑩ネコソギ

○ネコソギ　ヤラレタ　ワイ。(全部やられたよ。)
「ネコソギ」の発話文である。
ここでも、先の「ゴッソリ」などと同じように、「全部とられた」という文脈で使われている。
同様の教示も得られている。
●キーレニ　ナクナッタラ。(全部なくなったら。)
使用については以下のような教示がある。
●ツカワン　ネ。(使わないね。)
●｛意味は｝　ワカリマス　ネー。(わかりますね。)
一方で、よく使うという教示も聞かれた。頻度については個人差があるようである。方言かどうかという点は、下のような教示を得た。

2　数量副詞語彙の記述と解釈　45

●ホーゲンジャ　ナイデショー。(方言ではないでしょう。)

⑪マルマル

　この語は現在ではあまり使われないようである。
　●｛意味は｝ワカル　ネー。(わかるね。)
　●モー　チョット　ネンパイノ　ヒトナラ　ツカイヨッタ　ネ。イマノ　ネコソギ　イワズニ　マルマル　モッテイカレタ。(もう少し年輩の人なら使っていたね。今の「ネコソギ」を言わずに「マルマル　モッテイカレタ」｛のように｝。)

　また、ここでは「ネコソギ」と比較されている。したがって、意味も「ネコソギ」と同じで存在性マイナスの文脈に限定されていると考えられる。
　●ソノモノ　スベテ。(そのものすべて。)

　一方、上のような教示もあることから、「全部」という場合には広く使えると考える話者もあった。

⑫ドイツモコイツモ
　○ドイツモコイツモ　ユー　コト　キキャーガラン。(誰も彼も言うことを聞きはしない。)

　上の使用文にみるように人について使われる語である。また、子どもを叱ったり、怒ったりした場合に使われることが多い。
　●ヒトダケ。(人の場合だけ。)
　●コドモニ　ユー。(子どもに言う。)

　また、昔のことばであるという教示を得た。
　●ソリャ　ムカシノ　ヒトガ　ネ、ドイツモコイツモ　テニ　アワン　ワイ　ユーテ　ユー　ヨ。(それは昔の人がね、『ドイツモコイツモ』手にあわないよ」といって言うよ。)

　さらに下の教示をみると、女の人でも、とわざわざ言及しているように、悪いことばであるとの認識があるのであろう。非難の文脈で使われるということ

と関連しているものと考えられる。
- ネンパイノ ネー、オンナノ ヒトデモ。アノ コモ コノ コモトカ ユー トキニ、ドイツモコイツモ ユー コト キカン ユーテ。(年配の人は、女の人でも使う。あの子もこの子もなどと言うときに、どいつもこいつも言うことを聞かないといって。)

⑬ドナイツモコナイツモ

「ドナイツモコナイツモ」は、「ドイツモコイツモ」と同じであるという教示が得られた。
- 「ドイツモコイツモ」と同じ。

そして、この語は、年寄りが言うという教示があり、この点も、昔のことばであるとした「ドイツモコイツモ」と同じである。

⑭ナニモカニモ

「ドイツモコイツモ」「ドナイツモコナイツモ」が人を対象とした語であったのに対し、「ナニモカニモ」は物を対象としている。
- 対象は物。
- ミカンノ バーイ。(蜜柑の場合｜などに｜。)

⑮ナニモカモ

「ナニモカニモ」と意味の違いはないようである。
- ｜「ナニモカニモ」を｜ リャクシテ。(略して。)

異なる点は言い方が違うだけで、こちらのほうが略した言い方であると認識されているようである。

以上をまとめて、次のような分類枠が設定できる。
1 　大部分でも使うことができる
2 　異質のものの集合という意識が強い

被修飾部・対象物に制限がある
3 「持っていく」など、0％になるという文脈において使用される
4 人のことだけに使う

(4)割合〈大〉をあらわす語
①オーカタ
　●ジッチュー ハック。(十中八九。)
　●ホトンドジャケー ハチ、キューワリグライ ヨ。(ほとんど｜ということ｜だから8、9割くらい｜のこと｜よ。)
　得られた教示文からは、8～9割の割合をあらわすことがわかる。それに比べ、「ダイブ」は若干小さい割合を示す。

②ダイブ
　●ゴワリ コシテ ロク、シチグライ、ヨノー。(5割を越して6、7割くらいだな。)
　6～7割をあらわすという教示が得られた。
　○ネーブルモ ダイブ アッタ。(ネーブルもかなりあった。)
　この例は、作付けされた柑橘類のうち、ネーブルがどのくらいを占めるか、ということに対する発話である。大長の主たる作物は温州(うんしゅう)蜜柑であり、それに対して流行した新品種であるネーブルの話をしているのであるから、ネーブルの量は温州蜜柑と同じくらいの量ではない。したがって、8～9割をあらわす「オーカタ」ほど大きな割合を示してはおらず、教示にあったように、6～7割程度が妥当であろう。

③ダイブン
　●ダイブカ ダイブンカワ ヒトニ ヨリケリ。(「ダイブ」｜を使う｜か「ダイブン」｜を使う｜かは人によりけり。)
　○ダイブン スンダ ノー。(かなり終わったなあ。)

「ダイブ」と「ダイブン」の2つの語形がみられる。意味的には大きな違いはないようである。

④ホトンド

●オーカタノ　コト　ヨノー。(「オーカタ」のことだなあ。)

「ホトンド」は「オーカタ」と同じであるという教示である。「オーカタ」は8～9割という大きな割合を意味する語であったことを考えると、この語もまた、8～9割という大きな割合を示す語である。

以上をまとめると、割合〈大〉に分類される語は、8～9割程度をあらわす「オーカタ」「ホトンド」、6～7割をあらわす「ダイブ」「ダイブン」のように、割合の大きさによって分類される。したがって、次のような分類枠を設定できる。

　1　8～9割をあらわす
　2　6～7割をあらわす

以上、広島県呉市豊町大長方言の数量副詞語彙を記述してきた。このデータを利用して、数量をめぐる語彙の特徴と人々の世界観について考えてみたい。

3　量的構造

3.1　全体量の比較

ここではまず、数量副詞語彙体系の量的な構造を考える。

数量〈多〉〈少〉、割合〈全〉〈大〉の4つのカテゴリーに所属する語数を表にしたものが次の表である。

数量	多	22語	割合	全	15語
	少	18語		大	4語

数量のスケールの場合、〈多〉と〈少〉の語数の差はさほど大きくはない。しかし割合のスケールの場合、〈大〉が〈全〉の30%以下と非常に少なくなっている。

語数から考えると、数量のスケールの場合は〈多〉〈少〉という場合に、割合のスケールの場合は〈全〉に栄えているということがわかる。

語数が多いことは人々の関心の強さに比例するという仮説に従うならば、ものを数量でとらえる場合、その数量が標準状態よりも多かったり少なかったりするという特殊な場合に人々の注目があつまっていることを、割合としてとらえた場合は、すべてがそろっている（またはすべてそろっていない）という完全状態に注目が集まっていることを意味していると考えられる。

3.2 数量〈多〉と〈少〉の語形の非対称性

数量のスケールの場合、標準状態（適当という状態）よりも多かったり少なかったりするという、特殊な場合に語数が多いことをみてきた。しかし、この2つのカテゴリーの所属する語の語形を細かに観察していくと、数量〈多〉と〈少〉のカテゴリーには違いがあることがわかる。

さて、大長における数量〈多〉カテゴリーに所属する語は以下のものであった。

イクラデモ、イッパイ、イッパー、ウント、エット、ギョーサン、シコタマ、ジョーニ、ジョーサン、タイソー、タクサン、タップリ、タブンニ、タラフク、ドッサリ、ナンボデモ、バクダイ、フトイコト、ヤマホド、ヨーケ、ヨーサン、ヨケー （22語）

一方、数量〈少〉カテゴリーに所属する語は以下のようなものであった。

スコシ、スコーシ、チート、チックリ、チッピリ、チビット、チョット、チョッピリ、チョッポシ、チョビット、チョボット、チョンビリ、ドロッキホド、ハナクソホド、メクソホド、ワズカ （16語）

数量〈多〉カテゴリーでは、「イッパイ→イッパー」、「ギョーサン→ジョーサン」などの、しばしば使われる語の音変化形と考えられるものや、「ヨケー」

と「ヨーケ」のように似た形の類が、この3つのペアのみであった。
　一方、数量〈少〉カテゴリーは〈多〉カテゴリーと異なり、類似語形が非常に多い。たとえば次のようである。参考までに、語形の後に数字で回答者数、さらに「少」「稀」の形で頻度を表示した（少よりも稀のほうが頻度は低い）。

　　チョッピリ　7　　　チッピリ　1少　　チックリ　1稀
　　　　　　　　　　　チョッポシ　1少
　　　　　　　　　　　チョンビリ　1少
　　チョビット　9　　　チビット　3

　これをみると、数量〈多〉カテゴリーでは語形のバラエティーが豊富であるのに対し、数量〈少〉カテゴリーでは特定の語形が変化した結果として語数が増えているようにみえる。たとえて言うならば、血縁が異なる多くの語が集まっているのが数量〈多〉カテゴリー、多くの語が親戚関係にあるのが数量〈少〉カテゴリーということになる。すでに語として定着しているということから、すべてが社会的な語であるといえるが、回答者数や頻度の情報もあわせて考えると、個人的、1回的な性格に近い語が多いとも言える。この点からは、実質的に語数が豊かであるのは数量〈多〉カテゴリーであるということができよう。
　ただし、問題はこれらの類似語形の意味的張り合い関係である。すべてが同義である場合と、類義語形それぞれが意味的に何らの分担をしている場合とでは、この現象を支えていると考えられる原理に違いがあると考えられる。そのことを次に確認してみたい。

4　意味的構造

4.1　数量スケールの語彙体系

　数量をあらわす〈多〉〈少〉カテゴリーの内部構造を作り出す、それぞれの

カテゴリーに所属する語を細かく位置づける分類枠は、頻度や新古など運用に関する情報を除くと、以下の通りであった。

Ⅰ　数量〈多〉の内部構造
　1　限界性を前提としない（限界がない多量）
　2　「エット」よりも多い量をあらわす
　対象物・被修飾部に制限がある
　3　「飲食」の量の多さをあらわす
　4　「取得・保有」したものの量の多さをあらわす
　5　数ではなく、量の多さについて使う
　6　重量感のある固体物を対象物とする
　7　比況性があり固体物を対象物とする

Ⅱ　数量〈少〉の内部構造
　1　曖昧な数量をあらわす
　2　「チート」よりも少ない量をあらわす
　対象に制限がある
　3　比況性があり蜜柑を対象物とする
　4　比況性があり目やにと同じ性質の固体物を対象物とする

　数量〈多〉カテゴリーでは、しばしば使われる「エット」を基準に、それよりも多量をあらわすという分類枠、一方、数量〈少〉カテゴリーでは「チート」よりも少量をあらわすという分類枠が立てられる。多いという中でもより多い方向と、少ない中でもより少ない方向に呼び分けようとしていることが注目される。実際には数量は「より多－多－少－より少」の4段階に認識されている。
　さて、それぞれのカテゴリーの構造を比較すると、数量〈多〉カテゴリー内部は7つの分類枠によって位置づけられているが、数量〈少〉カテゴリーには

4つの分類枠しかないことがわかる。この点で、数量〈多〉カテゴリーのほうが数量〈少〉カテゴリーに比べ、細かな体系を有していると言える。

この2つのカテゴリーを比較した場合、数量〈少〉カテゴリーのほうが単純な体系であるといえる。また、数量〈多〉カテゴリーのほうが語数が多いこと、数量〈少〉カテゴリーに類似語形の語が多く（さらに、それら相互に意味的にも大きな違いはない）、単純であることを考えあわせると、数量〈多〉カテゴリーのほうが複雑な構造をしていることがわかる。

また、数量〈多〉カテゴリーにも数量〈少〉カテゴリーにも「より多い」「より少ない」といった数量の強調に関わる基準がみられたが、数量〈多〉カテゴリーでは、これ以外にも文脈や対象物制限という分類枠がみられた。例えば、飲食に関わる文脈に使われる場合や、取得や保有に関わる文脈に使われる場合という制限、対象物についても特に固体物が取り立てられており、生活場面における関心と連動していると考えることもできる。

数量〈多〉カテゴリーのほうが数量〈少〉カテゴリーよりも語数が多く、分類枠も多かったことなどから、そこに地域生活者の「多なるもの」への細やかな視点の存在を看取することができるのである。

ところで、数量〈少〉カテゴリーで「より少」に属する語と、数量〈多〉カテゴリーに属する語数を比較してみたい。

より少	少	多	より多
12語	5語	18語	4語

「より少」に所属する語が「より多」に所属する語よりも多いことについて、「より少」の意味を持つ語の使い方を考えてみたい。例えば次のようなものであった。

○チョッピリデ　エーゾ。モラウ　トキワ。（少しでいいぞ。貰うときは。）
○｜酒をついでもらうとき｜チョボット　イレンサイ。（少し入れなさい。）
○｜貸してくれと頼まれて｜チョボットナラ　アル　デ。（少しならあるよ。）

●モノ　カル　トキニ、チビットデ　エンジャガ。(物を借りるときに「『チョビット』でいいのだが」|といって借りる|。)

このように、人に何かを借りることを頼まれたとき、頼むときに「より少」をあらわす語を使用している。遠慮という意識である。一方、「より多」の場合には、その発話はほとんどが描写に関わる場合である。この性格の違い、つまり日常場面における運用場面の違いが、より少の方向の語を栄えさせていると考えることができる。また、「より少」をあらわす語の語形が、互いに類似していることも注目される。運用場面が多いために、特殊拍を中心に「個人差」が大きくなり、結果として類似語形が栄えることになったと考えることができるからである。

以上のことから、分類枠の数や語数だけではなく、分類枠を考察することで、「多様な視点で弁別し、多様な表現手段（この場合は、語の存在を示す）を持つ数量〈多〉」と、「より少ないことに多様な表現手段を持つ〈少〉」という、論理的には対照的であるはずの〈多〉と〈少〉２つのカテゴリーは、言語の世界では別の論理を持ったものであるということが指摘できよう。

4.2　割合スケールの語彙体系

Ⅰ　割合〈全〉の内部構造
　1　異質のものの集合という意識が強い
　2　大部分でも使うことができる
　被修飾部・対象物に制限がある
　3　人のことだけに使う
　4　「持っていく」など、０％になるという文脈において使用される

Ⅱ　割合〈大〉の内部構造
　1　８～９割をあらわす
　2　６～７割をあらわす

　割合スケールの場合、割合が大きいことをあらわす割合〈大〉カテゴリーよりも、割合〈全〉カテゴリーのほうが複雑である。「異質のものの集合か、そ

うではないか」という観点や、「すべてであるのは今あるものか、なくなったものの量か」といった観点が差し向けられている。対象物に関しても人間専用の語が準備されている。その点では、割合〈全〉であることに人々の関心が高いと考えられる。

また、割合の程度という観点からは、次のような分布となる。

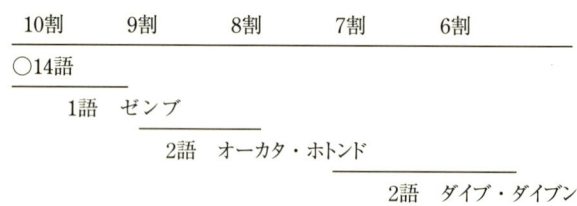

```
  10割    9割    8割    7割    6割
 ─────────────────────────────────
 ○14語
        1語  ゼンブ
        ─────────────
             2語  オーカタ・ホトンド
             ──────────────────
                          2語  ダイブ・ダイブン
                          ──────────────────
```

数字であらわすよりも厳密ではない分、幅を持たせて割合をあらわすことができる。日常生活において割合を厳密に計測することは稀であろう。そういう意味では、10割（100％）の段階、わずかに欠ける段階、8～9割、6～7割という区分が、人々にとっての「使いやすい」分節の姿になっていると考えられる。

4.3　数量スケールと割合スケールの比較

　数量スケールと比較した場合、割合スケールは単純な構造である。また、割合スケールのほうが語数も少ない。

　その理由の1つには、数量スケールの場合には客観的に計ることができないのに対して、割合スケールの場合には客観的に計ることが可能であることにあろう。

　つまり、数量の多少は、発話者がある分量をどのように捉えたかという事柄に関わっている一方、割合の大小は発話者の捉え方を待たなくとも具体的な数字で計り、それを表現できる性質であるという違いである。人間の外界の事態認識という点では前者に多くの裁量が委ねられている。その結果が、体系の複

雑さと語数の多さに反映していると考えるのである。

　割合のスケールの場合、ここであげた語以外に、9割という言い方も90％という言い方も、さまざまに可能である。実際には語数はかなり増える可能性を持っているということも考えておく必要がある。語数の上では、割合スケールを貧弱であると必ずしも単純に結論づけることはできないであろう。

　以上、数量と割合の性質の違いについて考えてきた。

3 広島県安芸方言の数量副詞語彙体系

1 数量副詞語彙の地域性

　各地の数量副詞語彙の体系をまとまって明らかにした研究は、多くはない。ここでは、大長と同じ広島県安芸方言に属する、広島県の山間部の町、安芸太田町加計(カケ)方言の数量副詞語彙の記述と、その解釈を行ってみたい。

2 広島県安芸太田町加計方言の数量副詞語彙の記述

2.1 調査および調査地の概要

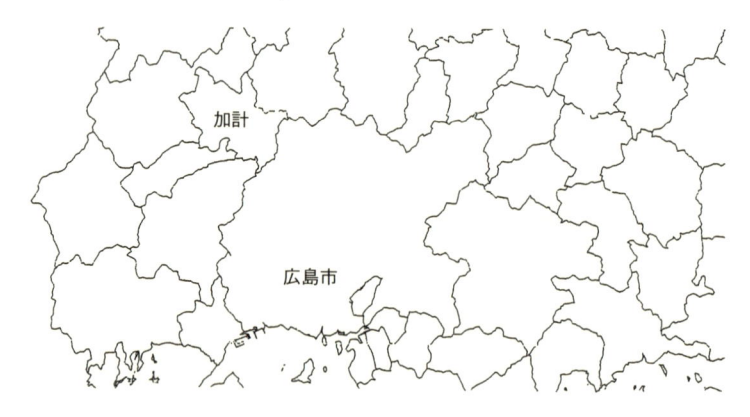

　調査地となった安芸太田町加計は次のような場所である。
　広島県の西北に位置する、旧加計町の中心集落である。かつては太田川水運の起点として栄えた。
　現在はわずかな平地と斜面を利用しての畑作と稲作、豊富な森林資源を利用

した林業などが盛んである。人口は1997年現在約5700人、うち、加計地区は約半数を占める。70歳以上の人口は約30％を占める。

　国道186号、191号、433号の合流する地点にある集落で、国道433号線の駅前付近が通称「本通り」と呼ばれる商店街となっている。

　調査は1997年度に行った。個人差の調査も含め、最終調査は12月18日である。のべ12日、男女５名ずつ計10名の話者に面接調査した。

　なお、話者の条件は大長の場合と同じで、農業従事者、生え抜き（兵役など、言語形成期以後の数年の外住歴は除く）の話者である。年齢は70歳前後の方を想定していたが、実際は難しく、80歳前後の方々となった。教示者の年齢は以下の通りである。男性教示者はＭ１氏：70歳、Ｍ２氏：76歳、Ｍ３氏：76歳、Ｍ４氏：79歳、Ｍ５氏：83歳、女性教示者はＦ１氏：75歳、Ｆ２氏：75歳、Ｆ３氏：82歳、Ｆ４氏：84歳、Ｆ５氏：87歳。

2.2　カテゴリー別の数量副詞語彙体系

⑴**数量〈多〉をあらわす語**

　加計でしばしば聞かれる語の１つに「ヨケー」がある。

　　○レーゾーコニ　ナニモ　ナケリャー　サミシー　ナー　オモーテ、ハクサイヤラ　キューリヤラ　ヨケー　イレスギテ。（冷蔵庫に何もなかったら寂しいなと思って、白菜や胡瓜などをたくさん入れすぎて。）

　「入れすぎて」と共起する「ヨケー」は多量をあらわす語であることがわかる。

　　●オイーノー　ヨケー　アル　ユーテ　ユー。（多いのを「『ヨケー』ある」と言う。）

　またこの語は、対象物の制限や被修飾部の制限のある語ではない。

　　○ノーカニワ　テアテガ　ネ、ヨケー　ハイリョータ。（農家には手当がね、たくさん入っていた。）

　「ヨケー」はお金の量について使われている。

　　○サンリブカラ　チョット　ハイッタ　トコロニ　ヨケー　コメー　ナラベ

トル ミセガ アルガ。(サンリブ ｜筆者注：スーパーの名前｜ から少し入った ところにたくさん米をならべている店があるが。)
○ソロバン ツクル コーバガ ヨケー アリヨッタ ノ。(そろばんをつくる工場がたくさんあったな。)

これは数で捉えられるもの（店や工場）が対象となる用例である。

○アガーナ トシヨリガ ヨケー オランガ ノ。(あんな年寄りがたくさんいないかな。)
○コノ キンジョデモ モチー ノド カカッテ シンダンガ ヨケー オル ヨ。(この近所でも餅が喉にかかって死んだ人がたくさんいるよ。)

ここでの対象は人間である。

これらの用例から、「ヨケー」は様々な対象に用いられる語であることがわかる。

「ヨケー」と似た語形の語として「ヨーケ」もある。

●コノ ヘンジャー フルイ ヒト ワネ。(このへんでは古い人はね ｜「ヨーケ」を使う｜。)

このように、「ヨーケ」は「ヨケー」よりも古い形であるという教示を得た。しかし実際には「ヨーケ」もしばしば使われる。そしてその用法も「ヨケー」と大きく異なることはない。

○モチゴメ ノーテモ エー、ソンナニ ヨーケ ノーテモ。サンサイオコワミタイニ デキ ヨー。(餅米はなくても良い、そんなにたくさんなくても。山菜おこわのようにできるだろう。)

餅米の量を示した文である。数ではなく量という点で、液体などと近い性質の対象物であろう。

○｜魚が｜ ガイニ ヨーケ オル ノー。(本当にたくさんいるなあ。)
○サンジューㇺスメガ ヨーケ オル ヨー。(三十娘 ｜筆者注：30歳を過ぎて嫁にいっていない女性｜ がたくさんいるよ。)

これらは人が対象になる。人は数でしか捉えられない。対象が数や量にまたがっていることを考えると、この語もまた「ヨケー」と変わるところはないと

思われる。

　これら2語と同じように抽象度の高い語（対象物や被修飾部に制限がなく用いられる）に「エット」がある。
- ●ヨケー　アルノー　エット。（「『ヨケー』ある」というのを「エット」。）
- ●ヨケーモ　エットモ　イッショニ　ユー　ヨネー。（「ヨケー」も「エット」も同じように言う｛使う｝よね。）

これらの教示にみられるように、「ヨケー」も「エット」も変わらないようである。
- ○｛雪が降っているのを見て｝マー、エット　フランケー　エー　ワイ。
  （まあ、たくさんふらないからいいよ。）
- ○ミカンオ　エット　モッテキテ　モローテ。（蜜柑をたくさん持ってきてもらって。）
- ○ハー　モノガ　エット　ナー　ゴロニ　シンピンノ　ジテンシャバッカリダッタ。（もう物がたくさん｛は｝ないころに新品の自転車ばかりだった。）

　実際に使用文を聞くことはできなかったが、「イッパイ」という語もある。
- ●イッパイ　ユーノモ　ユー　ワネー。（「イッパイ」というのも言うな。）

この他、共通語形の「タクサン」もある。

　これまで報告してきた語は、いずれも多量であることをあらわす、使用状況が限定されない比較的抽象度の高い意味を持つ語であった。その一方、量が限られていないことをあらわす「ナンボデモ」という語がある。
- ●｛量が｝カギラレトランケー　ネ。（限られていないからね。）

　具体的には例えば
- ○ナンボデモ　クーテ　クレー。（いくらでも食べてくれ。）
- ○ナンボデモ　アリマスケー　エンリョセンコーニ。（いくらでもありますから遠慮せずに。）

という使用文にみられる。実際には準備されている量は決まっているのだが、限界がないほどの多量を表し、他人にものを勧める場合に使用されていると考えられる。「ナンボデモ」の共通語形は「イクラデモ」であり、

●ナンボデモノ コト ヨ。(「イクラデモ」は「ナンボデモ」のことよ。)
●ホーゲンジャ ナー。(方言ではない。)

のように、方言意識が希薄である。

　文脈制限のみられる語は「シコタマ」「タラフク」の２語である。まず、「シコタマ」であるが、

○アリャー シコタマ モーケテカラ トリコンドル デ。(あいつはたくさん儲けて、貯め込んでいるぞ。)

の使用文にみるとおり、お金を儲けた場合に使うのが「シコタマ」である。

●モーケタ トキジャ ノー。(お金を 儲けたときだなあ。)

このような教示も聞かれた。しかし、大長と比較して、加計では「シコタマ」をお金に限らず、何かを多量に入手した場合に用いられることも多いようである。

○ヒャクエン ダシャー ミカン シコタマ モローテ カエレル ド。
(100円出せば蜜柑をたくさんもらって帰れるぞ。)

○ 昔の結婚式で タラフク クーテ シコタマ モッテカエッテ シモータ。(たくさん食べて、たくさん持って帰ってしまった。)

この２文では、対象物はお金ではない。しかし、述部に注目すると「持って帰る」「もらう」などの、何かを入手するという動詞である。

●テニ イレルヨーナ トキ ヨ。(使うのは 手にいれるようなときだよ。)

という教示もそれを裏付ける。

「タラフク」の場合、飲食の文脈になる。例えば下の例文である。

○タラフク クータ。(たくさん食べた。)

このように、食べた量の多さをあらわすのに使う。被修飾部は「食べる」など飲食の動詞になる。

　一方、対象物に関わる語として、「タップリ」があげられる。数ではなく、量について使う。

○タンボー タップリ ミズガ アタットッタ。(田圃にたくさん水が張ってあった。)

この使用文にみられるように、「タップリ」は対象物が液体物となる。これは、大長や広島市方言と大きく違わない。
- ●イキモノニワ ツカエン。(生き物には使えない。)

という教示にみるように、量ではなく数として捉えることのできる生物が対象になることはないようである。

また、加計方言においてこの語はしばしば使われる語ではないようだ。品位が高いことについて言及する話者もある。
- ●アンマリ ツカワン ネ。(あんまり使わないね。)
- ●ジョーヒンナ カンジノ スル コトバジャ ネ。(上品な感じのする言葉だね。)

一方、「ドッサリ」は対象が固体物で、重量感のある物に対して使われる。
- ●ドッサリワ モノ ヨ。(「ドッサリ」は水ではなく物について言うよ。)
- ○ノーキョーガ ドッサリ コーテ クレリャー エーンジャガ。(米を農協がたくさん買ってくれればいいのだが。)

使用文も、上の例のように、重量物である米(実際は米の入った袋であろう)を対象とする。

そして「ヤマホド」は、その語形から「山のように」という比況性を導くことができると思われる。実際、大長方言はそのような比況性が対象物の制限としてあがっていたが、加計では次のような使用文を得た。
- ○マエノ ホー ヤマホド オッテ ミエンカッタ。(前の方にたくさん人がいて見えなかった。)

ここでは対象が人である。大長方言の、対象物が固体物であった状況とは異なりがみられる。数ではなく量として捉える「タップリ」とは逆で、量ではなく数として捉えられるものについて使われている。

さて、多量の強調として使用される語に「バクダイ」がある。
- ○バクダイ モーケヤガッタ ノ。(たくさん儲けやがったな。)
- ○アンナ ヤツァー バクダイ ノコシャーガッテ。(あいつはたくさん財

産を｜残しやがって。)

のように使われる。話者の説明でも、次のような教示が聞かれる。

●リョーガ　オーキナ　ヨネ。(量が多いよね。)
●チート　オーゲサナ　ヨーナ。(少し大げさなような｜感じがする｜。)

教示でも、大げさであるといった、多量の強調にこの語が用いられていることがわかる。

多量の強調として使われる語として、大長では「ギョーサン」が聞かれた。しかし、加計方言では特にそういった教示は聞かれなかった。

○ギョーサン　アル　ノ。(たくさんあるな。)
○ホデ、ギョーサン　ゴハン　ノコッテカラ、オジヤ　シテ。(それで、たくさんご飯が残って、おじやにして。)

という使用文を聞くが、一方で

●コノ　ホーノ　コトバジャ　ナイデショー。(このほうの言葉ではないでしょう。)
●コノ　ホーノ　ホーゲンジャ　ナー。(このあたりの方言ではない。)

という教示を聞く。加計の方言ではないという意識を持たれながらも、実際には加計で使われている。語の所有の有無というレベルで個人差が生じているのであろう。

以上をふまえ、加計方言の数量〈多〉のカテゴリー内部の分類枠は以下のようになる。

1　限界性を前提としない (限界がない多量)
2　「ヨケー」よりも多い量をあらわす (多量の強調)
　対象物・被修飾部に制限がある
3　「飲食」の量の多さをあらわす
4　「取得・保有」したものの量の多さをあらわす
5　数ではなく、量の多さについて使う
6　重量感のある固体物を対象物とする
7　量ではなく、数で数えられるものを対象物とする

(2) 数量〈少〉をあらわす語

　大長と同じように、「タショー」は少ないことを前提としながらも、曖昧な数量をあらわす。

　○コリャー　アンタガタニ　アル　カイ。(これはあなたの家にあるか。)
　　　↓
　　タショーワ　アル　デー。(多少はあるぞ。)

　あることはあるが、少量であるかもしれないことを前提にした用いられ方である。

　さて、加計でしばしば聞かれる語は「チート」である。

　○チートシカ　ナイ。(少ししかない。)
　○イマゴラー　チートデモ　ハタケガ　アッテ　シタラ　ヨメガ　オランノヨノー。(最近は少しでも畑があったりしたら嫁がいないのだよ。)
　○ウン　チート　スー　ヨ。(うん、|煙草を|少し吸うよ。)

　この語は抽象度が高く、後に個人差を確認する調査を行ったが、そこでもさまざまなものが対象物となった。

　一方、「チョット」も同様の意味で使われるが、方言であると意識している話者もある。

　●コノ　ホーノ　ホーゲンダロー　ネー。(このへんの方言だろうね。)

　また、大長でもみられたような、「チート」を基準にそれよりも少ない分量をあらわす語が加計でも聞かれる。

　「チョッピリ」について、次のような教示を得た。

　●ヨイヨ　スコシ　ユー　コト。(本当に少しということ。)

　使用する場合も、味付けの仕上げの段階で例えば次のように使う。

　○モー　チョッピリ　タラン　ヨー。(もう少し足りないよ。)

　「チョボット」も同様の意味で用いられ、しばしば使われる。その他、「チョンビリ」もあり、

　●チョンビリダラ　ナンダラ　ユー　コトモ　ユー　ネー。(「チョンビリ」やなんかいうことを言うね。)

という教示も聞かれた。

大長と同じように、比況性のある語として「メクソホド」もある。
●ホンノ　ワズカナ　モノ　ヨ。（ほんのわずかなもの｜を言う｜よ。）

まとめると数量〈少〉カテゴリーは次のようになる。

曖昧な数量をあらわす「タショー」。「チート」を基準にしたとき、「チョッピリ」「チョビット」「チョボット」「チビット」「チット」「チョンビリ」「ワズカ」「チョンボリ」「メクソホド」「ハナクソホド」「メクソシカ」が、より少をあらわし、比況性のある語として「メクソホド」「ハナクソホド」が聞かれた。

この結果、以下の分類枠が得られた。

1　曖昧な数量をあらわす
2　「チート」よりも少ない量をあらわす
　対象に制限がある
3　比況性がある（対象は目やにかどと同じ性質の固体物）

2.3　大長方言との語数比較

まず、語数の比較である。

大長方言の数量〈多〉カテゴリーには、次の語が所属していた。

　イクラデモ、イッパー、イッパイ、ウント、エット、ギョーサン、シコタマ、ジョーサン、ジョーニ、タイソー、タクサン、タップリ、タラフク、ドッサリ、ナンボデモ、バクダイ、フトイコト、ヤマホド、ヨーケ、ヨーサン、ヨケー、ヨッケ（22語）

加計方言の数量〈多〉カテゴリーは、以下の語である。

　イクラデモ、イッパイ、ウント、エット、ギョーサン、シコタマ、ジョーニ、タイソー、タクサン、タップリ、タラフク、ドッサリ、ナンボデモ、バクダイ、フトイコト、ヤマホド、ヨーケ、ヨケー（18語）

大長方言のほうが、若干多い結果となった。その原因として考えられるのは、「ギョーサン」に対する「ジョーサン」、「イッパイ」に対する「イッパー」、「ヨーケ」に対する「ヨッケ」などの、音変化形が大長方言に多かった

ことである。

　次に、数量〈少〉カテゴリーの比較を行う。大長方言は、以下の通りであった。

　　スコーシ、スコシ、チート、チックリ、チッピリ、チビット、チョット、チョッピリ、チョッポシ、チョビット、チョボット、チョンビリ、ドロツキホド、ハナクソホド、メクソホド、ワズカ、(16語)

加計方言は以下の通りである。

　　スコシ、チート、チックリ、チット、チビット、チョット、チョッピリ、チョビット、チョボット、チョンビリ、チョンボリ、ハナクソホド、メクソホド、ワズカ、(14語)

加計方言のほうが語数が若干少ないものの、大きな違いではない。ここでの語数の差は、「ドロツキホド」に相当する語が加計方言にないこと、「スコシ」に対して「スコーシ」などの音変化形が加計方言に少ないことから起こっている。

　またそれぞれの地点で数量〈多〉カテゴリーと数量〈少〉カテゴリーを比較した場合も、後者に語数が少ない点で大長と共通である。

2.4　大長方言との分類枠比較

まず、数量〈多〉カテゴリーの分類枠を示す。

1　限界性を前提としない（限界がない多量）
2　「ヨケー」よりも多い量をあらわす（多量の強調）
対象物・被修飾部に制限がある
3　「飲食」の量の多さをあらわす
4　「取得・保有」したものの量の多さをあらわす
5　数ではなく、量の多さについて使う
6　重量感のある固体物を対象物とする
7　量ではなく、数で数えられるものを対象物とする

数量〈多〉カテゴリーでは、この分類枠は大長方言も加計方言も違いはない。しかし、数量〈少〉カテゴリーでは、大長方言と加計方言の間で違いがみられた。

1　曖昧な数量をあらわす
2　「チート」よりも少ない量をあらわす
　対象に制限がある
3　比況性がある（対象は蜜柑のみ）
4　比況性がある（対象は目やにと同じ性質の固体物）

これは大長方言の分類枠であるが、このうち3の分類枠が加計方言ではみられなかった。語でいえば大長方言の「ドロツキホド」という語である。これが、加計方言では得られなかった。「ドロツキホド」は、蜜柑の収穫量についてのみ使われる。この語の存在は、柑橘栽培を生業とする大長集落の特性を反映していると考えられる。

今回の結果からは、自然環境は異にするもののいずれも同じ方言域に属する地域である場合、数量〈多〉と〈少〉の言語的なとらえ方に大きな差はないということになる。その上で、狭い意味での地域性は、例えば「ドロツキホド」のように語という要素レベルでの出現にとどまっていると結論づけられる。

しかし、これが日本語に普遍的な現象であるか否かは、今後さらに広い範囲での調査が必要であろう。今後、全国規模でのまとまった調査を行いたい。

II　個人差の世界へ

4 語彙研究と個人差の扱い

1 なぜ語彙の個人差を問題にするのか

1.1 語彙研究史と個人差の問題

　語彙の個人差の問題については、これまで様々な指摘がなされてきた。その多くは語彙には個人差が大きいということであるが、しかし、個人差が果たしてどの程度大きいのか、個人差がどのような出現をするのか（体系上の位置の問題、個人差の範囲の問題、そして要因など）についての具体的な報告はほとんどみられなかったといってよい。

　そもそも、語彙研究の上ですでにその始まりの頃から問題になっていたのは個人差の問題であった。しかし、個人差が問題ではあったものの、その解決は未だになされていない。アクセントに関してはすでに個人差を扱おうとする論考があるものの、実態の報告を含め、個人差を正面から取り上げた研究はほとんどみられない。語彙についてはほとんど手つかずのままである。

　例えば、秋永一枝は、「アクセント推移の要因について」『国語学』31 (1957) で、東京都区内生え抜きの各世代の男女150人を対象に、約150語を調査し、アクセントがどのような要因によって決定し、どのような原因で推移するのかを考察した。頑固か、順応性があるかといった個人の性格という面にも着目している。しかし、この論文ではアクセントの推移の要因として個人の性格を問題としているのであって、個人差はあくまでも、他の現象の説明のため（この場合はアクセント推移）に利用されたに過ぎない。また、語彙研究においては、語彙の変化の原因が個人の性格にあるなどの指摘さえも、それほど行われていない。

II 個人差の世界へ

さて、柴田武は『語彙論の方法』の中で、語彙研究の基本問題として次のことをあげている。

> 語彙体系の研究が手本としたい音韻体系の研究と語彙体系の研究とを比べると、いろいろな点で語彙研究に困難がある。すなわち、
> (1) 音韻の単体は少数個であるが、語彙のそれはきわめて数が多い。
> (2) 音韻の体系は、全体として比較的安定しているが、語彙のそれはかなり不安定である。
> (3) 音韻については個人差がそれほど大きくないが、語彙については個人差が大きい。
> (4) 音韻は、意味を捨象した音形そのものを扱うことができるが、語彙は、意味と音形とがかかわりあう言語記号を扱わなければならない。
>
> (117p)

ここでは、(3)において、方言語彙には個人差の大きいことが指摘されている。しかし、実際にどの程度の個人差がみられるものなのかは、全く触れられていない。

それに関して、室山敏昭も『方言副詞語彙の基礎的研究』において、次のように述べている。

> 今後は、本研究を基礎にして、一方言のしらみつぶし調査、一個人の集中調査をおこなうことによって、語彙研究の客観化に努める必要があることを痛感している。柴田が提示した『語彙の個人差』という問題については、このように、なお多くの未解決の問題点を残しているわけであるが、副詞語彙という分野語彙は、個人差を反映することの比較的微弱な分野であると考えられる。どのような語彙分野がもっとも個人差を強くみせがちであり、どのような語彙分野がその点でもっとも微弱なのかを確認する作業も、進めていく必要があろう。(615p)

実際に個人差がどの語彙分野においても等しくあらわれるものかどうか、その実態の把握は大きな課題である。しかし、それ以前の問題として、個人差が1つの語彙分野においてどのようにあらわれるものか、それを明らかにしなく

てはならない。この作業を多くの分野について行って、初めて上の課題が解決できるものと考える。

　それでもこれまで語彙研究を行うことができてきた背景に、かつての地域社会がほぼ均質の生活体験を共にしてきた成員によって作られてきたという事情がある。そのため、少しの個人差がみられても、それが語彙体系そのものを揺るがすようなものにならず、大体が納得できる形の語彙体系を描くことができたのである。Iで扱ってきた体系もまた、かつての地域社会における数量副詞語彙の実態である。

　しかし、いつまでもそのような状況が続くわけではない。かつてのような、ほぼ均質の生活体験を共にした成員によって形成される言語社会が失われつつある今、実態に即した動的な語彙体系を構築するためにも、個人差を含んだ形でいかに語彙体系を描いていくかを模索する必要がある。その前段階として、語彙の個人差がどのように出現するのか、また、それをどう捉えていけば良いのか、仮説に基づいた方法論の提示と検証、その結果としての地域言語の語彙の個人差の実態を明らかにする必要がある。まずは個人差の存在を前提とし、語、あるいは語の調査を行うための調査法を明らかにすると同時に、個人差の実態を明らかにし、個人差の情報を含み得る語の意味記述と、語彙の体系記述の方法を生み出す必要がある。

1.2　語彙の社会言語学的研究へ

　個人ごとの違い（個人差）に注目して語彙研究を行うことは、語彙研究における社会言語学的な視点の導入であるということでもある。ここでいう「社会言語学的視点」は社会を語ることを目的としたものである。個人に注目しながら集落内部の言語の状況を描いてみることである。その実態が何を意味するのかを考えることで、たとえば成員にとっての集落の意味といった、集落社会の現状がみえてくるであろう。そして、そのような集落内部の言語的断層の実態がすべての社会に共通するものなのかを観察することもできる。そして、語彙体系を静的なものとしてではなく、揺らぎを含んだ、ダイナミックなものへと

解放していかなくてはならない。

　さて、日本の方言研究は言語地理学的研究から社会言語学的研究にその研究の流れをシフトさせてきた時期があった。日本語のバリエーション（変種）は、マスメディアの発達と人の自由な交流から生み出された急速な共通語化によって、それまで有効であった地理的な軸ではもはや捉えられなくなってきた。ことばの対立は地域間だけではなく地域内にもみられるようになり、それはますます大きくなっていった。都市の拡大もそれに拍車をかける。日本語のバリエーションを捉える上で重要な軸を明らかにするということ、自由なことばの変化を観察するという目的のために、日本の方言研究は社会言語学的研究へとシフトしてきたのである。

　もちろん、社会言語学の台頭は、構造言語学からアンチ構造言語学という言語学上の大きな流れの中で捉えられるものである。そこには、言語から社会を語るという大きな目的がある。構造言語学から社会言語学へ、この流れは、同時に日本語の方言をめぐる環境の変化と、そこから生じる方言研究の要請に一致するものであった。

　しかし、真に社会を語ろうとすれば現在の社会言語学研究の手法では不十分である。言語が人々の認識を反映し、人々の作りあげる社会システムを反映しているということであるならば、必ず「意味」や「体系」を問題にしなくてはならない。

　そこで、社会言語学に意味や体系を持ち込む1つの方法として、語彙を対象にするという方法がある。また、一方で、現在静的なものとして描かれている語彙体系を、揺らぎを含んだ動的なものに解放するために、社会言語学的視点の導入は有効である。

　また、室山を中心として進められてきた生活語彙研究は、生業、自然環境、社会環境の3つを軸に研究が進められてきた。しかし、自然環境、生業という点ではかなりの成果をおさめてきたものの、社会環境という点は直接対象にすることができなかった。語彙分野そのものが社会環境を反映する性向語彙などからそれを明らかにするしかない。

しかし、語彙の世界を社会性と個人性という2つの軸で捉え直すことによって、いかなる分野の語彙でも社会環境を反映するものとして捉えることができるのではないかと考えている。
　個人差に注目することで静的体系論から動的構造論へと語彙研究を開いていくことができるのではないだろうか。

1.3　最終的な目標

　その上で、次のような展開を考えることができる。

　　まず第一に、人間は社会的に決められた体系としての言語を使って自己を表現するものではありますが、彼の心には、やはり陳腐を嫌うという感情が強く働いています。すなわち、自分が今言おうとしていることは、書こうとしていることは、自分が自ら体験した、あるいは考えたかけがえのないギリギリ決着のものなのです。したがって、どうしてもありきたりの表現では満足できない気持ちを多くの人は持つと思います。ところが、そうだからといって非常に日常のことばの使い方から外れた表現をしたら、これはわからないということになります。つまり言語の役割を果たさなくなるというわけです。

　　　　　　　　　－中　略－

　　こういう意味で、表現の個性、これが人ごとに違えば個人差というものが大切になると思います。社会的事実としてのラングも、このような個人差というものによって、だんだんと変化していくという面があるのだと思います。ですから、この意味でのことばの個人差というものは大変重要だと思います。(『言語生活　320』1978年5月号)

これは野元菊雄の「言語における社会と個人」の一節である。ここでは、表現という側面から個人差に言及しているが、語彙でも同じことが言えるであろう。
　あるいは、逆のことが言える可能性もある。人間の側が言語をより簡単に単純なものにしていこうとするのに対して、言語の側からは弁別して伝えてゆか

なくてはならないという要求がある、と。

　言語研究の1つの方向として、この実態を正面から取り上げることも重要ではないかと考える。まずは個人の体系を描き、そこから社会の体系を帰納する。個人のレベルで明らかにした言語事実と、そこから抽出された社会的に広く共通する言語事実との比較によって、社会的に何が要請され、一方で個人がどこまで自由に言語の上にその個性を保持しているのかという、言語の新たな局面がみえてくるはずである。このことは、人間にとってことばとは何かという、もっとも根源的な問題の答えに、一歩でも近づくことができると考えるのである。

2　「個人差」の位置づけ

　ところで、言語は社会的なツールであるという面を持ち、これが言語の重要な面である。互いに通じない言語は、言語としての重要な機能を有していない言語であるということは半ば常識といってよい。したがって、「語彙には個人差がある」とはいうものの、そこには社会とのつながりが前提とされる。個人差も存在するが、社会的に共通する部分ももちろん持っている。それどころか、むしろ後者のほうが大きいというのが言語の性質である。

　そこで、言語の個人差という場合に問題となるのは、次のようなことである。コミュニケーションを行うために、個人差は小さい方がよいという社会的要請がある。その一方、お互いに違う個人がどのような語を持ち、意味の理解をしているのかが問題である。能力や環境といった個人の事情の上に、言語の社会性がどこまで保証されているのかが問題である。そこには社会への視線がある。したがって、あくまでも社会を念頭に置き、社会の中での相対的な個人の言語の位置という意味で「個人性」という術語を用いる。そして、その連続的な対極にあるものとして「社会性」という術語を定義する。

　「社会性」という術語は「多くの人に共有される」ことと定義する。多くの人に共有される意味が社会性の高い意味であり、多くの人に共有される語が社

会性の高い語である。もちろん、たった1人からしか得られない語であっても、全く通じない語を人が所有しているということは想定しにくいであろうから、言語として得られた以上は社会性を持っているといえる。しかし、少数の人しか持っていないということは流通度が低い語、または流通度の低い意味ということではないだろうか。流通度を社会性という術語で定義し、流通度の高い語を社会性の高い語と呼ぶ。

例えば通貨などの場合、流通度の低い通貨であっても法律という権威によって流通することが保証される。したがって、権威によって無理に流通させることができ、そういう面で社会性は保証されている。しかし言語の場合、流通度が低ければ、それを聞いてわからない、許容できないという人が多くなる、そうなると、何らかの権威によって無理に流通させることは非常に困難であろう。ひとつでも存在していれば社会性があると考える方向性も考えられるが、言語の場合、流通度が低いことはその語の消滅が近いことを意味し（場合によってはその後一般的になる方向へ拡張することもあろうが）、社会性が低いと定義できるのではないだろうか。

3　副詞語彙を取り上げた理由

ところで、語彙の個人性と社会性を考える際、副詞語彙を扱うのは次の理由による。

a　副詞語彙は生活一般語彙であって、自然環境・生業、人々の生活経験などの言語外の条件が体系に直接反映することが少ない。したがって、それだけ考える要素が少なくて済むということである。

b　「個人差」はどの個人の間にもみられる。とすれば、年層差、性差、生業差などを包括する広い概念になってしまう。したがって、それらを排除したところに限定的な「社会」を定義し、純粋に「個人差」を抽出するためには、できる限りこのような条件を排除しなくてはなるまい。その点、副詞語彙は生活一般語彙であり、これらの条件を排除するに適当である。

c 本研究は体系を背景に行うことになる。したがって、すでに体系についての研究報告がある語彙分野が適当である。中国方言、九州方言、又、瀬戸内方言においての綿密な研究のある副詞語彙が適当である。

しかし、名詞などと異なり、語が指し示す具体物が眼前にないために、意味の分析において困難が伴うことも予想される。これをどう乗り越えるかがポイントとなろう。

4 個人差を捉える方法

地域言語調査の際、最も自然な文を得る方法として、藤原与一によって提唱された自然傍受法がある。ある土地の言葉を聞く上で、最も基本的で、かつ、理想的な方法であるといえる。しかし、大きな問題は、この方法で得られた文の「再現性」がないという点である。ある状況においてある文を得た場合、それと同じ状況が起こらない限り同じ文を得ることはできないであろう。また、仮に同じ状況に遭遇したとしても、同じ文を得ることができるかどうかさえわからない。1回限りで終わってしまう可能性を常に持っている。

個人の意味を探っていく場合、かなり精密な調査が、同じ条件の下で個人ごとに必要となる。1回限りの調査では個人間の比較に耐えうる資料は得られない。もっとも、特定個人と長期間、それも非常に親しくつきあってゆけば、個人の意味を正確に得ることは出来よう。これが理想的ではある。しかし、実際には、方言社会に暮らす人々と長期間、それも親しく付きあってゆくということは、年層・職業を狭く限った上に、1地点で多くの話者を必要とする本研究のような場合には困難である。将来的に地点を広げてゆくことなどを考えてみても、困難である。また、調査自体が調査者のいわゆる「名人芸」になってしまう可能性もあり、一般性を持たなくなってくると新たな問題（誰でもが反復検証できないような方法は科学的な方法と言えるのか、という批判が真っ先に想定される）が生じる。

しかし、自然傍受で得られるような「自然の発話」を得るという段階を経な

いままで語彙の調査を行うこともまた不可能である。したがって、自然傍受法を基礎として、まず最大数の分類枠を設定する。その上で、各個人が分類枠のどれを所有しているか、または所有していないのかを確認することにしたい。分類枠の所有の有無を確認する際、アンケートを実施することになる。

以上が、個人の意味を比較に耐えうるレベルで得るために、そして、個人性と社会性の研究において一般的な方法として成り立つような手順である。改めて手順を確認する。

① まず、個人差の考察の対象としない話者をも含めて、年層も広い多くの話者に会い、語の意味を説明していただく。また使用文を幅広く得る。
② ここで得られたすべての情報を基に、一度、各々の語を体系に位置づけるための分類枠を帰納する。

　なお、この時の分類枠は、調査地点に社会的に存している最大数の分類枠を得るようにする。従って、この時点での分類枠は、2語の弁別に積極的に役立たなくてもよいし、分類枠相互のレベルの違いなどは勘案しない。

③ 先の②で得られた分類枠を利用し、例文を作成するなど、アンケートを作成する。
④ このアンケートを基に、改めて個人ごとに調査を行い、個人ごとにどのような分類枠をどの程度所有しているかを明らかにする。

5 数量副詞語彙体系の個人性と社会性

1 語の所有の有無についての実態提示と法則性
　　——大長方言を例に——

1.1 はじめに
　個人差と聞いてまず問題となるのは語の所有の有無であろう。話者Aが知っていたのに話者Bは知らなかった語があるという場合である。全員が知っている語、あるいは一部の話者だけが知っている語がある。
　ここでは、どのような語が多くの話者に所有されにくいのかを考察する。どのような語が所有されるかということも、その過程でみえてくるであろう。

1.2 数量〈多〉カテゴリーの場合
　次ページに示す表は、話者別に所有語と非所有語を示したものである。〇は所有していることを示す。空欄は所有していないことを示す（表が煩雑になることをさけるため、×印などを表示しなかった）。M１からF５は話者番号であり、最も右の列は、それぞれの語が何名の話者によって所有されていたのかを表示した。
　この表によれば、多くの語がほぼ全員に所有されているものの、回答者数が１名、２名といった語が所々に存在することがわかる。これら、回答者数が極端に少ない語形をみると、「ヨーサン」「ジョーサン」「ヨッケ」「イッパー」「ドヨーシモナー」「フトイコト」「ジョーニ」がある。これらの語のうち、「フトイコト」「ジョーニ」の２語以外は、他の語の音変化形であると考えられる語である。「ヨーサン」と「ジョーサン」は「ギョーサン」の、「ヨッケ」は

	M1	M2	M3	M4	M5	F1	F2	F3	F4	F5	数
ジョーサン							○			○	2
ギョーサン	○	○	○	○	○	○			○		7
ヨーサン								○			1
ヨッケ							○				1
ヨーケ	○		○	○	○	○	○		○	○	8
ヨケー	○	○	○	○	○	○	○	○		○	9
タクサン	○	○	○	○	○	○	○	○	○	○	10
タラフク	○	○	○	○	○	○	○	○	○		9
イッパイ	○		○	○	○	○	○	○	○	○	9
イッパー		○									1
シコタマ	○	○	○	○		○	○		○	○	8
タイソー	○	○	○	○	○	○	○	○	○		9
ウント	○	○	○	○	○	○	○	○	○		9
エット	○	○	○	○	○	○	○	○	○	○	10
バクダイ	○	○	○	○	○	○	○	○	○		9
タップリ	○	○	○	○	○	○	○	○	○	○	10
ナンボデモ	○	○	○	○	○	○	○	○	○	○	10
イクラデモ	○	○	○	○	○	○	○	○	○	○	10
ヤマホド	○	○	○	○	○	○	○	○	○	○	10
ドッサリ	○	○	○	○	○	○	○	○	○	○	10
ドヨーシモナー							○				1
ドヒョーシモナー		○	○	○					○	○	5
フトイコト					○						1
ジョーニ					○					○	2

「ヨーケ」の、「イッパー」は「イッパイ」の、そして「ドヨーシモナー」は「ドヒョーシモナー」の音訛とみられる。

また、「ギョーサン」を答えなかった話者は「ヨーサン」「ジョーサン」を答え、「イッパイ」を答えなかった1人が「イッパー」と回答している。このことからも、「ジョーサン」は「ギョーサン」と同じであり、話者による発音上の個人差であると考えられる。音訛であると考えてよいであろう。換言すれば、「ジョーサン」と「ギョーサン」の間には意味上の弁別はなく、「ジョ」と「ギョ」は意味の弁別に有効な働きをしていない。その上、所有している話者が相補的分布をみせるため、同じ語であると考えるのが妥当であると考えられ

る。同様に「イッパイ」「イッパー」も互いに相補的であり、この2語で全員回答となる。しかし、「ヨッケ」は「ヨーケ」だけでなく「ヨケー」との関わりも関係しているようにみえるため、同語であるとするには問題がある可能性は否定できない。

　では、音訛の状況を検討する。

　まず「ギョ」と「ジョ」であるが、調音点が近接している音の交替現象と考えられる。さらに調音点が隣接しているというだけでなく、摩擦音の要素を保ったままである点も、非常に近い音であるということになろう。

　このような交替現象はしばしばみられる現象の1つであると考えられる。「ギョ」という拗音は特殊拍であり、特殊拍の交替現象はこれまでしばしば指摘されてきた。また、「イッパイ」と「イッパー」は連母音の融合現象であると説明できる。「パイ」の連母音／ai／が／a／長音になっている。これは広島方言にしばしばみられる音訛で、例えば「アカイ」が「アカー」になるものと同じ現象である。

　これらの音訛は決して無理な音訛ではない。また、音訛と思われる語の所有者が、音訛する前の形の語を所有していないという点で、まさに同じ語であると考えるのが妥当であろう。

　なお「ギョーサン」と「ジョーサン」、「イッパイ」と「イッパー」を音訛の関係としてみた場合、「ジョーサン」や「イッパー」は今回たまたま得られた1回的なものではないかと考えることもできる。しかし、話者の認識の中ではこれが正しい形であるという認識を持っていることが確認できた。

　例えば調査の際に、筆者が「ギョーサン」という語を発音した時、話者からは「ヨーサン」という語形が聞かれたとする。このとき、「ギョーサン」か、「ヨーサン」かを改めて尋ねたところ、「ヨーサン」であるという回答があったものを「ヨーサン」とした。このやりとりについては、次ページにあげたM3氏とF2氏のやりとりを参照されたい。

　このような音声的バリエーションの問題については興味深い事柄がある。M2氏は「ヨケー」という語形しか回答していない。これは、「ヨーケ」と言う

人もいるけれど「ヨケー」が正しいということを意味しているわけではない。「ヨーケ」と発音する人は知らないと回答したということである。同じようにF3氏も「ヨーケ」は知らない、逆に、F4氏は「ヨケー」と発音する人は聞いたことがないとする。

しかし実際には、筆者は大長で「ヨーケ」をしばしば聞いた。「ヨーケ」という語形を知らないということは考えにくい。ただ、筆者がいくら例文を提示しても、それは知らないと言う。つまり、「ヨケー」が正しいと考える話者には、「ヨーケ」を聞いても意識の中では「ヨケー」に変換されている可能性がある。

同様の事象は、真田のパラオ島での調査にも指摘がある。真田はこれをフィルターと呼んだ（2000年度国語学会秋季大会の講演）。ある話者が知っている（聞いたことがあり、理解している）語は、実際に実現されているアクセントではなく、知っているアクセントで聞いてしまう傾向にあること。また、知らない語については、音声を聞かせてまねをさせる形式であっても正しく発音できないことから、人の脳中にフィルターがあり、それを通して言語認識（特に音声上の特徴）が行われている可能性を指摘している。

「ジョーサン」「ギョーサン」「ヨーサン」についても、M3氏とF2氏が同席している場面において、次のようなやりとりがあった。

　○M3　ギョーサン　ユー　ノー。（「ギョーサン」と言うなあ。）
　　F2　ジョーサンデショー。（「ジョーサン」でしょう。）
　　M3　ジョジャ　アルカイ、ギョーサン　ヨ。（「ジョ」でないよ、「ギョーサン」よ。）
　　F2　アラ、ズーット　ジョーサン　ユーテ　オモイヨッタ　ヨ。（あら、ずっと「ジョーサン」だと思っていたよ。）

この2人の教示者は、大長において同じ自治会（区にわかれており、同じ区に属する）のメンバーである。また、調査時この2名はともに収穫したミカンの仕分け作業をしており、この点からも、疎遠な関係でないことがわかる。少なくとも、2人が今まで話をしたことがないということはない。これまで話を何

度もしている仲で、2名とも「ギョーサン」「ジョーサン」の2語を知っていても良いのだが、自分の認識している一方だけで、相手の語形が実は「ギョーサン」であったり「ジョーサン」であったりすることには全く関心がない。音声に関して、意識の中で自分の規範となる語形に変換されているようだ。

　このような音変化型が多いものは、同時に頻度の上で比較的高い語であることが予想される。話者の頻度の説明によれば、「ギョーサン」といった語が特に頻度が高いという結果は出ていないものの、大長では方言意識が非常に高く、土地の方言としての注目が高いということはいえそうである。

	M1	M2	M3	M4	M5	F1	F2	F3	F4	F5
ギョ(ジョ)ーサン	方	方多	方多	方	方	多	方稀		方	多

○筆者：リョーガ　オイージャ　スクナイジャ　ユー　コトバオ　シラベテルンデスガ。（筆者→話者）

　話者：オイーノワ　ギョーサン　ユー　ノー。（話者→筆者）

調査時、まず聞かれた語は「ギョーサン」である。

　ただ、使用頻度の高い語であれば、あるいは語の意味の抽象度が高ければ音声的な変種があるということにはならない。当然その前提に、先に考察したような、特殊拍や連母音といった語そのものの音声環境が関連している。

　もう1つのパターンとして、回答者数が少ないものの中には使用頻度が低い語がある。例えば「フトイコト」と「ジョーニ」である。「フトイコト」「ジョーニ」を共に知っているとした話者は同一人物で、いずれも頻度が低いと回答のあった語である。そして、いずれも年寄りは知っていたという「昔」の語形である。現在使っているというわけではない。

　「フトイコト」については次のような教示が得られた。

●キキャー　ワカル。（聞けばわかる。）

●ワシラヨリ　トシヨリワ　ツカイヨッタ。（私たちより年寄りは使っていた。）

同様に、「ジョーニ」は次のようである。

●ジョーニ　トットローデ　ノ、コトシャー　ユーテ　イヨッタ　ヨーナ。

(「『ジョーニ』取っているだろうな、今年は」と言っていたような。)

　これらの教示より、「フトイコト」「ジョーニ」を所有している話者はこの2語を昔のことばであると認識し、そして「フトイコト」については理解語であることがわかる。

　ここまでの結果から、少数の話者にしか所有されていなかった語について、次の2つのパターンがあることがわかる。

　　パターン1　有力な語に対する音変化形
　　パターン2　(昔の語などで) 頻度の低い語

　ところで、今度はこれまでとは逆に、多くの人が知っているにも関わらず1人だけが知らなかったような語についてみておきたい。
　そのような語として、「ドヒョーシモナー」を取り上げる。
　○オモワン　モノー　モラウ、ドヒョーシモナー　モノー　モローテ。(思わないものをもらう｜ことを｜「ドヒョーシモナー」ものをもらって、｜と言う｜。)
　このような使用文を得た。ここでは「ドヒョーシモナー」は感嘆詞に近い。「ドヒョーシモナー」を知らなかった話者は、数量副詞として「ドヒョーシモナー」を使わないだけである。
　また、「シコタマ」も同様で、F4、F5の両氏は数量副詞としての用法を持っていない。例えば大長では「シコタマ」は主に次のようにも使われる。
　○シコタマ　ヤラレタ　ヨー。アノ　ヒトニ。(ひどくやられたよ。あの人に。)
　他人にひどく怒られた場合などに「シコタマ　ヤラレタ」といった言い方で使われる。この用法についてはすべての話者に認識されていた。しかし、これは数量副詞ではなく、状態程度副詞ということになる。このような語の場合、数量副詞としての用法が周辺的なものになっている可能性がある。

1.3 数量〈少〉カテゴリーの場合

	M1	M2	M3	M4	M5	F1	F2	F3	F4	F5	数
チョット	○	○	○	○	○	○	○	○	○	○	10
チート	○	○	○	○	○	○	○	○	○	○	10
スコシ	○	○	○	○	○	○	○	○	○	○	10
チョビット	○	○	○	○	○	○	○	○		○	9
チョボット	○			○	○	○	○			○	6
チビット				○		○		○			3
メクソシカ		○									1
メクソホド	○		○	○	○	○		○	○	○	9
ハナクソホド				○					○		3
ワズカ	○	○	○	○	○	○	○	○	○	○	10
ショーショー	○	○	○	○	○	○	○	○	○	○	10
チョッポシ						○	○	○			3
チョッピリ	○	○	○			○	○	○			7
チョンビリ						○					1
チックリ									○		1
チッピリ									○		1
タショー	○	○	○	○	○	○	○	○	○	○	10
ドロッキホド	○	○	○	○	○	○	○	○	○	○	10

　数量〈多〉カテゴリー同様、少数の話者にしか所有されていない語をみる。このような語には「チビット」「メクソシカ」「ハナクソホド」「チョッポシ」「チョンビリ」「チックリ」「チッピリ」などである。

　数量〈多〉カテゴリーでは、頻度の高い語の音訛とみられる語に所有者が少ない語がみられた。この場合、多くの人が所有している語形と、それに似た音変化形の所有者は相補的関係にあった。

　数量〈少〉カテゴリーの場合では、「チョッピリ」に対して「チッピリ」などがこれにあたる。「チョッピリ」を所有していない話者が、かわりに「チッピリ」を所有しているという相補的関係にある。

　この他「メクソシカ」「ハナクソホド」も同様であろう。そのうち、「メクソホド」と「メクソシカ」は相補的な関係にある。いずれも、前部要素は「メクソ」で、後部要素の「シカ」「ホド」はいずれも数量程度の限界をあらわす副

助詞である。

　数量〈多〉カテゴリーでみたような「パターン1　有力な語に対する音変化形」に合致する。

　一方、「チョッピリ」と「チョッポシ」は所有者が相補的関係にない。また、「チックリ」「チッピリ」なども同様である。ただ、これらの語は決して頻度の高い語ではなく、むしろ頻度の低い語である。数量〈多〉カテゴリーでの「パターン2　(昔の語などで) 頻度の低い語」に合致する。他にも、「ハナクソホド」は「メクソホド」と相補的ではなく、回答者3名のうち2名が頻度は「稀」、1名が「少」と回答した。

　ところが、語の形態を考えると、この種の語は数量〈多〉カテゴリーの「パターン2」と全く同じであるというには問題が残る。有力な語形に形態が似通っている点が、数量〈多〉カテゴリーで頻度の低かった語とは大きく異なる。

　ところで、「チッピリ」「チックリ」はF5氏、「チョンビリ」「チョッポシ」はM5氏からの回答であった。特定の話者から、頻度の低い、多くの語が得られたことは注目すべきである。

　すなわち、数量〈少〉カテゴリーの場合、特殊拍を含む語について各個人によって様々な言い方が作られているといえる。頻度の低さを合わせて考えると、ラングのレベルにあるというよりも、むしろ1回的で個人的なパロールに近い性質の語であると考えられる。この点で、非常に個人性が高いということもできるのではないだろうか。

1.4　割合〈全〉の場合

　「ネコソギ」の変種に「ネコンザイ」がある。「ネコソギ」を所有していないM3、F2の両氏が「ネコンザイ」を所有しているという相補的な関係にある。数量〈多〉の「パターン1　有力な語に対する音変化形」に合致する。

　他に回答者が少なかった語として「ゴッポリ」「ドナイツモコナイツモ」がある。「ドナイツモコナイツモ」は「ドイツモコイツモ」から変化したのであ

86　Ⅱ　個人差の世界へ

	M1	M2	M3	M4	M5	F1	F2	F3	F4	F5	数
ゼンブ	○	○	○	○	○	○	○	○	○	○	10
スベテ	○	○	○	○	○	○	○	○	○	○	10
ミナ	○	○	○	○	○	○	○	○	○	○	10
ミンナ	○	○	○	○	○	○		○	○	○	9
ネコソギ	○	○		○	○	○		○	○	○	8
ネコンザイ			○				○				2
ゴッソリ	○	○		○	○	○	○	○	○	○	10
ゴッポリ				○							1
マルマル		○	○	○	○	○	○	○	○		8
キレーニ	○	○	○	○	○	○	○	○	○	○	10
アリッタケ	○	○	○	○	○	○	○	○	○	○	10
コトゴトク	○	○	○	○	○	○	○	○	○	○	10
ナンモカンモ	○	○	○			○	○	○	○	○	9
ナニモカニモ	○			○	○		○		○	○	7
イッサイガッサイ	○	○	○	○	○	○	○	○	○	○	10
ドイツモコイツモ	○	○	○	○	○	○	○	○	○	○	10
ドナイツモコナイ※		○									1
ダレモカレモ	○	○	○	○	○	○	○	○	○	○	10

※ドナイツモコナイツモ

ろう。これはＭ２氏のみが回答した語形である。頻度は稀、昔の語であると認識されている。ただＭ２氏は「ドイツモコイツモ」も頻度は稀、昔の語であると答えているため、数量〈多〉や〈少〉でみたような、パターン１の条件と全く同じではない。

また、「ゴッポリ」は、頻度は低くなく、昔の語形であるという教示も聞かれなかった。形態が「ゴッソリ」と似ていなくもないため、パターン１に分類されるであろう。

1.5　割合〈大〉の場合

語の所有に関して個人差は認められなかった。非常に社会性が高いといえる。

1.6　語の所有の有無の法則

ここまでで得られた、所有者の少ない語（個人性の高い語と考えられる）のパターンには以下の2種がある。

　　パターン1　社会性の高い語の音変化形または類似形（相補的所有の場合と特定話者保有の2種がある）

　　パターン2　頻度が低く、理解語や古い語と認識されている語

また、パターン1の語は社会性の高い語の音変化形であった。数量〈多〉カテゴリーの場合には相補的に所有している事例がみられたが、数量〈少〉カテゴリーや割合〈全〉カテゴリーでは相補的な所有ではなく、どちらかといえば特定の話者によって多くが所有されているものであった。

ここで、社会性の高い語と個人性の高い語の割合を、それぞれのカテゴリー別にあげてみたい。

　　数量〈多〉　5名以上所有　17語（全員所有　7語）
　　　　　　　4名以下所有　7語
　　　　　　　　※5名以上所有　70.8%（全員所有　29.2%）
　　数量〈少〉　5名以上所有　11語（全員所有　7語）
　　　　　　　4名以下所有　7語
　　　　　　　　※5名以上所有　61.1%（全員所有38.9%）
　　割合〈全〉　5名以上所有　15語（全員所有　10語）
　　　　　　　4名以下所有　3語
　　　　　　　　※5名以上所有　83.3%（全員所有　55.6%）
　　割合〈大〉　すべて全員所有　　※100%

5名以上によって所有されている語は、それぞれのカテゴリーの半数以上を占める。しかし、5名以上所有の語が6割から10割とばらつきが大きい。ところが、「イッパイ」「イッパー」のように相補的に所有されている語がある。これらの語を1語として数えてみると、次のような数字になる。

　　数量〈多〉　5名以上所有　17語（全員所有　9語）
　　　　　　　4名以下所有　4語

※ 5名以上所有　81.0%（全員所有　42.9%）

数量〈少〉　5名以上所有　11語（全員所有　8語）
　　　　　　4名以下所有　6語

※ 5名以上所有　64.7%（全員所有　47.1%）

割合〈全〉　5名以上所有　15語（全員所有　11語）
　　　　　　4名以下所有　2語

※ 5名以上所有　88.2%（全員所有　64.7%）

割合〈大〉　すべて全員所有　　※100%

　数量〈多〉カテゴリーが割合〈全〉カテゴリーの状況に近づき、5名以上所有の語は8割程度となる。しかし、数量〈少〉カテゴリーは様々な音声的バリエーションがあったことを反映し、5名以上所有の語の割合は少なめである。ただ、全員所有の語は約半数である点は共通している。

2　意味上の個人性と社会性
―― 数量〈多〉カテゴリーを中心に ――

2.1　個人性と社会性の実態

大長方言の数量〈多〉カテゴリーには、次のような分類枠がみられた。
1　限界性を前提としない（限界がない多量）
2　「エット」よりも多い量をあらわす
対象物・被修飾部に制限がある
3　「飲食」の量の多さをあらわす
4　「取得・保有」したものの量の多さをあらわす
5　数ではなく、量の多さについて使う。十分であることも意味する
6　重量感のある固体物を対象物とする
7　比況性があり固体物を対象物とする

　これらの分類枠1つ1つについて話者に確認をとることで、それぞれの話者がそれぞれの語についてどのような分類枠を持っているかを調査した。その結

果を下に示す。

なお、話者Mは男性、Fは女性である。

また、語形に付した記号は次の通り。☆：共通語　★：方言　↑：品位が高いことば　↓：品位が低い言葉　（　）：頻度が低い　下線：頻度が高い

M1氏の場合

M1	分量	文脈		比況性		量		重量感		無生物
		飲食	保有	固体物	生物	気・液体物	固体物	固体物	生物	
ナンボデモ★	限界無									
イクラデモ☆↑	限界無									
(バクダイ)☆	より多									○
ギョーサン★	より多									
ヨーケ★	多									
ヨケー	多									
エット★	多									
タクサン☆↑	多									
イッパイ	多									
(タイソー)	多									
(ウント)	多									
(タラフク)	多	○	○							
シコタマ	多		○							
タップリ	多					○	○			
ヤマホド	多			○						
ドッサリ	多							○	○	

II 個人差の世界へ

M2氏の場合

M2	分量	文脈		比況性		量		重量感		無生物	他
		飲食	保有	固体物	生物	気・液体物	固体物	固体物	生物		
ナンボデモ	限界無										
イクラデモ☆↑	限界無										
(バクダイ)☆	より多										古い
ギョーサン★	より多										
(ヨケー)★	多										
エット★	多										
タクサン☆↑	多										
(イッパー)★	多										古い
タイソー☆	多										
(ウント)	多										
フトイコト	多										
ジョーニ	多										
(タラフク)★	多	○									
(シコタマ)	多		○								
タップリ☆↑	多					○	○				
ヤマホド	多			○	○						
ドッサリ	多							○	○		

M3氏の場合

M3	分量	文脈		比況性		量		重量感		無生物	他
		飲食	保有	固体物	生物	気・液体物	固体物	固体物	生物		
ナンボデモ	限界無										
イクラデモ☆	限界無										
ギョーサン★	より多										
ドヒョーシモナー	多										
ヨーケ	多										
バクダイ↓	より多									○	
(ヨケー)★	多										
エット★	多										

	分量	文脈		比況性		量		重量感		無生物	非液体
		飲食	保有	固体物	生物	気・液体物	固体物	固体物	生物		
タクサン	多										
イッパイ☆	多										
(タイソー)☆	多										
(ウント)	多										
タラフク	多	○									
シコタマ	多	○									
タップリ☆	多					○	○				
ヤマホド	多			○	○						
ドッサリ	多							○	○		

M4氏の場合

M4	分量	文脈		比況性		量		重量感		無生物	非液体
		飲食	保有	固体物	生物	気・液体物	固体物	固体物	生物		
ナンボデモ★	限界無										
イクラデモ☆↑	限界無										
バクダイ	より多										
ギョーサン★	より多										
ドヒョーシモナー	多										○
ヨーケ	多										
ヨケー	多										
エット	多										
タクサン☆↑	多										
イッパイ	多										
(タイソー)	多										○
(ウント)	多										
(タラフク)	多	○	○								
(シコタマ)	多		○								
タップリ	多					○					
ヤマホド	多			○	○						
(ドッサリ)	多							○	○		

II 個人差の世界へ

M５氏の場合

M5	分量	文脈		比況性		量		重量感		無生物	他
		飲食	保有	固体物	生物	気・液体物	固体物	固体物	生物		
ナンボデモ	限界無										
イクラデモ☆↑	限界無										
バクダイ	より多									○	今
ギョーサン★	多										
ドヒョーシモナー	多										
ヨーケ	多										
ヨケー	多										
エット	多										
タクサン☆↑	多										
イッパイ☆↑	多										
タイソー	多										
(ウント)	多										
(フトイコト)★	多										
(ジョーニ)★	多										
タラフク	多	○									
シコタマ	多		○								
タップリ	多					○					
ヤマホド	多			○							
ドッサリ	多							○	○		

F１氏の場合

F1	分量	文脈		比況性		量		重量感		無生物
		飲食	保有	固体物	生物	気・液体物	固体物	固体物	生物	
ナンボデモ	限界無									
イクラデモ☆↑	限界無									
バクダイ☆	より多									○
ギョーサン	多									
ドヒョーシモナー	多									
ヨーケ☆	多									

	分量	文脈		比況性		量		重量感		無生物
		飲食	保有	固体物	生物	気・液体物	固体物	固体物	生物	
ヨケー☆	多									
エット	多									
タクサン☆↑	多									
イッパイ★	多									
(タイソー)	多									
(ウント)	多									
(タラフク)	多	○	○							
シコタマ	多		○							
タップリ	多					○				
ヤマホド	多			○						
(ドッサリ)	多							○	○	

F2氏の場合

F2	分量	文脈		比況性		量		重量感		無生物
		飲食	保有	固体物	生物	気・液体物	固体物	固体物	生物	
ナンボデモ	限界無									
イクラデモ☆	限界無									
バクダイ↓	より多									○
(ジョーサン)★	より多									
ドヨーシモナー↓	多									
(ヨッケ)	多									
エット	多									
タクサン☆↑	多									
イッパイ★	多									
(タイソー)	多									
(ウント)	多									
(タラフク)☆↑	多	○								
シコタマ	多	○	○							
タップリ	多					○	○			
ヤマホド	多			○	○					
ドッサリ	多							○	○	

Ⅱ 個人差の世界へ

F 3 氏の場合

F 3	分量	文脈		比況性		量		重量感		無生物
		飲食	保有	固体物	生物	気・液体物	固体物	固体物	生物	
ナンボデモ	限界無									
イクラデモ	限界無									
バクダイ	より多									
ギョーサン	多									
ドヒョーシモナー	多									
ヨーサン	多									
ヨケー	多									
<u>エット</u>	多									
タクサン☆↑	多									
イッパイ	多									
(タイソー)☆	多									
(ウント)☆	多									
(タラフク)★	多	○								
(シコタマ)	多		○							
タップリ	多					○				
ヤマホド	多			○	○					
ドッサリ	多							○	○	

F 4 氏の場合

F 4	分量	文脈		比況性		量		重量感		無生物
		飲食	保有	固体物	生物	気・液体物	固体物	固体物	生物	
ナンボデモ	限界無									
(イクラデモ)☆↑	限界無									
バクダイ	多									
ギョーサン★	より多									
ドヒョーシモナー	より多									
ヨーサン	多									
ヨーケ★	多									
ヨケー	多									

5　数量副詞語彙体系の個人性と社会性　　95

エット★	多								
(タクサン)☆↑	多								
(イッパイ)☆↑	多								
(タイソー)☆	多								
(ウント)	多								
タラフク	多	○							
タップリ	多				○	○			
ヤマホド	多			○	○				
ドッサリ	多						○	○	

F5氏の場合

F5	分量	文脈		比況性		量		重量感		無生物	他
		飲食	保有	固体物	生物	気・液体物	固体物	固体物	生物		
ナンボデモ	限界無										
イクラデモ	限界無										
バクダイ	多										
ジョーサン	多										
ドヒョーシモナー↓	多										
ヨーケ	多										正式形
ヨケー	多										短縮形
エット↑	多										
タクサン☆↑	多										新しい
(イッパイ)☆↑	多										新しい
(タイソー)	多										古い
ジョーニ	多										
タラフク	多	○									
タップリ↑	多					○	○				
ヤマホド	多			○	○						

　10人の話者の結果を比較すると、個人差が存在することが確かに確認される。では、意味の個人差がどのように出現しているのかを観察してみたい。
　特に注目されるのは、F5氏は分類枠の所有状況が、他の話者とは違った状

況にあることである。例えば分量に関する分類枠をみると、F5氏だけがいわゆる「多」と「分量を限界性を前提としない」の2種だけを所有し、「『エット』よりも多い量をあらわす」という分類枠を所有しない。「タップリ」や「シコタマ」に関連する、文脈に制限のある分類枠のうち、「取得・保有したものの量をあらわす」という枠を所有していないのもF5氏である。

このF5氏以外の話者は、どの語とどの分類枠が対応するかというレベルでの個人差はあるものの、分類枠そのものについては全員が同じものを所有している。

では、分類枠ごとに個人差の出現状況を観察してみたい。

「限界無」「多」などの分量に関する分類枠は先にみたとおりである。

次に「飲食」「取得・保有」など、文脈に制限がある分類枠であるが、「シコタマ」「タラフク」の2語の間で話者間に個人差がみられる。改めて整理してみると次のようになる。

タラフク

	M1	M2	M3	M4	M5	F1	F2	F3	F4	F5	
飲食	○	○	○	○	○	○	○	○	○	○	10/10
取得	○			○		○					3/10

シコタマ

	M1	M2	M3	M4	M5	F1	F2	F3	F4	F5	
飲食			○				○		—	—	2/8
取得	○	○		○	○	○		○	—	—	7/8

被修飾部について2語の機能分担を相補的に行ってるのはM2、M5、F3の3氏、一方、M1氏とM4氏のように「タラフク」が「シコタマ」をカバーするパターンと、M3氏のように2語が同じであるもの、そしてM1、M4氏とは逆のF2氏のパターンの4種のパターンがみられる。両語は混同される傾向にある。

しかし、「タラフク」はすべての話者が「飲食について使う」と回答してい

る。同様に、M３氏のみ例外ではあるものの、「シコタマ」は「取得、保有について使う」という回答があった。つまり、何を被修飾部に要求するかという点で個人ごとに差があるものの、必ず社会的に共通する部分が存在している。語はその意味に揺らぎのない部分を持っているということである。

また、F２氏は「シコタマ」を取得・保有だけでなく、飲食の場合にも使用している。表では２つの枠に○がついているものである。したがって、この話者の場合、飲食（食べる、飲む、よばれるなど）や取得、保有（儲ける、貯める、貰う、手に入れる）を抽象化し、「何かを得る（ている）」という概念で「シコタマ」の被修飾部を捉えているものと考えられる。この分類枠を文脈や対象物に制限がある分類枠と呼んだのは、このような拡張が上位において何らかの抽象化が可能であるからである。つまり、F２氏のように、「シコタマ」を取得、飲食の両方に使う話者の場合、飲食の場合にしか使用しない話者よりも上位にあるということもできるのである。この状況を、次のように表示できる。

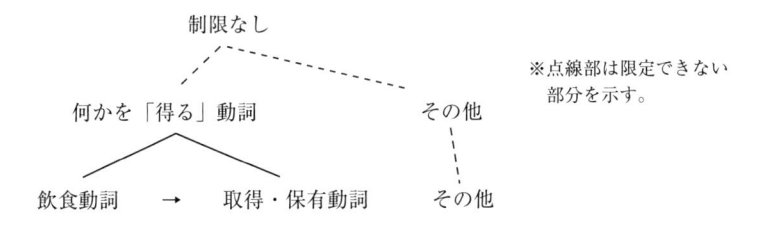

```
                制限なし
               ╱     ╲
              ╱       ╲
   何かを「得る」動詞    その他
      ╱    ╲              ┊
     ╱      ╲             ┊
  飲食動詞 → 取得・保有動詞   その他
```

※点線部は限定できない部分を示す。

さて、被修飾部の制限内容に関する個人差は、「シコタマ」と「タラフク」の混同であるとみることもできる。しかし混同するということは、両者の要求する被修飾部が意味的に近いこと、すなわち抽象化することで１つにまとめられるということである。仮に一方が存在をあらわす動詞を被修飾部に要求する副詞で、もう一方が飲食の動詞を要求すれば、混同は起こりにくいのではないかと考えられる。そこで上の図のように示せば、あくまでも被修飾部の制限に関しては「何かを得る」という意味で個人差はとどまっているということである。存在をあらわす動詞にまで拡張したり、全く制限がないというところまで拡張はしていない。いくら個人差があるとはいえ、そこには何らかの制限が生

じている。

では、「ヤマホド」の比況性、「ドッサリ」の重量感はどうであろうか。

「ヤマホド」は「山のように」ということであるから、対象物は固体物が中心的である。また、生き物を積み上げる状況は考えにくく（例えば生き物である魚を対象物にとり、「魚をヤマホド」という場合も考えられるが、この場合、魚は既に死んでいて、生き物として扱われているというよりも食料として扱われていることになろう）、生き物が対象物になっている場合は適文にはならないことが予想される。液体や気体に関しても、積み上げられる性質のものではないため、対象物としては不適であると思われる。

ところが、実際には次のような状況であった。

ヤマホド

	M1	M2	M3	M4	M5	F1	F2	F3	F4	F5	
気・液体物											0/10
固体物	○	○	○	○	○	○	○	○	○	○	10/10
生 物		○	○	○			○	○	○	○	7/10

固体物を対象物にとるという点では全員が共通しているものの、話者の中には生物を対象物にとると認識している話者もある。しかし、気・液体物を対象にとるという話者はいない。

つまり、無生物の固体物が中心となり、同じ固体物ではあるものの、生きている生き物について使うかどうかで個人差が出現する。しかし、積み上げられない気・液体物については使えないという点での社会性がある。はっきりと使える部分と使えない部分を持ちつつ、その中間的な性質を持つ対象物について言えないという状況が観察される。

一方「タップリ」で得られた分類枠は、数ではなく量として捉えられるものの分量が多い場合に使う、というものであった。個人差の出現状況をみると、量として捉えられる「気・液体物」には全員が使うと回答し、高い社会性が認められる。一方、「生物」について使うとする回答はなかった。1つ1つの独

5 数量副詞語彙体系の個人性と社会性　99

タップリ

	M1	M2	M3	M4	M5	F1	F2	F3	F4	F5	
気・液体物	○	○	○	○	○	○	○	○	○	○	10/10
固体物			○				○		○	○	4/10
生　物											0/10

立性が高く、個体である生き物については数で数えるしかないため、「タップリ」が使えなかったものと考えられる。

これを図にすると、気・液体物から固体物へという横軸には拡張が、縦軸に抽象化という形で表現できる。次のように描くことができよう。

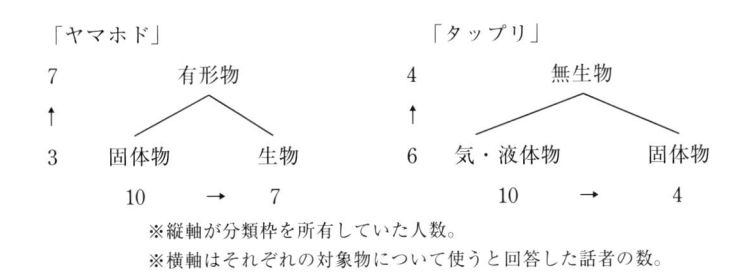

```
    「ヤマホド」              「タップリ」
 7      有形物           4      無生物
 ↑     ／    ＼         ↑     ／    ＼
 3   固体物   生物       6  気・液体物  固体物
       10  →  7              10  →  4
```
※縦軸が分類枠を所有していた人数。
※横軸はそれぞれの対象物について使うと回答した話者の数。

では、「バクダイ」の場合はどうであろうか。

バクダイ

	M1	M2	M3	M4	M5	F1	F2	F3	F4	F5	
気・液体物	○	○	○	○	○	○	○	○	○	○	10/10
固体物	○	○	○	○	○	○	○	○	○	○	10/10
生　物			○		○		○	○		○	5/10

「バクダイ」の場合は、すべての話者が固体物と気・液体物について使うと回答した。したがって、無生物という抽象枠がそのまま基本レベルに設定され、そこから生物をも含むかどうかということで個人差が生じている。

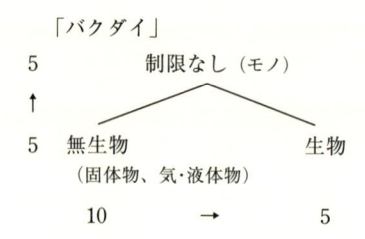

```
              「バクダイ」
      5        制限なし（モノ）
      ↑       ╱          ╲
      5   無生物            生物
         （固体物、気・液体物）
              10     →      5
```

なお、「ドッサリ」では個人差は出現しない。重量感のあるものについて使うため、対象物は固体物であることが予想される。その一方、気・液体物を対象にとるという話者はいない。

ドッサリ

	M1	M2	M3	M4	M5	F1	F2	F3	F4	F5	
気・液体物										—	0/9
固体物	○	○	○	○	○	○	○	○	○	—	9/9
生物	○	○	○	○	○	○	○	○	○	—	9/9

この他、M4氏のみが、「ドヒョーシモナー」「タイソー」の対象物は気・液体物以外であると答えている。これを図示すると、次のようになる。

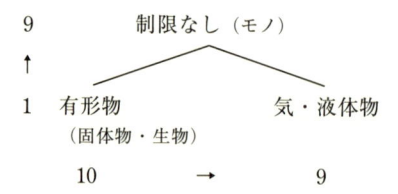

```
              9        制限なし（モノ）
              ↑       ╱          ╲
              1   有形物          気・液体物
                 （固体物・生物）
                  10     →      9
```

2.2　対象物制限の分類枠をめぐって

さて、対象物制限がみられる語について、これまでの図をまとめ、1枚の図に描いてみたい。

これまでの表で、話者が「言える」とした○印が2カ所についている枠をみると、気・液体物と固体物という組み合わせ、固体物と生物という組み合わせ

はみられるものの、気・液体物と生物という組み合わせはみられなかったことがわかる。気・液体物と生物には共通する特徴がないからである。

　このことを考えると、数量〈多〉カテゴリーにおける対象物制限の「対象物」は、次のような構造で描くことが出来よう。

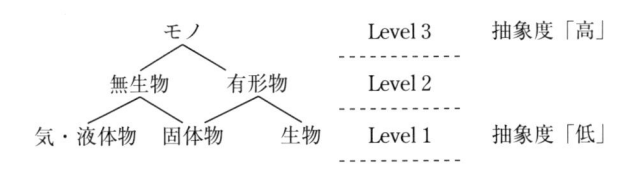

```
            モノ              Level 3     抽象度「高」
          /    \              -----------
       無生物    有形物         Level 2
       /  \      /  \          -----------
    気・液体物 固体物 生物      Level 1     抽象度「低」
                                -----------
```

さて、この図に対象物制限のある語の教示内容を当てはめてみる。

　人数は、例えば「タップリ」の場合、気・液体物のみが対象であると回答した人数を6と示している。そして、固体物と気・液体物の両方が対象物であると回答した人数4を、この2つを抽象化した「無生物」のところに4と記した。そこで、「気・液体物」に使うということは10名全員が回答しているが、上記のような表記に基づいて10という数は記すことができなかった。ただ、個人差がない枠を示すという意味で、10名回答のあった枠をプロトタイプ（PROTOTYPE）の頭文字をとってPと示した。ここでは仮にプロトタイプという語を、その語を知っている話者のすべてが所有している場合に用いることにする。

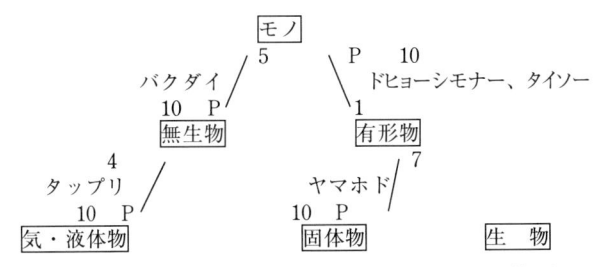

```
                モノ
                 5        P  10
       バクダイ /          \ ドヒョーシモナー、タイソー
         10 P              1
            無生物         有形物
         4 /              7
     タップリ           ヤマホド
       10 P              10 P
     気・液体物         固体物         生　物
```

※P表示のある枠が10名回答のあった枠である。

　個人差のある語はすべて、10名回答の枠（Pと表示したプロトタイプの枠）から1段階上位の部分にまたがるかどうかという形で個人差が出現することがわかる。最下位のレベルにある気・液体物を中心とする「タップリ」は4名が固

体物にも使えると答えたことによって、この4名は「タップリ」の対象物を無生物であると考えていると抽象化でき、結果として、1段階抽象化したレベルにまで拡張していると考える。

同様に、「ヤマホド」なども1段階の拡張と考えられる。

ここで重要なことは、個人差の出現にもある程度の制限が起きていることである。社会性の高い部分が最下位のレベルにあった場合、個人差は真ん中のレベルにとどまる。決して最上位のレベルにまで達するということはない。社会性の高い部分から1段階抽象化できる部分までで個人差はとどまっているということがわかる。

このようにみてくると、個人差はプロトタイプから1段階拡張したところまでに生じるため、最上位の対象物制限がないというところにプロトタイプがある場合にはそれ以上拡張できず、個人差は生じないと考えられる。そして、「気・液体物」「固体物」「生物」という順序に並べた場合、隣接枠に個人差が出現することも重要である。

そして、対象物制限の有無というレベルで個人差をみせていた「バクダイ」は、実は1段階拡張することによって2つの枠にまたがるようにみえたと解釈できるのである。

そこで、次のようにまとめることができる。

プロトタイプがどこにあるかが鍵となる。プロトタイプ枠があり、その隣接枠1つについてそれを使えるかどうかという点に個人差が出現する。これを言い換えれば、プロトタイプ枠から1段階抽象化される範囲の中で個人差が生じるといえる。

被修飾部制限の場合も同様のことが想定される。

もっとも、この1段階の拡張ということであるが、最初に示したとおり、文脈や対象物に制限がある分類枠はいわば個人差を裸のままに出した結果得られた体系である。例えば「タップリ」は「数ではなく量としてとらえられるものについて使う」といった分類枠について、それを対象物の性質として示し、対象物の性質を「液体物」「固体物」「生物」にわけ、具体的にどこをカバーする

かという点に注目して作り上げている。したがって、1段階上までの拡張という現象は、量的なものから数的なものへの拡張、といった捉え方もできる。「ヤマホド」の場合も、山のようにという比況性を持つという分類枠に対して、それを対象物の性質として示し、どこをカバーするかという視点で位置づけた。したがって、この場合も、山のようになる（＝数的な）物から、山のようにならない（＝量的な）物への拡張として捉えられもする。

このように、具体的な対象物の問題として捉えられる分類枠の場合には、拡張という現象によって個人差が生じていることを指摘できる。また、このような体系を想定することで、拡張現象を統一的に説明できるという長所もあわせもっていると考えられる。

2.3　個人性と社会性という点からみた数量〈多〉カテゴリーの構造

以上の結果を総合し、数量〈多〉カテゴリーの内部構造を描いてみたい。なお、次のように表示する。

① 　語形はアクセント表記をせず表示する。
② 　語の後に回答者数を示すが、語が体系のその位置にくるという教示を行った回答者数を先に示し、スラッシュの後、その語を回答した全回答者数を示す。例えば、「スイカ」という語で全回答者数10、スイカが果物であると回答した回答者が8名であったときには、次のようになる。

　　　　　果物　　**スイカ 8/10**
　　　　　野菜　　**スイカ 2/10**　カボチャ 10/10

拡張関係にある場合は、下のように示す。

　　　　　　　　野菜　　　　果物
　　　　　スイカ 10/10　→　**スイカ 5/10**

③ 　さらに、その語が複数箇所にまたがって出現する場合は反転して表示する。例えば上の例でいけば、「スイカ」が野菜であると回答した話者が2

名あり、「スイカ」という語が異なった2つの位置に登場する。その場合、その両者を反転させた。この例の場合、「カボチャ」は1カ所にしか出現していないので反転していない。すなわち、反転している語が個人差のある語といえる。

点線で囲まれた部分の外側は分量に関する分類枠、点線の中は文脈や対象物に制限がある分類枠である。

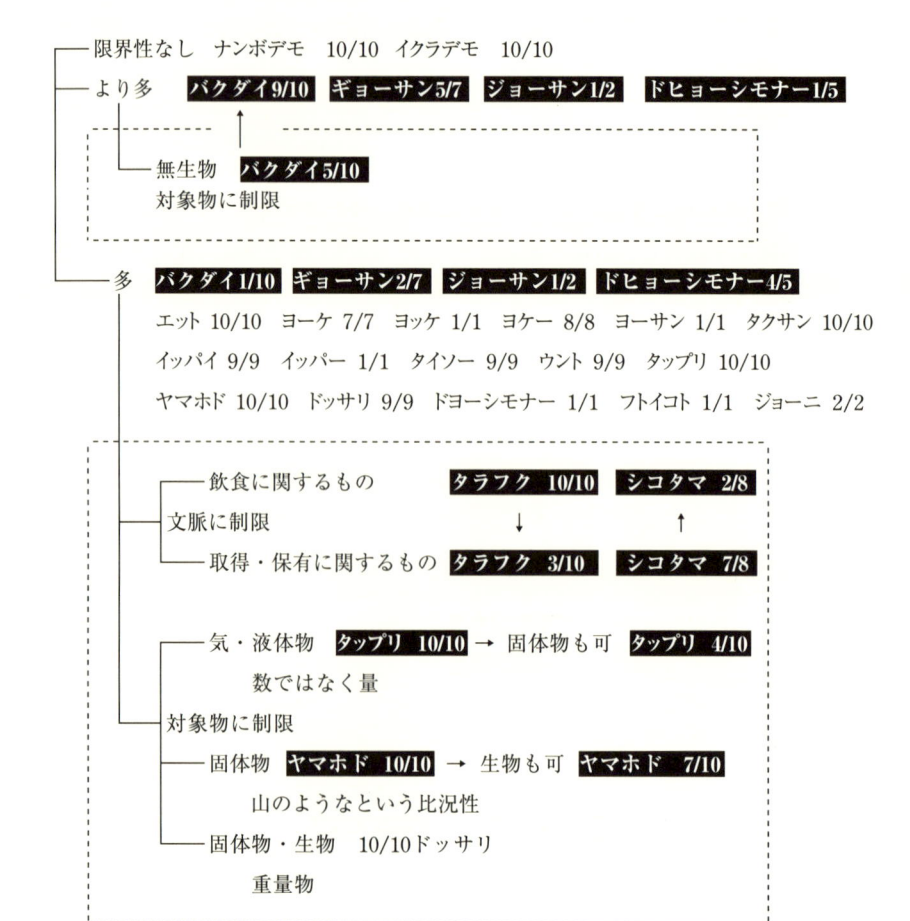

```
―― 限界性なし　ナンボデモ　10/10　イクラデモ　10/10
―― より多　　バクダイ9/10　ギョーサン5/7　ジョーサン1/2　ドヒョーシモナー1/5
       ┌─────────────────────────────────────────────┐
       │ ―― 無生物　　バクダイ5/10                        │
       │    対象物に制限                                  │
       └─────────────────────────────────────────────┘
―― 多　　バクダイ1/10　ギョーサン2/7　ジョーサン1/2　ドヒョーシモナー4/5
      エット 10/10　ヨーケ 7/7　ヨッケ 1/1　ヨケー 8/8　ヨーサン 1/1　タクサン 10/10
      イッパイ 9/9　イッパー 1/1　タイソー 9/9　ウント 9/9　タップリ 10/10
      ヤマホド 10/10　ドッサリ 9/9　ドヨーシモナー 1/1　フトイコト 1/1　ジョーニ 2/2

       ┌─────────────────────────────────────────────┐
       │ ―― 飲食に関するもの　　タラフク 10/10　シコタマ 2/8 │
       │    文脈に制限                        ↓        ↑   │
       │ ―― 取得・保有に関するもの　タラフク 3/10　シコタマ 7/8│
       │                                                  │
       │ ―― 気・液体物　タップリ 10/10 → 固体物も可 タップリ 4/10│
       │        数ではなく量                              │
       │    対象物に制限                                  │
       │ ―― 固体物　ヤマホド 10/10 → 生物も可 ヤマホド 7/10 │
       │        山のようなという比況性                    │
       │ ―― 固体物・生物　10/10ドッサリ                   │
       │        重量物                                    │
       └─────────────────────────────────────────────┘
```

このように整理すると、2種類の個人差が出現していることがわかる。点線の内側の部分の場合、分類枠の拡張として説明できる。つまり、「タップリ」であれば、数ではなく量的なものの多量をあらわすことの典型である気・液体物から拡張し、固体物まで使えるとする話者がある一方、数で数えられるものの典型ともいえる生物には使わないという現象である。

　点線の上の部分は多量の程度に関する分類枠であり、各々の語は拡張関係にはない。

　さて、この図によれば、「エット」を基準に「それよりも多い」という分類枠に所属する語には、すべての語で個人差がみられ、不安定な分類枠であることがわかる。さらに個別にみれば、先にみたようにF5氏はこの分類枠を持っていないこともあり、不安定な分類枠であるといえよう。

　また、文脈上の制限では「飲食」「収入・保有」の2つの分類枠の間で所属する語に個人差はあるものの、「飲食」「収入・保有」という分類枠の存在そのものには個人差はみられていない。

　この状況は、次のように解釈される。

　「多」か「より多」かという、分量の詳細は、捉え方に主観があると同時に、その語が使用された文の用法からは捉えにくい。例えば、

　　〇ギョーサン　アル　ノ。（たくさんあるな。）

という発話に対し、話者が「エット」と同程度の多量を言おうとしているのか、あるいは「エット」よりも多いことを言おうとしているのかは、前後の文脈から判断できることはあっても、この発話からだけでは判断ができない。したがって、不適切な用法であるかどうかの判断もつきにくい。

　それに対し、文脈や対象物に制限があるような「飲食の量の多さをあらわす」「取得・保有したものの量の多さをあらわす」「数ではなく、量の多さについて使う」「重量感のある固体物を対象物とする」「比況性があり固体物を対象物とする」といったものは、それが使用された文をみるだけで不自然かどうか判断がつきやすく、拡張という現象はあるものの、ある特定の範囲の中で個人差がおさまり、比較的社会性の高さが保障されやすい状況にあると考えられ

る。

　分類枠として記述すると、すべての分類枠が同じように並んでいるようにみられるが、実際には2種類の異なった論理構造の分類枠があることが確認できる。1つは分量に関わる分類枠のように、単独文レベルではそれが不自然かどうか判断できないような分類枠と、対象物や文脈制限という形で単独文レベルで観察されやすい性質の分類枠である。後者の場合、拡張関係も捉えやすい。

　なお、個別の語についてみてゆくと、「バクダイ」という語には個人差が大きく、体系上の位置の不安定な語であることが指摘できる。

3　数量〈少〉カテゴリーの場合

3.1　個人性と社会性の実態

　数量〈多〉で行った作業を行い、数量〈少〉カテゴリーの個人性と社会性の実態を観察する。

　　M1氏の場合

M1	分量	比況性	対象物制限	比況性	
		蜜柑	無生物	固体物	気・液体物
タショー☆	曖昧				
ダイショー	曖昧				
チョッピリ	より少				
チョビット	より少				
(チョボット)	より少				
メクソホド	より少			○	○
チョット	少				
チート	少				
スコシ☆	少				
(ワズカ)☆↑	少				

ショーショー	少				
ドロツキホド	少	○			

M2氏の場合

M2	分量	比況性	対象物制限	比況性	
		蜜柑	無生物	固体物	気・液体物
タショー	曖昧				
ダイショー	曖昧				
(チョッピリ)☆	より少				
チョビット★	より少				
メクソシカ	より少			○	○
チョット☆	少				
(チート)★	少				
スコシ☆↑	少				
ワズカ☆↑	少				
ショーショー☆	少		○		
ドロツキホド★	少	○			

M3氏の場合

M3	分量	比況性	対象物制限	比況性		他
		蜜柑	無生物	固体物	気・液体物	
タショー	曖昧					
ダイショー	曖昧					
チョッピリ	より少					
チョビット	より少					正式形
チョボット★	より少					短縮形
チビット★	より少					短縮形
(メクソホド)	より少			○		
チョット☆	少					
チート★	より少					

II 個人差の世界へ

	分量	比況性 蜜柑	対象物制限 無生物	比況性 固体物	比況性 気・液体物
スコシ☆↑	少				
ワズカ↑	少				
ショーショー↑	少		○		
ドロツキホド★	少	○			

M4氏の場合

M4	分量	比況性	対象物制限	比況性	
		蜜柑	無生物	固体物	気・液体物
タショー	曖昧				
ダイショー	曖昧				
チョビット	より少				
チョボット	より少				
メクソホド	より少			○	○
(ハナクソホド)	より少			○	○
チョット	少				
チート	少				
スコシ☆	少				
ワズカ☆↑	より少				
(ショーショー)↑	少		○		
ドロツキホド	少	○			

M5氏の場合

M5	分量	比況性	対象物制限	比況性	
		蜜柑	無生物	固体物	気・液体物
タショー	曖昧				
ダイショー	曖昧				
チョッピリ	より少				
(チョッポシ)	より少				
チョンビリ	より少				

（チョッポシ）	より少				
チョンビリ	より少				
（チョボット）	より少				
チビット	少				
メクソホド↓	より少			○	○
（ハナクソホド）↓	より少			○	○
<u>チョット</u>	少				
チート	より少				
スコシ☆	少				
ワズカ☆↑	少				
ショーショー↑	少				
ドロツキホド★	少	○			

F1氏の場合

| F1 | 分量 | 比況性 | 対象物制限 | 比況性 | |
		蜜柑	無生物	固体物	気・液体物
タショー☆	曖昧				
ダイショー	曖昧				
チョッピリ	より少				
メクソホド	より少			○	○
メクソホド	より少			○	○
<u>チョット</u>	少				
チート↑	少				
スコシ☆	少				
ワズカ☆	少				
ショーショー☆↑	少				
ドロツキホド★	少	○			
チョビット	より少				
チョボット	より少				

Ⅱ 個人差の世界へ

F2氏の場合

F2	分量	比況性	対象物制限	比況性		他
		蜜柑	無生物	固体物	気・液体物	
タショー	曖昧					
ダイショー	曖昧					
チョッピリ	より少					
チョビット	より少					正式形
チョボット★	より少					短縮形
チビット	より少					短縮形
メクソホド	より少			○		
チョット☆	少					
チート★	少					
スコシ☆	少					
ワズカ☆↑	少					
ショーショー☆↑	少		○			
ドロツキホド★	少	○				

F3氏の場合

F3	分量	比況性	対象物制限	比況性	
		蜜柑	無生物	固体物	気・液体物
タショー	曖昧				
ダイショー	曖昧				
チョッピリ	より少				
チョビット	より少				
チョビット	より少				
(メクソホド)↓	より少			○	○
チョット	少				
チート	少				
スコシ☆	少				

ワズカ☆↑	少				
ショーショー↑	少		○		
ドロツキホド	少	○			

F4氏の場合

| F4 | 分量 | 比況性 | 対象物制限 | 比況性 | |
		蜜柑	無生物	固体物	気・液体物
タショー	曖昧				
ダイショー	曖昧				
チョビット	より少				
(メクソホド)↑	より少			○	○
(ハナクソホド)	より少			○	○
<u>チョット</u>	少				
チート	少				
スコシ★	より少				
ワズカ☆↑	少				
シュオーショー↑	少				
ドロツキホド	少	○			

F5氏の場合

| F5 | 分量 | 比況性 | 対象物制限 | 比況性 | | 他 |
		蜜柑	無生物	固体物	気・液体物	
タショー	曖昧					
ダイショー	曖昧					
(チッピリ)	より少		○			
(チッピリ)	より少		○			
(チョビット)	より少					古い
メクソホド	より少			○	○	
<u>チョット</u>	少					
チート	少					

112　Ⅱ　個人差の世界へ

スコシ☆	少						新しい
(ワズカ)☆↑	少						
ショーショー	少						
ドロッキホド	少	○					

以上のような結果となった。

3.2　対象物制限をめぐって

メクソホド

	M1	M2	M3	M4	M5	F1	F2	F3	F4	F5	
気・液体物	○	−		○	○	○		○	○	○	7/9
固体物	○	−	○	○	○	○	○	○	○	○	9/9
生　物		−									0/9

ショーショー

	M1	M2	M3	M4	M5	F1	F2	F3	F4	F5	
気・液体物	○	○	○	○	○	○	○	○	○	○	10/10
固体物	○	○	○	○	○	○	○	○	○	○	10/10
生　物	○				○	○			○	○	5/10

　数量〈少〉カテゴリーに所属する対象物制限のある語のうち、1名でも対象物に制限があると回答した語と、その個人差の出現状況を示した表である。「気・液体物」「固体物」「生物」の順で並べた場合、隣接枠に個人差が出現するという、先の数量〈多〉カテゴリーで指摘した現象が成立している。

　どの語の場合も、個人によって差がみられるのは1つの枠だけである。「メクソホド」の場合は気・液体物、「ショーショー」の場合は生物の項が個人差をみせる。

　数量〈多〉カテゴリーでみられたように、隣接している枠の範囲で個人差がとどまっているという特徴がみられる。

3.3 個人性と社会性という点からみた数量〈少〉カテゴリーの構造

対象物制限がみられる語の場合、数量〈多〉カテゴリーでみられた現象と同じ現象がみられた。隣接している枠の範囲に個人差がとどまっているという現象である。そこで、残った分類枠について検討してみたい。

数量〈少〉カテゴリーで分量に関わる「曖昧」「より少」「少」という枠、また、対象物制限の「蜜柑の量のみ」という枠はどの話者も利用している。しかし、数量〈多〉カテゴリーでは、F5氏は分量に関わる枠のうち「より多」の枠を利用していなかった。したがって、すべての話者が同じ分類枠を利用している数量〈多〉カテゴリーとは状況が異なっていることがわかる。また、対象物制限のある語でも個人差のみられる語は少なく、この点でも数量〈少〉カテゴリーの構造は、数量〈多〉に比べ、安定しているといえよう。

ここで、数量〈少〉カテゴリーの体系を図示する。

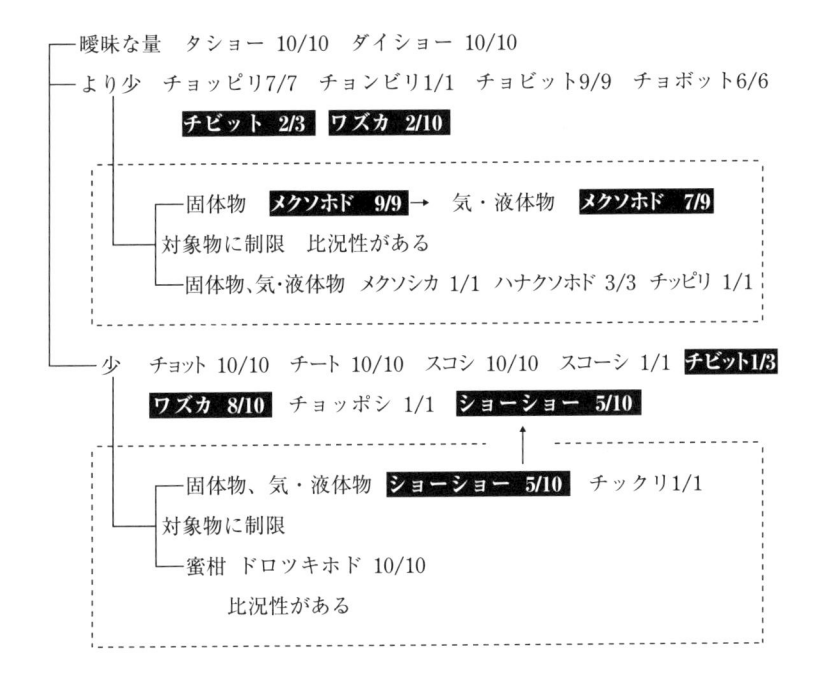

```
―曖昧な量　タショー 10/10　ダイショー 10/10
―より少　チョッピリ7/7　チョンビリ1/1　チョビット9/9　チョボット6/6
         チビット 2/3　ワズカ 2/10
        ┌―固体物　メクソホド 9/9 → 気・液体物　メクソホド 7/9
        │　対象物に制限　比況性がある
        └―固体物、気・液体物　メクソシカ 1/1　ハナクソホド 3/3　チッピリ 1/1
―少　チョット 10/10　チート 10/10　スコシ 10/10　スコーシ 1/1　チビット1/3
      ワズカ 8/10　チョッポシ 1/1　ショーショー 5/10
        ┌―固体物、気・液体物　ショーショー 5/10　チックリ1/1
        │　対象物に制限
        └―蜜柑　ドロツキホド 10/10
            比況性がある
```

4 割合〈全〉カテゴリーの場合

4.1 個人性と社会性の実態

M1氏の場合

M1	分量	文脈	異質なもの	人間	対象物制限			比況性		手で届くもの
		無存在		人間	気・液体物	固体物	生物	固体物	気・液体物	
ゼンブ☆	全									
スベテ☆	大部分									
ミナ★	全									
ミンナ	全									
ネコソギ★	全	○						○		
ゴッソリ★	全	○				○	○			
マルマル★	全					○	○			
キレーニ☆↑	全	○								
(アリッタケ)☆	全					○	○			
(コトゴトク)☆	全									
ナンモカンモ	全		○			○	○			
ナニモカニモ	全		○							
イッサイガッサイ	全	○	○			○	○			
ドイツモコイツモ★↓	全		○	○						
ダレモカレモ★↑	全		○	○						

M2氏の場合

M2	分量	文脈	異質なもの	人間	対象物制限			比況性		手で届くもの
		無存在		人間	気・液体物	固体物	生物	固体物	気・液体物	
ゼンブ☆↑	全									
スベテ☆↑	大部分									

	分量	文脈無存在	異質なもの	人間	対象物制限			比況性		手で届くもの
					気・液体物	固体物	生物	固体物	気・液体物	
<u>ミナ★</u>	全				○	○	△			
ミンナ	全			○						
ネコソギ★	全	○						○		
ゴッソリ★	全	○				○	○			
マルマル	全	○				○	○			
キレーニ★↑	全	○			○					
(アリッタケ)	全				○	○				
コトゴトク☆↑	全			○						
ナンモカンモ	全		○		○	○				
ナニモカニモ	全		○		○	○				
(イッサイガッサイ)	全	○	○		○					
(ドイツモコイツモ)	全		○	○						
(ドナイツモコナイツモ)↓	全		○	○						
ダレモカレモ☆↑	全		○	○						

M3氏の場合

M3	分量	文脈無存在	異質なもの	人間	対象物制限			比況性		手で届くもの
					気・液体物	固体物	生物	固体物	気・液体物	
<u>ゼンブ</u>	全									
スベテ☆	全									
ミナ	全									
ミンナ	全									
ネコンザイ★	全	○						○		
ゴッソリ★	全	○				○	○			
キレーニ☆↑	全	○			○	○				
アリッタケ	全				○	○				
(コトゴトク)	全									
ナンモカンモ☆	全		○		○	○				
イッサイガッサイ☆	全	○	○		○					
ドイツモコイツモ↓	全		○	○						
ダレモカレモ☆	全		○	○						

II 個人差の世界へ

M4氏の場合

M4	分量	文脈	異質なもの	人間	対象物制限			比況性		手で届くもの
		無存在		人間	気・液体物	固体物	生物	固体物	気・液体物	
ゼンブ	全									
スベテ☆	全									
<u>ミナ</u>	全									
ミンナ	全									
ネコソギ	全	○						○		
ゴッソリ	全	○				○	○			
ゴッポリ	全	○				○				
マルマル	全					○				
キレーニ	全	○			○	○				
アリッタケ	全	○								
コトゴトク	全		○			○	○			
ナンモカンモ	全		○		○					
ナニモカニモ	全		○		○					
イッサイガッサイ	全		○		○	○				
ドイツモコイツモ↓	全		○	○						
ダレモカレモ	全		○	○						

M5氏の場合

M5	分量	文脈	異質なもの	人間	対象物制限			比況性		手で届くもの
		無存在		人間	気・液体物	固体物	生物	固体物	気・液体物	
ゼンブ☆↑	全									
(スベテ)☆↑	大部分									
ミナ	全									
ミンナ	全									
ネコソギ	全	○						○		
ゴッソリ	全	○								
マルマル	全	○								

5 　数量副詞語彙体系の個人性と社会性　　117

キレーニ	全	○							
アリッタケ	全			○	○				○
コトゴトク	全								
ナニモカニモ☆	全	○							
イッサイガッサイ	全	○							
ドイツモコイツモ↓	全	○	○						
ダレモカレモ☆	全	○	○						

F1氏の場合

F1	分量	文脈	異質なもの	人間	対象物制限			比況性		手で届くもの
		無存在		人間	気・液体物	固体物	生物	固体物	気・液体物	
ゼンブ☆	全									
スベテ☆	大部分									
ミナ★	全									
ミンナ	全									
(ネコソギ)	全	○						○		
ゴッソリ	全	○								
(マルマル)	全	○								
キレーニ	全	○								
アリッタケ☆	全					○				
コトゴトク☆	全									
ナンモカンモ	全	○				○				
ナニモカニモ	全	○				○				
イッサイガッサイ	全	○				○				
ドイツモコイツモ↓	全		○	○						
ダレモカレモ↑	全		○	○						

F2氏の場合

F2	分量	文脈	異質なもの	人間	対象物制限			比況性		手で届くもの
		無存在		人間	気・液体物	固体物	生物	固体物	気・液体物	
ゼンブ☆↑	全									
スベテ☆	全									
ミナ	全									
ミンナ	全									
ネコンザイ	全									
ゴッソリ	全	○				○	○			
(マルマル)	全									
キレーニ↑	全	○			○	○				
アリッタケ	全					○				
コトゴトク☆↑	全	○								
ナンモカンモ	全		○		○	○				
(イッサイガッサイ)	全		○		○	○				
(ドイツモコイツモ)★↓	全	○	○	○						
ダレモカレモ	全		○	○						

F3氏の場合

F3	分量	文脈	異質なもの	人間	対象物制限			比況性		手で届くもの
		無存在		人間	気・液体物	固体物	生物	固体物	気・液体物	
ゼンブ☆↑	全									
スベテ☆↑	大部分									
<u>ミナ</u>	全				○	○	△			
ミンナ	全			○						
ネコソギ★	全	○				○				
ゴッソリ	全	○				○	○			
マルマル	全	○				○	○			
キレーニ↑	全	○								
アリッタケ	全									

	分量	文脈	異質なもの	人間	対象物制限			比況性		手で届くもの	他
		無存在		人間	気・液体物	固体物	生物	固体物	気・液体物		
コトゴトク	全					○	○				
ナンモカンモ	全		○								
ナニモカニモ☆↑	全		○		○	○					
(イッサイガッサイ)	全	○	○		○	○					
(ドイツモコイツモ)★	全			○							
ダレモカレモ☆↑	全			○							

F4氏の場合

F4	分量	文脈	異質なもの	人間	対象物制限			比況性		手で届くもの	他
		無存在		人間	気・液体物	固体物	生物	固体物	気・液体物		
<u>ゼンブ</u>★	大部分										
(スベテ)☆↑	全										
ミナ	全										
ミンナ	全			○							
ネコソギ☆	全	○						○	○		
ゴッソリ	全	○				○	○				
(マルマル)	全	○									古い
キレーニ	全	○									
アリッタケ	全					○	○				
(コトゴトク)	全										
ナンモカンモ	全	○	○			○	○				
イッサイガッサイ	全	○	○			○	○				
ドイツモコイツモ	全		○	○							
ダレモカレモ	全		○	○							

F5氏の場合

F5	分量	文脈	異質なもの	人間	対象物制限			比況性		手で届くもの	他
		無存在		人間	気・液体物	固体物	生物	固体物	気・液体物		
ゼンブ☆	全										
スベテ☆	全										

120　Ⅱ　個人差の世界へ

語	全									
ミナ★	全									
(ネコソギ)	全	○					○			
ゴッソリ	全	○					○			
(キレーニ)	全	○								
(アリッタケ)	全				○	○				
(コトゴトク)	全									
ナンモカンモ☆↑	全	○	○		○	○				
ナニモカニモ	全	○	○		○	○				
イッサイガッサイ	全	○				○				
(ドイツモコイツモ)★↓	全		○	○						古い
ダレモカレモ	全		○	○						

　分量に関する分類枠では、大部分でも使うという分類枠がみられた。しかし、M3、M4、F2、F5氏の4氏はこの分類枠を所有していない。また、M5氏だけが「手で届くもの」という分類枠を所有している。この2つの分類枠は不安定な状況にあるといえよう。

4.2　文脈制限、対象物制限のある語をめぐって

　例えば「ネコソギ」などの、無存在の文脈について使用する語についての個人差をまとめてみたい。

　丸印は、話者がその語について、無存在の文脈について使用できる（被修飾部が存在性マイナスの動詞に制限される）と回答したことを示し、×印は被修飾部に制限がないと回答したことを示している。

　この結果をもとに、話者によって回答内容の異なったものについて反転表示をおこなっている。反転している語は「アリッタケ」「コトゴトク」の2語で、これらに個人差が出現している。しかし、両語とも10人中1名だけに個人差がみられた。わずかな個人差といってよい人数である。

　この項目については、個人差は大きくないとみてよいであろう。無存在の文脈であるかどうかは単独の文レベルで容易に判断でき、ある用法が自然か不自

5　数量副詞語彙体系の個人性と社会性　121

	M1	M2	M3	M4	M5	F1	F2	F3	F4	F5	
ネコソギ	○	○	NR	○	○	○	NR	○	○	○	8/ 8
ネコンザイ	NR	NR	○	NR	NR	NR	○	NR	NR	NR	2/ 2
ゴッソリ	○	○	○	○	○	○	○	○	○	○	10/10
ゴッポリ	NR	NR	NR	NR	NR	NR	NR	NR	NR	NR	1/ 1
マルマル	○	○	NR	○	○	○	○	○	NR	○	8/ 8
キレーニ	○	○	○	○	○	○	○	○	○	○	10/10
イッサイガッサイ	○	○	○	○	○	○	○	○	○	○	10/10
アリッタケ	×	×	×	○	×	×	×	×	×	×	1/10
コトゴトク	×	×	×	×	×	×	○	×	×	×	1/10

　然か判断がつきやすいため、個人差が小さくなったものと考えられる。
　しかし、1名であっても個人差が存在することは注目しなくてはなるまい。これまでみてきたように、文脈や対象物に制限がある分類枠においては個人差のない分類枠は存在していなかった。今回も、僅少ではあるものの、個人差は確かに存在しているのである。
　次に対象物制限について、これまで同様、割合〈全〉のカテゴリーに所属する語のうち、該当する語について観察してゆく。
　まず、「ナニモカニモ」「ナンモカンモ」「イッサイガッサイ」は生物について使えないという回答がすべての話者に一致していた。そのためこれらの語は表にせず、個人差のある語のみを以下に表にして示す。

キレーニ

	M1	M2	M3	M4	M5	F1	F2	F3	F4	F5	
気・液体物	○	○	○	○	○	○	○	○	○	○	10/10
固体物	○	○	○	○	○	○	○	○	○	○	10/10
生　物	○				○	○		○	○	○	6/10

アリッタケ

	M1	M2	M3	M4	M5	F1	F2	F3	F4	F5	
気・液体物	○	○	○	○	○	○	○	○	○	○	10/10
固体物	○	○	○	○	○	○	○	○	○	○	10/10
生 物	○	○			○		○				6/10

ネコソギ

	M1	M2	M3	M4	M5	F1	F2	F3	F4	F5	
気・液体物			NR				NR		○		1/8
固体物	○	○	NR	○	○	○	NR	○	○		8/8
生 物			NR				NR				0/8

ここまでの状況を先に数量〈多〉のカテゴリーにおいて示した図で考えてみたい。

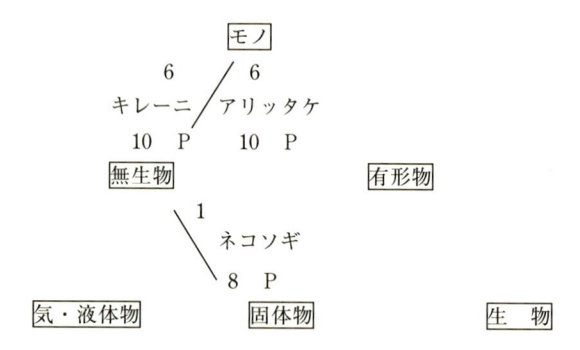

```
              モノ
            6 / 6
        キレーニ   アリッタケ
         10 P      10 P
      無生物              有形物
              \ 1
              ネコソギ
               8 P
  気・液体物    固体物        生 物
```

この3語は、これまでみてきた語と同様、対象物の内容に制限があるのと同時に、個人差が認められるのは1つの枠だけである。すべての話者が一致する枠が2つ存在する。しかし以下の3語は、対象物に個人差があることは共通するものの、個人差が1つの枠に起こるとはいえない結果となった。

ゴッソリ

	M1	M2	M3	M4	M5	F1	F2	F3	F4	F5	
気・液体物	○				○	○			○		4/10
固体物	○	○	○	○	○	○	○	○	○	○	10/10
生　物			○	○	○	○	○	○			6/10

マルマル

	M1	M2	M3	M4	M5	F1	F2	F3	F4	F5	
気・液体物	○		NR		○	○			○	NR	5/8
固体物	○	○	NR		○	○	○	○	○	NR	8/8
生　物			NR		○	○	○	○	○	NR	5/8

コトゴトク

	M1	M2	M3	M4	M5	F1	F2	F3	F4	F5	
気・液体物	○	○	○		○	○			○	○	8/10
固体物	○	○	○	○	○	○	○	○	○	○	10/10
生　物	○				○	○	○	○	○		7/10

　これら3語は、2つの枠について個人差が生じている。1つの枠だけに個人差がみられ、数量〈多〉や〈少〉のカテゴリーとは異なりがある。

　プロトタイプを固体物とすれば、そこから有形物方向（生物）と無生物方向（気・液体物）の2つの方向に個人差が出現している。同じことは「マルマル」「コトゴトク」についても指摘できる。

　ただ、ここでも必ず個人差がみられない枠が存在することに注目しなくてはならない。個人差がみられない枠があるという点での社会性は必ず保証されているのである。

　ところで、なぜこの3語が数量〈多〉〈少〉のカテゴリーにおける個人差の出現状況と違う結果になったのであろうか。

　まず考えられることとして、頻度の問題があげられる。頻度が低い語に個人差が現れやすく、その結果として個人差が大きくなったという考え方である。

頻度が低ければその語に触れ、用法や意味を学ぶ機会が少なく、そのことはその語に関する意味認識が人々によって共有される機会も少ないということになる。結果的に個人差は大きくなりがちであろう。そこで頻度について検討してみると、「マルマル」「コトゴトク」の2語については頻度がかなり低い（稀である）という回答が得られている。しかし「ゴッソリ」についてはそうではなかった。すべてが頻度の問題だけに帰結するわけではない。頻度と個人差の関係は大きいとは思われるが、それ以外の要素が何であるのか、今後検討の余地がある。

　ただ、このような個人差をみせた語には共通点がみられた。それは、これらの語で社会性の高い枠は、いずれも中央の「固体物」であることである。これまで筆者は「気・液体物」「固体物」「生物」の順序で対象物を並べてきた。そして、この3つの枠のいずれか（1つとは限らない）が社会性の高い枠となり、その隣接枠に個人差が出現するという傾向を指摘した。もし中央の「固体物」に社会性の高い枠があった場合、右の枠（生物の枠）、左の枠（気・液体物の枠）のいずれの方向にも拡張可能である。数量〈多〉、数量〈少〉の2つのカテゴリーでは、このような場合も左右どちらか片方にしか拡張しなかったが、左右どちらにも拡張する余地は残っているのである。したがって、「頻度が低い」などの理由で個人性が高い語で、対象物に関して社会性の高い部分が「固体物」であった場合、隣接枠ではあるものの拡張方向が定まらなかった結果、1段階上位で抽象化することができず、個人差が大きくなったようにみえるのではないか。

　なお、気・液体物という語が対象物に制限がある語としてあがっているが、回答者数が1名のため確定的なことは言えない。

　　　ゴッポリ　M4氏のみ：固体物に○　　他：NR

その他、気・液体物、固体物、生物以外の対象物制限になっている語として「ドナイツモコナイツモ」「ドイツモコイツモ」「ダレモカレモ」がある。この

3 語はすべて人を対象物にとり、それ以外は不適である。この教示内容はすべての話者に一致していた。

次のような関係になる。

ミナ

	M1	M2	M3	M4	M5	F1	F2	F3	F4	F5	
人以外		○						○			2/10

ミンナ

	M1	M2	M3	M4	M5	F1	F2	F3	F4	F5	
人のみ		○						○	○	NR	3/9

「ミンナ」は人だけを対象物にとると回答した3名の話者（M2とF3、F4氏）のうち、M2とF3氏は「ミナ」との間で使い分けがあることがわかる。

さて、「ミンナ」は副詞以外に名詞としての用法もある。

○ミンナ、ミテタ　ミテタ　ユー　ネ。(全員、物がなくなったということをみてた、みてたと言うね。)

副詞の「ミンナ」は名詞と混同されている可能性がある。したがって、そのような話者は「ミナ」との間に使い分けという弁別をもうけたのであろうか。F4氏は「ミンナ」を名詞と混同したために「ミンナ」を人に、しかし「ミナ」は純粋に何にでも使うと答えたと考えられる。

4.3　個人性と社会性という点からみた割合〈全〉カテゴリーの構造

次頁の図の点線の外部は割合の量に関わる分類枠、点線の内部は文脈や対象物の制限に関わる分類枠である。このように整理すると、大部分でも使用できるとする分類枠や、割合が全であるとする分類枠に所属する語に個人差が出現しやすいことがわかる。ただし、個別の語がどこに所属するかという点での個人差は大きいものの、分類枠そのものを所有していない話者はなく、割合の大きさに関する分類枠そのものは安定しているといえる。

また、個別の語の所属に個人差が小さかった分類枠に、無存在の文脈でのみ

126　Ⅱ　個人差の世界へ

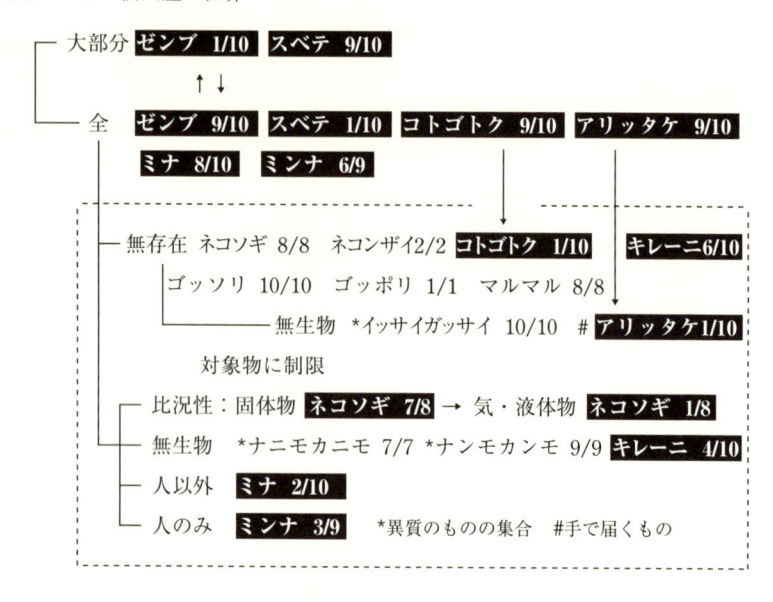

```
┌─ 大部分  ゼンブ 1/10   スベテ 9/10
│           ↑↓
└─ 全     ゼンブ 9/10   スベテ 1/10   コトゴトク 9/10   アリッタケ 9/10
          ミナ 8/10    ミンナ 6/9

        ┌─ 無存在   ネコソギ 8/8   ネコンザイ 2/2   コトゴトク 1/10   キレーニ 6/10
        │          ゴッソリ 10/10   ゴッポリ 1/1   マルマル 8/8
        │             ─ 無生物    *イッサイガッサイ 10/10   #アリッタケ 1/10
        │          対象物に制限
        ├─ 比況性：固体物 ネコソギ 7/8 → 気・液体物 ネコソギ 1/8
        ├─ 無生物   *ナニモカニモ 7/7   *ナンモカンモ 9/9   キレーニ 4/10
        ├─ 人以外   ミナ 2/10
        └─ 人のみ   ミンナ 3/9    *異質のものの集合   #手で届くもの
```

使われるというものがある。単独の文レベルでその文が自然か不自然か容易に判断ができるため、個人差が少ないということが考えられるが、語数の多さも併せて考えるならば、ものがなくなったということに対する人々の関心の強さが表れていると解釈することもできる。

5　割合〈大〉カテゴリーの場合

このカテゴリーでは、個人差は出現していなかった。もともと割合の捉え方に幅があったこと、分類枠は相対的な大小関係だけであったため、個人差が少なく、社会性の非常に高い体系となっているのであろう。

6　まとめ

分量に関する分類枠をまとめると、次の図のようになる。

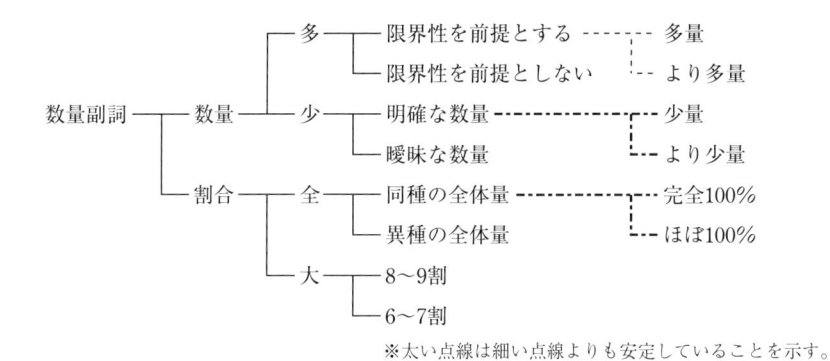

5 数量副詞語彙体系の個人性と社会性

```
数量副詞 ─┬─ 数量 ─┬─ 多 ─┬─ 限界性を前提とする ········ 多量
         │        │      └─ 限界性を前提としない ┆── より多量
         │        └─ 少 ─┬─ 明確な数量 ················ 少量
         │               └─ 曖昧な数量          ┆── より少量
         └─ 割合 ─┬─ 全 ─┬─ 同種の全体量 ·············· 完全100％
                  │      └─ 異種の全体量         ┆── ほぼ100％
                  └─ 大 ─┬─ 8〜9割
                         └─ 6〜7割
```

※太い点線は細い点線よりも安定していることを示す。

点線で示した部分が、個人差が出現した部分である。

このように整理すると、分量のわずかな違い（例えば、多か、より多か、という部分）に言及する分類枠に個人差が起こりやすいことがわかる。

次に、文脈や対象物に制限のみられる分類枠に関しては、次のような傾向が観察される。

この枠は、個人差の出現しやすい分類枠である。数量〈多〉では対象物制限、文脈制限（以下、被修飾部制限と呼ぶ）の2種がみられた。数量〈多〉のカテゴリーの語をそれぞれ「対象物」「被修飾部」という基準で階層構造の中に位置づけると、必ず所属する位置が1カ所に定まらない語が出現する。個人差がみられる。同じ状況は数量〈少〉、割合〈全〉でもみられた。

しかし、個人差の出現にはある程度の制限が存在する。割合〈全〉で一部の例外はみられたものの、すべての話者の回答が一致する枠から、隣接する1つの枠へ広がるような形で個人差が出現する。そのような時にも、必ずすべての話者の回答が一致する枠があり、個人差の一方でこれが社会性の高さを保証する。

例1

①		○	○				○
②	○			○	○		
③					○	○	

例2

①			○	○			○
②	○	○					
③							

すなわち、例1のような語は存在していない。例1は、この語を知っている7名が全員回答した枠、すなわちプロトタイプ枠が存在しない例である。一方、例2の場合は②がプロトタイプ枠である。そして、個人差は②の隣接枠1つに出現している。すなわち、○がつくという意味でのプロトタイプ枠、そして○がつかないという意味のプロトタイプ枠という、2種のプロトタイプ枠が存在する。まとめると、

① 被修飾部制限、対象物制限という分類枠における個人差は確かに認められる。その個人差は、それがみられる人数の比をみると、分量の捉え方についての分類枠と比べ確定的である。

　数量〈多〉〈少〉、割合〈全〉のカテゴリーにおいて、対象物制限がある語、被修飾部制限がある語をみると、その回答内容に個人差のある語が必ず存在する。対象物制限、被修飾部制限、共に個人差のないものはない。また、その個人差も5:5や4:6程度のものも多く、そういう意味では、確定的な個人差が存在するといえる。

② しかし、このように個人差が存在するものの、すべての話者が共通の回答を行う枠（プロトタイプ枠）は必ず1つ以上存在する。そして、個人差はその隣接枠に起こる。

③ そして、すべての話者が共有する枠と、個人差をみせる枠との意味的な関係をみると、具体から抽象へと1段階上の範囲に個人差が出現しているといえる。個人差があるのは1つの枠だけである。どの話者も共通して所有している制限から、その制限がなくなるように、つまり、より意味が抽象的になる方向に向けて個人差が出現している。

　このことは、基本レベルカテゴリーの存在を意味していると考えられる。対象物制限という形で描かれる分類枠に所属していた語は、意味の抽象化を経て対象物制限という分類枠を失った後には「数量－割合」、「多－少」または「全－大」という分類枠のいずれかに吸収されることになる。特殊から一般的なものへの流れであると考えると、このレベルを基本レベルカテゴリーと捉えることができるのである。

「数量-割合」、「多-少」または「全-大」という分類枠はすべての教示者によって保有され、また、同じ語が分類枠をまたがって所属することはなかった。社会性の高い分類枠であるといえよう。

6　語彙組織という概念

1　語彙組織の提案

　Ⅱで分類枠をもとに示してきた構造は、個人性と社会性という観点による人数のデータが反映されている点で、静的な構造ではないといえる。個人差を含んだ、動的な構造である。
　そこで、このような構造の示し方を、静的なシステムを指す「体系」にかわって「組織」と呼び、語彙組織という概念を提唱したい。
　なお、「組織」という語は constitution の訳語である。「組織、組成」という訳語があてられているが、統一体の内部構造をさすものである。ここで示した構造は数量をあらわす語彙の内部構造である。また、constitution の２つめの訳語である「憲法、既成の制度、慣行」についても、今回示した構造が個人差を含みつつも言語の条件である社会性を背景とした一種の規範という点で、おおまかな方向を示した「憲法、制度、慣行」に近いと考えられないだろうか。

2　大長方言の数量〈多〉〈少〉カテゴリーの非対称性

　大長方言の数量〈多〉〈少〉カテゴリーの構造には、非対称性がみられた。
　まず、それぞれのカテゴリーの構造を比較すると、数量〈多〉カテゴリー内部は７つの基準によって位置づけられているが、数量〈少〉には３つの基準しかないこと、次に、〈多〉カテゴリーの方が語数が多い一方、〈少〉カテゴリーに類似語形の語が多く、単純な栄え方をしていること（さらに、それら相互に意味的にも大きな違いはない）、３点目に、「より多」をあらわす語よりも「より

少」をあらわす語が多いことなどから、「多様な視点での弁別し多様な表現手段（この場合は、語の存在を示す）を持つ数量〈多〉」と、「より少ないことに多様な表現手段を持つ〈少〉」という非対称性があることを、2で指摘した。

では、語彙組織としてみたとき、この状況はどのように考えられるのであろうか。

3　数量〈多〉〈少〉の語彙組織の比較

数量〈多〉カテゴリーの語彙組織は次のように示される。

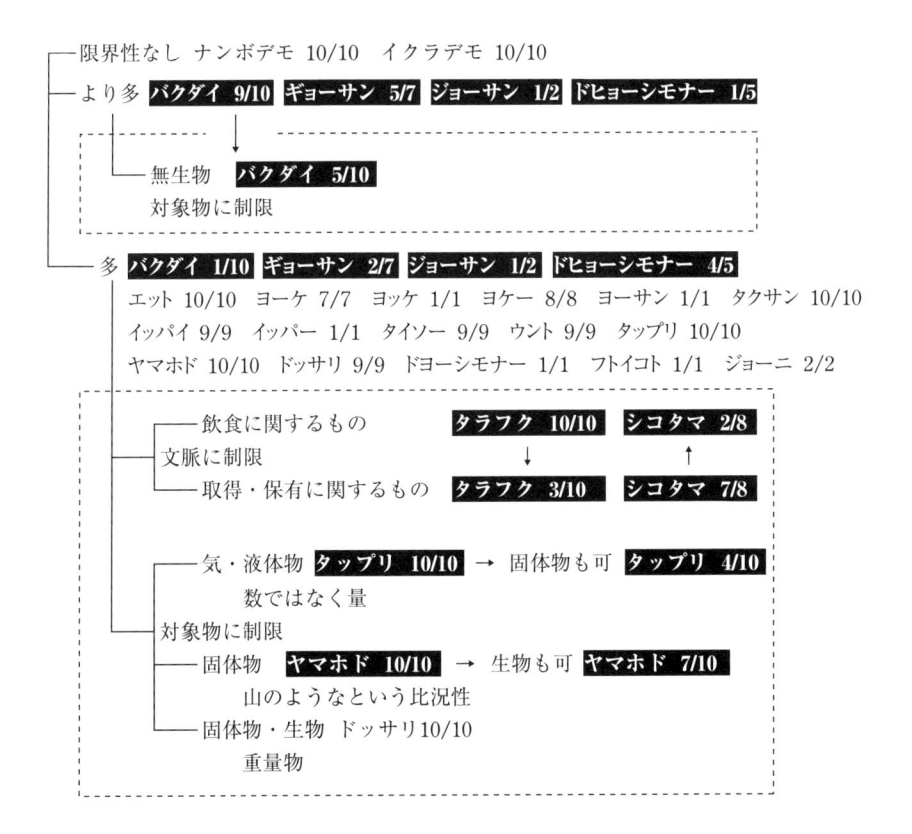

```
―限界性なし　ナンボデモ 10/10　イクラデモ 10/10
―より多　バクダイ 9/10　ギョーサン 5/7　ジョーサン 1/2　ドヒョーシモナー 1/5
          ↓
      ― 無生物　バクダイ 5/10
          対象物に制限

―多　バクダイ 1/10　ギョーサン 2/7　ジョーサン 1/2　ドヒョーシモナー 4/5
    エット 10/10　ヨーケ 7/7　ヨッケ 1/1　ヨケー 8/8　ヨーサン 1/1　タクサン 10/10
    イッパイ 9/9　イッパー 1/1　タイソー 9/9　ウント 9/9　タップリ 10/10
    ヤマホド 10/10　ドッサリ 9/9　ドヒョーシモナー 1/1　フトイコト 1/1　ジョーニ 2/2

      ―飲食に関するもの　　　タラフク 10/10　シコタマ 2/8
        文脈に制限　　　　　　　　↓　　　　　　↑
      ―取得・保有に関するもの　タラフク 3/10　シコタマ 7/8

      ―気・液体物　タップリ 10/10　→　固体物も可　タップリ 4/10
         数ではなく量
     対象物に制限
      ―固体物　ヤマホド 10/10　→　生物も可　ヤマホド 7/10
         山のようなという比況性
      ―固体物・生物　ドッサリ 10/10
         重量物
```

一方、数量〈少〉カテゴリーの語彙組織は次のようなものであった。

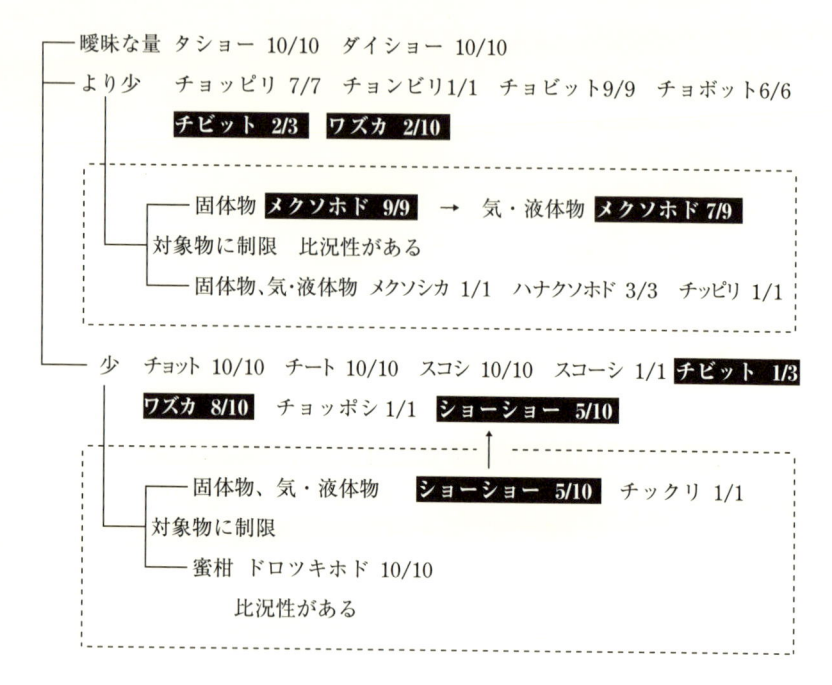

```
┌─ 曖昧な量  タショー 10/10   ダイショー 10/10
├─ より少   チョッピリ 7/7  チョンビリ 1/1  チョビット 9/9  チョボット 6/6
│         チビット 2/3   ワズカ 2/10
│   ┌ ─ ─ ─ ─ ─ ─ ─ ─ ─ ─ ─ ─ ─ ─ ─ ─ ─ ─ ─ ─ ─ ─ ─ ─ ─ ─ ─ ─ ─ ┐
│   │   ┌─ 固体物 メクソホド 9/9  →  気・液体物 メクソホド 7/9
│   │   │  対象物に制限  比況性がある
│   │   │
│   │   └─ 固体物、気・液体物  メクソシカ 1/1  ハナクソホド 3/3  チッピリ 1/1
│   └ ─ ─ ─ ─ ─ ─ ─ ─ ─ ─ ─ ─ ─ ─ ─ ─ ─ ─ ─ ─ ─ ─ ─ ─ ─ ─ ─ ─ ─ ┘
└─ 少     チョット 10/10  チート 10/10  スコシ 10/10  スコーシ 1/1  チビット 1/3
          ワズカ 8/10   チョッポシ 1/1   ショーショー 5/10
    ┌ ─ ─ ─ ─ ─ ─ ─ ─ ─ ─ ─ ─ ─ ─ ─ ─ ─ ─ ─ ─ ─ ─ ─ ─ ─ ─ ─ ─ ─ ┐
    │   ┌─ 固体物、気・液体物  ショーショー 5/10  チックリ 1/1
    │   │  対象物に制限
    │   └─ 蜜柑  ドロツキホド 10/10
    │          比況性がある
    └ ─ ─ ─ ─ ─ ─ ─ ─ ─ ─ ─ ─ ─ ─ ─ ─ ─ ─ ─ ─ ─ ─ ─ ─ ─ ─ ─ ─ ─ ┘
```

　全体の構造では、対象物だけではなく、文脈に制限があるという分類枠が出現する点で、数量〈少〉カテゴリーに比べ、数量〈多〉カテゴリーが複雑であることが指摘できる。

　さらに、「より多」「より少」の２つの分類枠を比較した場合、「より少」には語数が多い。「より少ないことに多様な表現手段を持つ〈少〉」という特徴があることをすでに述べたが、「より少」の社会性の高さからもその傾向がうかがえる。また、「より多」に所属する語は、「多」と「より多」のどちらに所属するかで個人差が大きくなっている。一方で「より少」に所属する語は、所有者数が10名のものは少ないものの、「少」と「より少」の間での所属語の個人差は小さい。したがって、「より多」に比べると「より少」のほうが安定しているといえる。

　個人性と社会性という面から、先に指摘した数量〈多〉と〈少〉カテゴリー

の非対称性が、より鮮明にみえてくるのである。

4　数量副詞語彙の語彙組織

ここで、数量副詞語彙全体の語彙組織を考えてみたい。

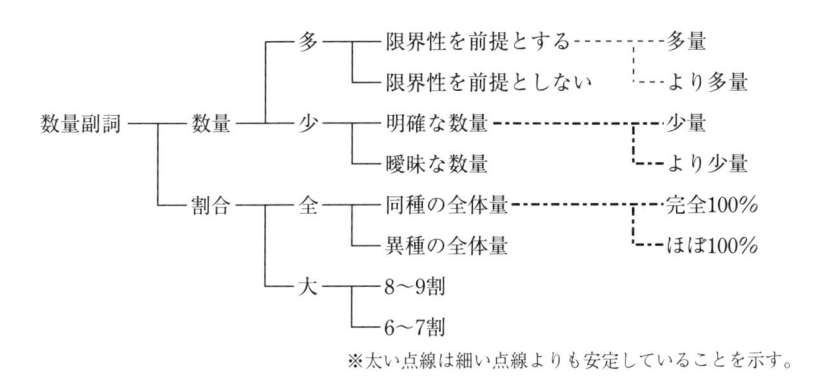

```
数量副詞 ─┬─ 数量 ─┬─ 多 ─┬─ 限界性を前提とする ┅┅┅┅ 多量
          │        │      └─ 限界性を前提としない ┄┄┄ より多量
          │        └─ 少 ─┬─ 明確な数量 ┅┅┅┅┅┅┅┅ 少量
          │                └─ 曖昧な数量 ┄┄┄┄┄┄┄┄ より少量
          └─ 割合 ─┬─ 全 ─┬─ 同種の全体量 ┅┅┅┅┅┅ 完全100%
                   │       └─ 異種の全体量 ┄┄┄┄┄┄ ほぼ100%
                   └─ 大 ─┬─ 8～9割
                          └─ 6～7割
```

※太い点線は細い点線よりも安定していることを示す。

　分量に関する分類枠をもとに、語彙組織は以上のように描くことができた。点線の部分は個人差がみられた部分である。「数量－割合」、「多－少」「全－大」の弁別部分は社会性が高く、安定している。この部分は誰にとっても認識されている部分であり、基本レベルカテゴリーであることを意味していると考えられる。

　その下位にある対象物制限や文脈制限として出現する分類枠は個人性が高かった。ただし、文脈制限に関しては、数量〈多〉カテゴリーにおいて「飲食」「取得・保有」の２つの分類枠はすべての教示者によって所有されていた。飲食物と財産の保有についての認識は、多くの人々にとって、他のものの所有よりも関心が持たれていることを意味していると考えられる。これもまた、語彙組織として捉えたとき、はっきりと見えてくることである。

5 語彙組織からみえること

　語彙組織は個人性と社会性の大小を一度に描くことができる。

　Ⅲでは、語彙の個人性と社会性という側面から地域差、世代差を考える。また、副詞以外の語彙を取り上げ、個人性と社会性の状況を考察する。

　個人性と社会性の状況を構造として描くと、語彙組織となる。この方向からのアプローチから、人の交流を語彙体系の上に描き出すこと、人々にとっての言語の意味づけと、コミュニケーションし得るレベルの深さ、さらに生活実相のより詳細な描き出しが可能になると考える。社会性が高く安定している部分が地域の人々の関心の強さを示していると考えたとき、これまで以上に詳細な人々の世界認識と暮らしのありようを描くことが可能になるであろう。

　個人性と社会性というアプローチから描く語彙組織を利用し、Ⅲでは語彙組織から読み取ることのできる諸現象について論を進めてみたい。

Ⅲ　個人性と社会性からみえること
──生活への接近、意味への接近──

7　個人性と社会性からみる地域差
——広島県安芸地方方言2地点の比較——

1　地域差の可能性

　本章では、これまで大崎下島大長方言の調査結果をもとに観察してきた個人差の実態モデルが、他の地点ではどのようになっているのかを確認することを第一の目的とする。

　集落をとりまく環境は一様ではない。よく似た集落であっても、必ず環境の異なりはみられる。5（78ページより）で取り上げた大長は広島県安芸地方南部の島にある集落であり、芸予諸島の中心的集落であった。そこでここでは、大長と同じ安芸地方ではあるが、山間部に位置している安芸太田町加計のデータを用い、個人性と社会性の状況を比較する。

　集落を取り巻く環境の違いが、語彙の個人性と社会性の実態にどのように影響しているのかを考えてみたい。

2　調査地点の選定

　語彙における「個人性」と「社会性」の実態が山間部でも共通するのかどうかということを考えるため、方言域を同じにした上で大長と環境の多くが似通っている地点を選定した。環境が大きく異なっていれば、言語の差も大きいであろう。そうなると差を考察することに困難が生じる。微差であれば、問題もクリアになるであろう。

　さて、その社会環境の共通点を以下の点に求めた。
　①　農業集落であること。それも個人経営の、個人作業が中心であること。

大長は柑橘栽培を行い、個人経営の農作業が基本である。

そこで、大きな農業地帯は外れる。例えば、集落総出の田植え習慣を持っている地点は対象としない。加計は平地が少なく、階段状になった田がわずかにあるだけで、基本的に個人作業中心の農業を行っている。

② 地域の中核集落であること。

大長は芸予諸島域の中心である。それは、3つの方面に向かう交通路の中継点であり（交通の要）、地方銀行の支店があり（地域の金の流れの中心）、役場や学校がある（地域の政治、文化の中心）などである。

大長の場合は、呉方面、今治(イマバリ)方面、三原・竹原方面の航路があり、広島—今治、松山—尾道間の高速船、水中翼船が寄港する。

加計の場合は、広島方面、浜田方面、戸河内(トゴウチ)・益田方面の交通路があり、高速バス路線がある。廃止されたが、かつてはJR可部(カベ)線も通っていた。

③ 人口が3000人位の中心集落であること。

以上は共通点である。しかし、大長と全く同じ条件の集落をみつけだすことは不可能である。加計の場合、大長と次の点が異なる。

Ⅰ 加計は山間部、大長は島嶼部である。

　　加計が陸続きであるということは、常に人の流れがある（自動車などで、個別に移動できる）ということを意味し、外部に向かって開放的であるということにつながる。

Ⅱ 加計の方が政治、文化の中核機能が大きい。

　　加計には広島県立加計高等学校があるが、大長には高等学校がない。ただし、大長の場合には隣の久比(クビ)集落に広島県立豊高等学校がある。小学校、中学校に関しては両集落に存在するため、かわらない。

　　また、加計には警察署（加計警察署）、法務局、ハローワーク等があるが、大長にはない。

Ⅲ さらに、加計町では温井(ヌクイ)ダム建設のため、町内に多くの作業員が来ていた。これらの作業員は宿舎にいるが、買い物などは町内で行うことも多い。人の動きは加計町の方が大きいと考えられる。

また、婚姻関係以外の転出、転入をみると、大長の場合の転入は銀行員、教員などに限られるが、加計の場合林業が盛んであることもあって特に高知県などからの転入もみられる。これら林業関係の転入者は、加計の北部の山際に住居を持ち、定住している。このような転入はよくあり、筆者は5年前に高知からやってきた人にお会いした。

このように、人口の流動は加計のほうが活発である。しかし、人口が減少傾向にあり、特に若者が流出していることは両地点に共通している。

3 両集落における構造にみる個人性と社会性

3.1 数量に関わる分類枠の場合

■大長方言の場合

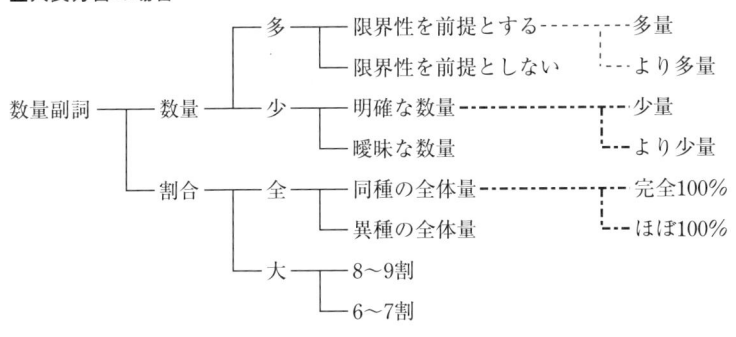

```
数量副詞 ─┬─ 数量 ─┬─ 多 ─┬─ 限界性を前提とする ------┬── 多量
          │        │       └─ 限界性を前提としない    └── より多量
          │        └─ 少 ─┬─ 明確な数量 ------------┬── 少量
          │                └─ 曖昧な数量             └── より少量
          └─ 割合 ─┬─ 全 ─┬─ 同種の全体量 ----------┬── 完全100%
                   │       └─ 異種の全体量           └── ほぼ100%
                   └─ 大 ─┬─ 8〜9割
                          └─ 6〜7割
```

＊加計方言の場合

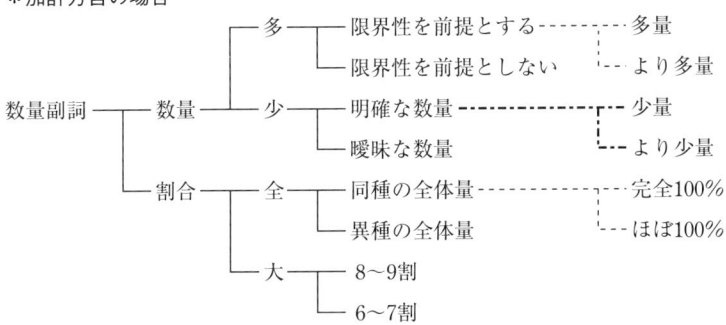

```
数量副詞 ─┬─ 数量 ─┬─ 多 ─┬─ 限界性を前提とする ------┬── 多量
          │        │       └─ 限界性を前提としない    └── より多量
          │        └─ 少 ─┬─ 明確な数量 ------------┬── 少量
          │                └─ 曖昧な数量             └── より少量
          └─ 割合 ─┬─ 全 ─┬─ 同種の全体量 ----------┬── 完全100%
                   │       └─ 異種の全体量           └── ほぼ100%
                   └─ 大 ─┬─ 8〜9割
                          └─ 6〜7割
```

※太い点線は細い点線より安定していることを示す。

両地点とも、数量副詞に2種の構造を認めることができた。1つは分量に関わる分類枠を中心とする単文レベルでは明らかにしにくいもの、もう1つは文脈や対象物の制限として出現し、単文でも用法の自然、不自然の判断がつきやすい分類枠である。前者は主に樹形図に、後者はピラミッド型の階層構造に示すことができた。

太点線は分類枠に所属する要素だけの個人差、細点線は分類枠の存在自体に個人差がみられることを示す。

分量に関わる分類枠は、体系のほとんどの部分において全く個人差のない、社会性の高い体系であることがわかる。ただ、最下位の部分において個人差が生じている。ここはいずれも数量の程度性について言及した分類枠である。文脈と無関係な単独の文だけで、その用法が自然か不自然かが確認できるような枠ではない。また、体系の最下位ということは、上位にある中心的語形（最もよく使われ抽象度の高い語形。両地点とも、頻度、話者の回答順序などから「エット」「ヨケー」、「チョット」「チート」、「ミナ」などの語）とほとんどの意義特徴を共有していることを意味する。特に指示物のない副詞語彙の場合、この区別は非常に微妙になる可能性が高い。

両地点を比較して、分量に関わる分類枠の個人性と社会性の実態はよく似ているといえる。ただ、加計方言のほうが枠そのものに個人差がみられる場合が多い。前の図で細点線で示した部分である。大長方言では、ほとんどの話者が「多」か「より多」かという枠を所有し、その枠にどのような語を所属させるかという場合に個人差が生じていた。しかし加計方言の場合には、数量〈多〉カテゴリーと割合〈全〉カテゴリーにおいて、その枠そのものを所有していない話者がみられた。こういう点で、両地点で同じように体系最下位の部分に個人性が高くなるといっても、加計方言のほうが、より個人差が大きいということになろう。

さらに、個人差がみられる語、人数をみると、次のようになる。反転語形が個人差のある語である。

■大長
 数量〈多〉のカテゴリー
  より多量を表す バクダイ 9/10 ギョーサン 5/7 ドヒョーシモナー 1/5
   ジョーサン 1/2
 数量〈少〉のカテゴリー
  より少量を表す チョッピリ 7/7 チョンビリ 1/1 チョッピリ 7/7
   チョンビリ 1/1 チッピリ 1/1 チョビット 9/9
   チョボット 6/6 チビット 2/3 メクソシカ 1/1
   メクソホド 9/9 ハナクソホド 3/3
 割合〈全〉のカテゴリー
  ほぼ100% スベテ 9/10 ゼンブ 1/10

■加計
 数量〈多〉のカテゴリー
  より多量を表す バクダイ 4/8 ギョーサン 5/9 イッパイ 1/10
   フトイコト 1/1
 数量〈少〉のカテゴリー
  より少量を表す チョッピリ 4/8 チョビット 8/10 チョボット 2/2
   チビット 5/8 チット 1/1 チョンビリ 2/2 ワズカ 1/10
   チョンボリ 1/1 メクソホド 5/5 ハナクソホド 3/3
   メクソシカ 1/1
 割合〈全〉のカテゴリー
  ほぼ100% スベテ 1/10

　個人差を生み出している人数、語数は、ともに、数量〈少〉カテゴリーの場合には加計方言のほうが大きい。数量〈多〉カテゴリーにおいても、加計では「バクダイ」は4：4の個人差、「ギョーサン」も4：5の個人差である。大長は1名の話者が個人差を生み出しているだけである。数量〈多〉カテゴリーも数量〈少〉カテゴリーも、加計方言のほうが大長よりも大きな個人差が存在する。
　加計方言の方が個人差が大きいと考えられるのはこの点である。
　また、この最下位の枠そのものを所有していなかった話者は、次のように存

在した。

　　大長〈多〉　F5　（1名）
　　加計〈多〉　M4　F3　F5　（3名）
　　　〈全〉　M1　M2　M3　M4　M5　F1　F3　F4　F5
　　　　　　　　　　　　　　　　　　　　　　　（9名）

　大長方言の数量〈多〉カテゴリーでは1名のみ、それに対して加計方言では3名である。割合〈全〉は1名以外は所有していない枠であるので、枠そのものが存在していない可能性がある。しかし、この点でも加計方言のほうが個人差は大きいといってよいであろう。

　しかし、数量〈少〉カテゴリーにおいては、両地点とも最下位の枝では個人差が小さくなっている。この傾向は両地点に同じ傾向である。

　語数の多さという点以外に、個人差の小ささ、つまり社会性の高さという点からも、数量副詞はより少量という、少ない方向にウエイトのおかれた体系をなしていると考えられる。「より多」の分類枠に個人差が大きいのに比べ、対照的である。「より少」に属する語の使い方は、例えば次のようなものであった。

　　○チョッピリデ　エーゾ。モラウ　トキワ。（少しでいいぞ。貰うときは。）
　　○｜酒をついでもらうとき｜チョボット　イレンサイ。（少し入れなさい。）
　　○｜貸してくれと頼まれて｜チョボットナラ　アル　デ。（少しならあるよ。）
　　●モノ　カルトキニ、チビットデ　エンジャガ。（物を借りるときに、「『チビット』でいいのだが」といって借る｜。）

　このように、人に何かを借りることを頼まれたときや頼むとき、「より少」をあらわす語を使用している。遠慮や謙遜という意識であろう。何かを借りるときには、「ほんの少しでよい」という言い方をする意識があり、この意識が社会通念であるならば、ここに社会性が高くなる（個人が明確にその意識を認識している）ことが納得できる。お互いに遠慮のニュアンスを意識し、共有することに意味があるからである。

　一方、多か、より多かというときは、例えば「たくさんいるぞ。」「たくさん

取ったぞ。」などの発話が多い。報告、あるいは描写の場面である。遠慮や謙遜など、他人との関係を前提とした使われ方が多くない分、この枠の個人性が高くなると考えられる。どの文脈でより多く使うかという調査を行うことによって、この点を、今後くわしく検証する余地がある。

3.2　文脈や対象物に制限がある分類枠の場合

　文脈や対象物に制限がある分類枠では、すべての話者に共通して所有される枠が必ず存在することは両地点に共通している。

　大長方言の場合、個人差はプロトタイプから隣接する１つの枠を使うかどうか（○がつくかどうか）という形で生じるものが多かった。プロトタイプ枠と隣接枠の２つの枠に○がついている場合、これらの枠を抽象化して１段階上に抽象枠が設定され、個人差はこの範囲の中に収まっていた。加計方言の場合も、隣接する枠に個人差が引き起こる。しかし、「固体物」にプロトタイプがある場合、個人差は隣接の１つの枠だけではなく、隣接の両側の枠に個人差が出現する場合もあった。そのため、加計方言のほうが個人差が大きいと考えられるが、それにしても、隣接する枠に個人差が出現していることは重要である。そこには一般法則と考えてよい原理が存在している。

　重要なことが２つある。
　①必ずすべての話者に共有される枠が存在していること（社会性の保証）
　②そこから個人差は何らかの抽象化ができるように出現するということ
である。例えば、ある人は「人」のみと答え、ある人は「気・液体」のみと回答するようなことはない。同レベルにならぶ隣接枠に個人差は出現する。

　これが文脈や対象物に制限がある分類枠における一般モデルとして考えられる。

　しかし、先に少し触れたように、両地点の文脈や対象物に制限がある分類枠にみられる個人差には、２つの地点で次のような違いがみられた。

		大長	加計
対象物制限	多	タップリ　ヤマホド　バクダイ	ヤマホド　ジョーニ　ドッサリ　タイソー　ウント　タップリ
		全24語中3語（12.5％）	全19語中6語（31.6％）
	少	ショーショー　メクソホド　チックリ　チッピリ	ショーショー　メクソホド　ハナクソホド　チョンビリ　チョッピリ　チョビット　チョボット
		全18語中4語（22.2％）	全18語中7語（38.9％）
	全	ゴッソリ　マルマル　コトゴトク　アリッタケ　キレーニ　ネコソギ　ミナ　ミンナ	キレーニ　アリッタケ　アルダケ　ネコソギ　ミナ　ミンナ
		全18語中8語（44.4％）	全21語中6語（28.6％）
被修飾部制限	多	タラフク　シコタマ	タラフク　シコタマ
		全24語中2語（8.3％）	全19語中2語（10.5％）
	全	アリッタケ　コトゴトク	ネコソギ　ゴッソリ　キレーニ　マルマル　イッサイガッサイ　アリッタケ　アルダケ　アリダケ
		全18語中2語（11.1％）	全21語中8語（38.1％）

　対象物、被修飾部とも、個人差がみられた語は圧倒的に加計方言のほうが多いことがわかる。ただ、割合〈全〉カテゴリーに所属する対象物制限のある語だけは、逆の結果になっていたが、その理由をここですぐに明らかにすることはできない。しかし、全般的に加計方言のほうに個人差が大きいことは確実である。また、文脈や対象物に制限がある分類枠にみられる個人差のありさまも、次ページのように異なりがある。

　例えば、対象物制限の場合、「気・液体物」「固体物」「生物」の３つの枠を考えると、先に示したように必ず１つのプロトタイプ枠がある。それ以外にい

くつの枠に個人差が見られるのかということを考えてみたい。例えばプロトタイプが「固体物」にある場合、「生物」に使うかどうかという点に個人差がみられ、一方で「気・液体物」に使わないことは一致していたとすれば、1つの枠にのみ出現した個人差であるといえる。この場合、「固体物」「生物」というレベルから1レベル抽象化した、この2つを抽象化することはできず、2段階の中で生じている個人差である。しかし、「気・液体物」「生物」と両方の枠で使うかどうかで揺れているとすれば、この2つを抽象化することはできず、2つの枠が揺れていると考える。ただ、この時、一方向的なものとそうではないものがあった。2つの枠の組み合わせが1パターンしかない場合、すなわち「固体物」「生物」という組み合わせだけという場合は、個人差は「固体物」→「固体物」「生物」→「固体物」「生物」「気・液体物」のように広がり、「固体物」→「可算物」→「モノ」のように抽象化できるので、抽象化の方向は一方向的である。それに対し、「固体物」「生物」と「固体物」「気・液体物」の2つの枠の組み合わせが2つあった時、抽象化の方向は二方向となる。個人差がある法則に基づいて出現するということになれば、前者のほうが個人差は小さく、後者のほうがより大きいと考えることができる。

■2つの枠に個人差がみられる語

		大長	加計
一方向的	多	―	ドッサリ
	少	―	ショーショー　メクソホド
	全	―	キレーニ
二方向的	多	―	ウント
	全	ゴッソリ　マルマル　コトゴトク	ネコソギ

上の表をみると、一方向的なものは大長では全く出現しない。二方向的なものは大長3語、加計2語で加計方言のほうが少ないが、大長は割合〈全〉のカテゴリーのみであるのに対し、加計は数量〈多〉カテゴリーにも出現する。全

体として、加計方言のほうがより個人差が大きいといえるのではないだろうか。

4　地域差の実態

大長と加計は多くの点で共通していた。その一方、次のような地域差がみられた。

分量に関わる分類枠の場合、個人差を生み出している人数、語数は数量〈少〉の場合には加計方言の方が大きい。数量〈多〉においても、加計では「バクダイ」は4：4の個人差、「ギョーサン」も4：5の個人差である。しかし、大長は1名の話者が個人差を生み出しているだけである。数量〈多〉も〈少〉も、加計方言の方が大長方言よりも大きな個人差、確定的な個人差が存在する。

また、最下位の枠そのものを所有していなかった話者は、下のように存在した。

大長〈多〉　F5（1名）
加計〈多〉　M4　F3　F5（3名）
　　〈全〉　M1　M2　M3　M4　M5　F1　F3　F4　F5

（9名）

大長方言の〈多〉カテゴリーでは1名のみ、それに対して加計方言は〈多〉カテゴリーに3名である。〈全〉カテゴリーは1名を除いて所有していない枠であるので、枠そのものが存在していない可能性がある。しかし、この点をみても加計方言の方が個人差は大きいといってよいであろう。

次に、文脈や対象物に制限がある分類枠の場合、対象物、被修飾部とも、個人差がみられた語は圧倒的に加計方言のほうが多い。ただ、割合〈全〉のカテゴリーの対象物制限のみ、逆の結果となっている。全般的に、加計方言のほうが個人差が大きい。そして、加計方言では個人差が一方向的に出現する語が4語みられた。二方向のものは大長3語、加計2語で加計方言のほうが少ない

が、大長は割合〈全〉カテゴリーのみであるのに対し、加計は〈多〉カテゴリーにも出現する。

全体として、加計方言のほうがより個人差が大きいといえる。

5 地域差の解釈の可能性

5.1 言語に反映する3つの環境

加計と大長でその個人性と社会性の実態に地域差がみられることを述べた。端的に言えば、加計方言のほうが大長方言よりもより大きな個人差があるということであった。

ではなぜ、大長方言よりも加計方言のほうに個人差が大きくなったのであろうか。それを正確に解析しうるだけの詳細なデータは現時点では持っていない。しかし、今後の見通しも兼ねて、現時点でわかっていることを報告する。

個人差が大きかったということは、個人のおかれた環境が異なっているという仮定が立てられよう。その上で、加計が集落として個人差が大きかったという事実を考えてみる。なお、この時注意しなくてはならないのは、個人差の要因を個人ごとに求めるということではなく、あくまでも集落の問題としてマクロに捉えるということである。

さて、言語と言語外現実との関わりについて、生業環境、自然環境、社会環境の3つの環境が重要である。

まずは生業環境について考えてみたい。これは風位語彙などに端的にみられる。生業の種類、形態が語彙の世界に影響を与える。漁業の形態によって、船が波を克服するか、風を克服するかという点でその所有する風位語彙や潮の語彙が異なる。また、風位語彙ほどはっきりとしているわけではないものの、性向語彙もその農業形態によって違いがみられる。さらに、このような「生業の相対性」による語彙の個人差については後に取り上げるが、大崎下島大長の同じ農業従事者であっても、「渡り作」（大崎下島大長の特徴的な農業形態。大長は土地が狭く、大長の柑橘畑だけでは人々が暮らしていくには不足する。そこで他の島や本

土、四国などに畑を持ち、農船でそこへ出かけて耕作をすること。四国は今治周辺、本州は呉から三原へかけての海岸、島は芸予諸島全域に及ぶ。多くの人は大崎上島(オオサキカミジマ)へ渡ることが多い。渡りは近所の3人程度が同じ船で交代にこぎながら共同で渡ることが多かった。これを「ビンモライ」という。行った先でそこの人々と交流することは少なかったようである。)の行き先によって所有する語が違うこと、そして、近い場所へ渡る人と遠くまで出かける人の間には、体系の精密さという点において、また語数の違いという点において異なりがみられることを示すことができるのである。これまで大崎下島大長の農業従事者は漁業従事者に迫るほどの風位語彙を所有していること、それが渡り作によるものではないかということが指摘されていたが、個人差の問題を正面から扱うことによって農業従事者と渡り作の問題をより鮮明に捉えることができる。この渡りの行き先という問題は、個人のレベルで考えれば、個人のおかれた環境の違いの問題であるといえる。しかし、個人差の存在そのものをマクロでみれば、このように生業という環境によってもたらされた個人差であるとみることもできるのである。

　第2の環境は自然環境である。自然環境が影響するものとして、やはり風位語彙がある。また潮の語彙がある。船が潮を克服したということもあろうが、岡山県笠岡市真鍋島の潮の語彙の複雑さに比べ、日本海のそれは単純である。真鍋島周辺での海域で周防灘方向と燧(ヒウチ)灘方向からの潮が満潮時にぶつかり、潮流が早く複雑であることもその一因であろう。また瀬戸内の漁師は漁場の目印として「ヤマノクイアイ」と呼ばれる、島と島の重なり具合、影の出来方などに名前を付ける。もちろん外洋でもできないことはないが、このようなことは多島海であるから可能になったともいえる。その栄え方は内海という自然環境のなせる技でもある。また、後の章では、芸予諸島の2地点の農業従事者の風位語彙を比較した場合、「渡り作」を行わない上蒲刈島(カミカマガリ)の農業従事者が北方向の風にくらべ南方向の風の呼び分けが異常に単純であったことを述べる。そして、その理由を、集落の南側に高い山があり、風が吹いてこない地形である点に求められることを指摘する。

　そして3つ目に社会環境である。人間関係、社会意識など、社会という環境

である。例えば性向語彙などはこの点の影響を受けやすい。山口県野島の性向語彙は本土の人間を悪く言うことによって内部の結束を固めるという面があることを室山は明らかにした。このように、人間関係という問題は、言語が社会の産物であるという点を考えるまでもなく、避けて通ることの出来ない重要な環境である。

むろん、これら3つの環境は、全く別々のものではない。互いに連関しあい、影響しあっているものであるから、この3つを明確に分割して考察することは不可能である。

そのような点をふまえた上で、筆者は個人性と社会性という考え方を生活語彙の世界に持ち込んでみたい。風位語彙の個人差に生業のありようをストレートにみたのと同じように、大長と加計の個人差の実態がマクロの視点からどのような環境を物語っているのか、非常に興味のもたれるところである。

そこで両地点の3つの環境を比較しながら、その解釈を試みる。

5.2 大長と加計の言語外環境の比較

(1) **自然環境**

大　長	加　計
島嶼部の集落	山間部の集落
交通の要衝	交通の要衝

自然環境の違いとしては大長が島であり、加計が山間部の集落であるということがあげられる。

この違いが直接副詞語彙に何らの影響を与えていると考えるのは難しい。しかし、人の移動という点でいえば、海のほうが人の移動をより困難にするということは言えそうである。

具体的に交通機関を考えてみたい。

大長から他の島、本土や四国に渡るには船しかない。農船があることにはあるが、これは自由に港に寄港できない。例えば竹原に買い物に行くといって勝

手に竹原港へ接岸することはできない。

　一方、加計は陸続きであり、かつてはJR可部線があり、現在は高速バスを含め広島市内中心部へのバスの路線がある。さらに、筆者が調査を行った話者のうち、男性は1人を除いて自動車の運転免許を所有し、自動車も所有していた。80歳くらいの男性でも運転免許を取得している。

　大長でも運転免許を所有している方は多かったが、車をフェリーに乗せなければ島外に出ることができない。

　公共交通機関に頼らなくとも、加計の場合は陸続きであることと自動車免許の所有という2点によって、人の移動は容易である。具体的に統計で明らかにする資料は持ちあわせていないが、買い物も町内より可部方面へ出かけることが多いようである。

　○ツキニ　サンカイ　グライワ、クルマ　ウンテンシテ　ドコエデモ　イクヨ。ヒロシマデモ、ホカノ　モンワ　コワイ　ユーテ　カベー　オイテ　デンシャデ　イキンサルガ。（月に3回くらいは車を運転してどこへでも行くよ。広島 |へ行くの| でも、他の者はこわいといって可部に |車を| 置いて電車で行かれるが。）　老男→筆者

この教示のように、自動車によって広島市内中心部へ自由にアクセスしている人もある。さらに、買い物についても次のような話が聞かれた。

　○コメデモ　カベノ　ホーガ　ヤスインジャケン。（米でも可部のほうが安いのだから。）　老女→筆者

ディスカウント店への買い物も、決して珍しいことではない。広島市安佐北区の中心地である可部の物価も、集落では普通の話題となっている。

(2) **生業環境**

　生業環境としては、農業では大長は柑橘栽培、加計は稲作と畑作という違いがある。さらに、加計は商工業も盛んである。人の流動と関連して、食堂の数は加計が5軒程度（休業中のものがあるため）に対し、大長はわずか1軒。理容店は大長の倍以上ある。医院も大長1軒に対し、加計には町立病院、民間の医

院が複数ある。そして何よりも、加計には本通りと呼ばれる商店が軒を連ねる通りがあるのに対し、大長にはそのような通りはない。旅館の数も加計には6軒、大長は民宿が1軒という違いである。このように、商工業も盛んであるのが加計である。

さて、農業従事者は作物こそ違うものの、多くの稲作集落のように集落総出の田植えや稲刈りといったことは行われていない。耕地面積が小さく、たな田のようになっている。したがって農業専業ではなく、林業、木材加工などとの兼業が多い。

大長は柑橘栽培の専業農家もかつては多かった。そして、柑橘栽培は家族作業であり、この点では加計と似ているが、「渡り作」は何軒かが共同で渡ることが多かったという。集落の中での交流は活発だったのであろう。

(3) 社会環境

個人性と社会性という問題に最も深く関わっていると思われるのは社会環境である。

まず、大きな神社の数であるが大長1に対し、加計には2つある。祭りなども別々に行われている。また、加計の方が政治・文化の中核機能が大きいことも先に述べた。陸続きであるため、加計の外へ通勤する人も少なくない上、加計の外から加計に働きに来る人もある。

○ヤクバノモンモ、ワカイノワ　カベー　イエ　コーテ　カヨットルンダ。
　　（役場の者も、若いのは可部に家を買って通っているのだ。）　老男→筆者

大長は集落内部に閉じられ、外部に対して開かれるには自然環境的に困難であったこと、一方の加計は地域の中核集落として外部に開かれ、自然環境もそれを後押しするような環境にあったのではないかと推察される。このように両地点の人の動きという点での環境のことなりが個人差の大きさにつながったのではないかという見通しが立てられる。

以上、簡単に言語外環境をまとめてきた。今後、これらの状況を統計的に明らかにし、あるいは意識調査を行うことで確実なものにしてゆきたい。そのこ

とによって、人の動きと個人差の問題がより鮮明に浮かび上がってくることであろう。

8　個人性と社会性からみる世代差

1　若年層話者の個人差の実態とは

　これまで、とりわけ方言語彙の研究において、若年層話者に比べ老年層話者に個人差が少ないことが指摘されてきた。例えば、若年層話者において、所有している語数のばらつきが大きいことから、若年層話者に個人差が大きいといわれてきた。

　しかし、所有語数のばらつきの問題はともかく、教示内容の異同という点に関して、詳細に報告されたものはあまりないように見受けられる。すなわち、教示内容について、何らかの基準をたてて客観的にそのばらつきを明らかにしたものは、管見の限り、ほとんどない状況にある。研究者の経験ではなく、何らかの基準のもとで、教示内容の個人差をはかってゆく必要がある。ある2名の話者がそれぞれ教示を行った時、2名とも同じ意味を別のことばで表現したために個人差が生じたようにみえたのか、それとも認識している意味内容そのものが異なっているのかを明らかにしなくてはならないのである。語彙体系に位置づけた場合、同じ位置にその語が位置するのかどうかということでもある。

　また、それと連動して所有語数の差というものが、体系上のどこに所属する語に起こっているのかという点も明らかにしなくてはならない。これらの作業を通じて、初めて語彙の個人差の大小に言及することができると考える。

　ここでは数量〈多〉をあらわす副詞語彙を対象にとり、老年層と若年層の個人差の出現状況を、所有語数と意味の両面から比較するものである。これにより、個人差の出現が世代によってどのように異なるのかということについて報告する。

2 調査の概要

2.1 調査地の概要

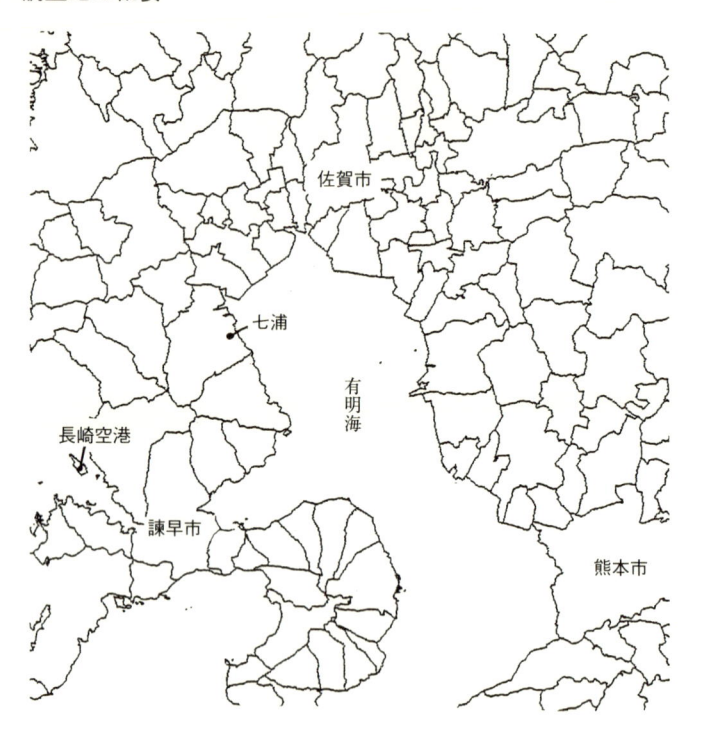

調査地は佐賀県鹿島市音成(オトナリ。地元の人はオトナシ)地区である。人口は1321人、戸数331戸(1998年1月31日現在・鹿島市役所資料)、65歳以上の老年人口比率は24.9%(鹿島市老人クラブによる)である。主な生業は農業。代表的作物は蜜柑である。

2.2 調査項目

数量〈多〉をあらわす副詞語彙について調査を行った。数量〈多〉カテゴリーを取り上げたが、その理由は、まず体系性が明確であること、次に井上

(1991)の調査結果が参照できること、最後に、数量〈多〉カテゴリーは〈少〉カテゴリーに比べ語数が多い、という3点である（数量副詞としての働きが中心的なものに限定した。「ガバイ」などは、もともと状態程度の副詞であるため、今回考察に含めていない。数量副詞の内部でいかに意味の拡張がみられ、それと個人差がどのように関わっているのかを明らかにしたい。状態程度の副詞がいかに数量副詞の用法をもってきたのか、また、そこにどのような個人差がみられるのかについては、今後の課題としたい）。

2.3 話者・調査方法

　話者は老年層、若年層、ともに10名である。男女の内訳は、どちらも男性5名、女性5名である。

　調査は老年層話者では面接、若年層話者ではアンケートを行った後、補充の面接を行った。約60文例を準備、それぞれに各語を入れ、言えるか言えないかを問う方法である。なお、アンケートや質問に使用した文例は、本書の最後の資料編に掲げた。

3　所有語数の世代差

　ここでは、使用、あるいは理解している語を所有語と定義した。

3.1 老年層話者の場合

　老年層話者（老年層話者の年齢は次のとおりである。A：70歳、B：85歳、C：83歳、D：73歳、E：78歳。以上5名が男性である。F：77歳、G：87歳、H：74歳、I：74歳、J：77歳の5名は女性である。）の場合、10名すべての話者がほぼ同じ語を所有している。使用語彙とされるのは、以下の7語である。

　　ヨンニョ、イッピャー、ヨケー、ドッサイ、ヤマンゴト、ドギャシコデン、ドシコデン

　うち、ヨンニョは非常に盛んで、日常生活で「ヨンニョ」以外を聞くことは

稀である。

　次に、まず使うことはないが聞けばわかるというものに、次の7語がある。
　　タクサン、イッパイ、タップリ、ドッサリ、タラフク、ヤマホド、イクラデン
　また、1名だけが所有していた語に「シコタマ」がある。さらに、「タクサン」「タップリ」については全員から共通語であるという意識を聞いた。
　このように、所有語数、種類についても、老年層話者に差がほとんどみられないことは注目に値する。
　なお、これには地域差があるようである。大長、加計の結果に比べると、この地点では個人による変動がないことが特徴である。共通語化がさほど見られない点も注目される。

3.2　若年層話者の場合

　老年層話者の全員が同じ語を所有していたのに対し、若年層話者（A：18歳、B：16歳、C：18歳、D：17歳、E：17歳の5名が男性、F：17歳、G：18歳、H：18歳、I：18歳、J：18歳の5名が女性である。なお、C氏のみが祖父母と同居していない。）は話者によって所有語、所有語数に出入りがある。次ページに表で示す。なお、○は使用する語、●は普通使用しないが聞けばわかるものである。

　次ページの図をみると、若年層話者の場合、所有している語、使用・理解語の内訳にばらつきがみられる。なお、ばらつきの度合いについては、次の3.3で比較を試みる。
　また、「ヨンニョ」「ヤマンゴト」「ドギャシコデン」といった老年層話者の所有語彙を受け継ぐ一方で、老年層の「ドギャシコデン」は、若年層話者によって「ドギャンデン」「ドガシコデン」などのバリエーションを生み出している。このように、伝統形を用いて新しい語形を生んでいる現象が注目される。この現象によって結果的に若年層話者の所有する語の異なり語数が増えている。「タクサン」「イッパイ」などの共通語の獲得も老年層話者よりは進んで

8　個人性と社会性からみる世代差

	A	B	C	D	E	F	G	H	I	J	老年層
タクサン	●	○	○	○	○	○	○	●	○		●
ヨンニョ	○	○	○	○	○	○	○	○	○		◎
イッパイ	○	○	○	○	○	○	○	○	○		●
イッピャー	○	○	●	●	●	●		○	●	●	○
ヨーケ	●	○	●	●	○	○		●	●	●	
ヨケー	●	○	○	●	●	○	●	○	●	●	○
ドッサイ	○	○	○	○	○	○	○	○	○		
ドッサリ	●	○	○	●	○	○	●	○	●	●	
ヤマンゴト		○	○	○	●	●	●	○	○		
ヤマホド	●	○	○	●	○	●	○	○	○		
タップリ	●	○	●	●	○	○	○	○	●	●	
タラフク	●	○	○								
シコタマ		○	●			●		●		●	☆
ドギャシコデン	○	○	○	○	○	○	●	●	○		○
ドギャンデン	○	○	○	○	○	○	●	○	○		
ドガシコデン	○	○	○	○	○	○	●	○	○		
ドガンデン	○	○	○	○	○	○	●	○	○		
ドシコデン		○	●	●	○	●	○	●	○		○
イクラデン	○	○	○	○	○	○	●	○	○		●
所有語数	17	19	19	17	18	19	16	18	18	19	15
うち使用語数	10	19	13	13	11	12	9	10	9	12	7

◎：最多（最もよく使う語）
☆：所有している話者は理解語としての所有。非所有者も若干あった。

いるものの、共通語化とは違う方向で若年層話者の所有語数が増えていることは興味深い。

さらに、老年層話者の所有している語で若年層話者が失った語はほとんどない。このうち、老年層話者において頻度のきわめて低い語は、若年層話者でも頻度が低かったり、使われていない。したがって、老年層話者で個人差が大きい語は、若年層話者でも個人差が大きくなるということではないことがわかる。むしろ、老年層話者の使用頻度が、若年層話者の使用頻度と語の所有の有無に連動している。

158　Ⅲ　個人性と社会性からみえること

3.3 老年層話者、若年層話者の比較

老年層話者と若年層話者の結果を比較すると、老年層話者は所有している語が人によって違いがほとんどないのに対し、若年層話者では差が大きいことがわかる。そのことを確かめてみたい。

		異語数	算術平均	標準偏差	変動係数	最大	最小
所有語	老年層話者	16	15.1	0.3	0.02	16	15
	若年層話者	19	17.9	1.14	0.06	19	16
使用語	老年層話者	7	7.0	0.0	0.0	7	7
	若年層話者	19	10.9	2.79	0.24	19	9

　この表は、異語数、算術平均、標準偏差と変動係数、所有・使用語数の最高・最低を示したものである。所有語数と使用語数のそれぞれについて示した。うち、変動係数がばらつきの指標となる。所有語数、使用語数ともに若年層話者のほうが大きく、若年層話者でばらつきが大きくなっていることがわかる。
　また、所有・使用ともに、若年層話者のほうが語数が多い。これは、老年層話者の所有語彙を若年層話者が受け継ぎ、さらに共通語形を獲得、そして老年層話者の所有する伝統方言から新たな語を生成している結果であると考えられる。
　ところで、個人差の状況には地域差がある可能性もある。大長の老年層話者の所有語数の変動係数は0.07である。佐賀県鹿島方言の若年層話者の変動係数とほぼ同じである。つまり、同じ老年層話者だけを取り出すと、佐賀県鹿島のほうが、広島県大長よりも個人差が小さいということである（変動係数は標準偏差を平均でわったもので、ばらつきを同じ基準で比較することができるという特長がある）。

4　語彙組織の世代差

4.1 老年層話者の場合

老年層話者においてもっとも盛んに使われるのは「ヨンニョ」である。

8 個人性と社会性からみる世代差

○ {蜜柑が} ヨンニョ ナットン ヨー。(たくさんなっているのよ。)
○ ヨンニョ デトン ネー、ミズノ。(たくさん出ているね、水が。)
○ {セロハンテープが} マダ ヨンニョ アルケン カウ ヒツヨー ナカ。(まだたくさんあるから買う必要ない。)
○ {酒を} ヨンニョ イレテ ヤリナサイ。(たくさんいれてあげなさい。)
○ カラスノ ヨンニョ トマットッタ ヨ。(からすがたくさん止まっていたよ。)
○ キョーワ ヒトノ ヨンニョ キトンシャーケン。(今日は人がたくさん来ていらっしゃるから。)
○ マット ヨンニョ クンサイ。(もっとたくさんください。)
○ オユガ ヨンニョ ワイテクッ。(お湯がたくさん湧いてくる。)

対象物は生物、無生物を問わず、性質も液体や固体など幅広く使われている。また、共通語の「たらふく」のように、特定の場合にしか使えないということもない。

同様の語に、「イッピャー」がある。
○ {公民館に} イッピャー オラシタ ヨ。(たくさんおられたよ。)
○ クルマノ イッピャー トマット。(車がたくさん停まっている。)
特に
○ {酒を} マット イッピャー イレテ。(もっとたくさん入れて。)
の場合、
○ {酒を} ヨンニョ イレテ ヤリナサイ。(たくさんいれてあげなさい。)
とほぼ同文脈であるといえる。

さらに「ヨケー」「タクサン」も、「ヨンニョ」などと意味は変わらないものの、共通語意識がある。「タクサン」は共通語として、「ヨケー」は少し良いことばとして意識されている。

● {ヨケーは} チート ヨカ ホーノ コトバダト オモウ。(少し良いほうの言葉だと思う。)

この意識はすべての話者に共通のものであった。

さて、「ドギャシコデン」は「限界がない」という場合に主に使われる語である。「ドギャシコデン」を共通語にそのまま直せば、「どれだけでも」となる。

　○オンセンヤッケン　オユノ　ドギャシコデン　ワイテ　クッ。(温泉だからお湯がいくらでも湧いてくる。)

温泉だからお湯がいくらでも湧いてくるという文である。この場合、温泉であること、地中のお湯は眼前にないためにみることができないことから、無尽蔵にあると考えられる。

　○ドギャシコデン　アッケン　クワン　ネ。(いくらでもあるのだからたくさん食べなさい。)

この場合も、当然料理の量には限りはあるであろうが、料理の在庫は眼前になく、人に勧める文脈で用いられていることから、限界がないことを強調しようとしたものと考えられる。なお、日常の生活ではこの用例がもっとも多く聞かれる。

　●チョット　キリン　ナカシコ　アル　ユー　コト。(ちょっときりがないくらいあるということ。)

　●ムゲンニ　アルコトノ　カンジ　スルダロー。(無限にあることの感じがするだろうなあ。)

では、見るからに限界がわかる場合はどうであろうか。

　○アスケ　センタクモンノ　ドギャシコデン　ホシテ　アッ。(あそこに洗濯物がいくらでも干してある。)

この文は、筆者が広島県下で行った調査では適文にならないものである。鹿島方言の老年層話者では、これを言えないとする話者とそうではない話者に分かれる。適文になるとする話者は、「ドギャシコデン」が「いくらでも」という、限界のない量を表すということではなく、多量の強調として認識している。したがって、

　○アスケ　センタクモンノ　ヨンニョ　ホシテアッ。

と比較すれば、後者の方が量が少ないように感じられるという教示を聞く。

○ミカンノ　ドギャシコデン　ヨットッタバイ。(蜜柑がたくさん集めてあったよ。)

　この文も、今年は本当に蜜柑が豊作で、コンテナが積み上げられたのを見て驚いたという時に発せられたものである。すなわち、多量の強調であるといえる。

　なお、「ドシコデン」も「ドギャシコデン」と同じである。また、「イクラデン」は共通語として認識されている。

　以上、「ドギャシコデン」などの語は、「どれだけでも」という、数量に限界性がないことを意味する語であり、そのことが、限界性がないことを想起させる文脈のみに使用するという、文脈による使用制限を生んでいる。

　さて、同様に使用される文脈が限定されている語に「タラフク」がある。この語はあまり使用されることはないものの、次のような場合にしか使われない。

　○タラフク　タベタ。(たくさん食べた。)

　○ミズモ　タラフク　ノンダ。(水もたくさん飲んだ。)

　教示にも、

　●ハラノ　マンプクン　タイシテ。(腹の満腹に対して。)

　●ハラ　イッパイテ　ユー　コト　タイネ。(腹一杯ということだね。)

などを聞くことができる。

　このように、もっぱら腹がいっぱいになったという場合に使われる。したがって、被修飾部や対象物はそれにふさわしいものが選択されることになる。

　一方、何かをためている場合にも使える話者がある。

　○タラフク　タメトー、カネオ。(たらふく貯めている、金を。)

　食事をして、食物を自分の中に取り入れるということと、食物以外のものを身につけているという拡張として考えることができる。しかし、「タップリ」の頻度は低く、日常あまり使われてはいない。

　次に、「ヤマンゴト」について考える。

　「ヤマンゴト」は共通語訳すれば「山のように」である。したがって語形からは、何かが山のように積み上げられている時について使うことが予想される。

例えば、

　　○ゴミノ　ヤマンゴト　ツンデアッタ　ヨ。(ごみが山のように積んであったよ。)

のようにである。しかし、「積んである」という動詞と結びつかなくとも、

　　○カキノ　ヤマンゴト　アッタ　ヨー。(柿が山のようにあったよ。)

のようにも使われる。さらに、

　　○クルマノ　ヤマンゴト　ハシットー。(車が山のように走っている。)

の例のように、山のように積んでいない場合にも使用されているのであるが、

　　＊オンセンヤッケン　オユノ　ヤマンゴト　ワイテクッ。

は非文であるとする話者が多い。「お湯」は「山のように積み上げられない属性のもの」だからであろう。「ヤマンゴト」は対象物に制限のある語であることがわかる。対象物が液体や気体では使えない。

　しかし、山のように積み上げられないという点では生物も同じである。生きている人間などを山のように積むことはできない。そこで、

　　○エキニ　ヒトノ　ヤマンゴト　オッ。(駅に人がたくさんいる。)

は不自然であることが予想されるが、これが自然であるという話者もある。ここに個人差がみられる。人や生物は、あくまでも形のあるもので、その点では固体物といえる。無理をすれば、山のように積み上げることができないこともない。どうやっても積み上げることのできない液体物や気体物とは、その点が大きく異なっている。つまり、「山のように」という比況性を強く意識する話者とそうでない話者の差である。そこで、個人差の出現にはある一定の制限があることがわかる。

　この状況を、下に示す「ドッサイ」とあわせて表示したものが次頁の図である。個人差の出現にある一定の拡張制限と方向性があることが看取できる。

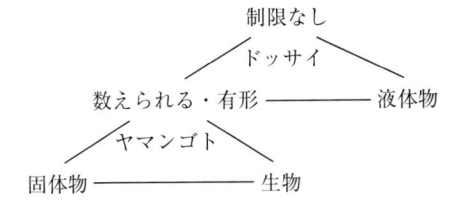

```
                    制限なし
                   ／ドッサイ
        数えられる・有形 ――――――― 液体物
          ／ヤマンゴト
        固体物 ――――――― 生物
```

また、「ドッサイ」も対象物に制限がある。
○｛栗が｝ ドッサイ アエトッタ ボー。(どっさり落ちていたよ。)
○ネコノ ドッサイ オル ヨー。(ねこがどっさりいるよ。)
○ヒトガ オミャホカ ドッサイ オッタ。(人が思いの外どっさりいた。)

このような発話がしばしば聞かれる。しかし、下の文の場合、話者によって許容できるかどうかに差がみられる。対象が液体である。
○ミズガ ドッサイ ナガリョール バイ。(水がどっさり流れているよ。)
○｛田に｝ ドッサイ ミズノ タマットー。(水がどっさりたまっているよ。)

したがって、数えられるものが対象物になるという制限がある。さらに、これが液体にまで拡大するかどうかで個人差が生じる。

他に「シコタマ」「タップリ」の2語については、全く内省がきかない。「シコタマ」は聞いたことがあるとする話者1名、「タップリ」は全員が所有しているものの、意味については「ヨンニョ」と同じかもしれない、というだけである。

これらの状況を表にすると以下のようになる。

これを体系図として示したものが次ページの図である。

この図のうち、点線部分が個人差のみられた部分である。分類枠の隣接する部分に個人差が出現していることがわかる。老年層話者が認識している各語の意味における個人差は、基本的に制限がゆるやかになっていく方向での意味の拡張として捉えることができるといえよう。広島県下においても同じ傾向を観察することができた。

Ⅲ　個人性と社会性からみえること

	ドギャシコデン	ヤマンゴト	ドッサイ	タラフク	その他の語
限界性がない 多量の強調	A, C, I B, D, E, F, G H, J				
対象物に制限 　固体 　無生物＋固体 制限なし 被修飾部に制限※ 　飲食 　入手・保有		Eのみ E以外	A, B, D, H, I, J C, E, F, G	E以外 Eのみ	上記以外全語

※文脈制限でもある。

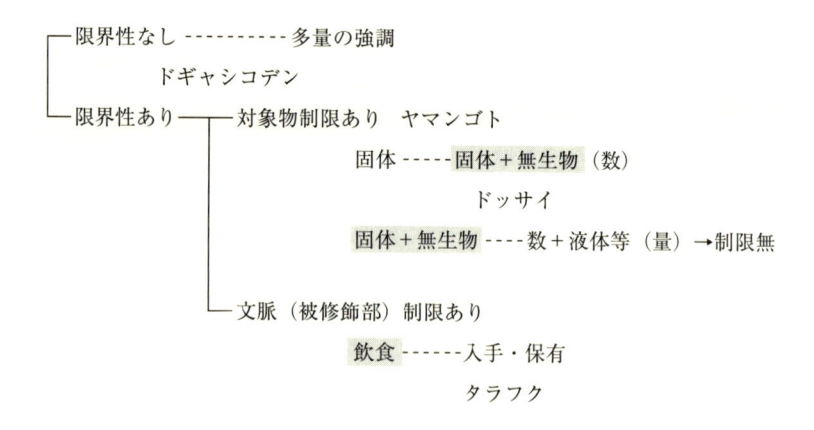

```
┌─限界性なし --------- 多量の強調
│                    ドギャシコデン
└─限界性あり──┬─対象物制限あり　ヤマンゴト
              │         固体-----固体＋無生物（数）
              │                   ドッサイ
              │         固体＋無生物----数＋液体等（量）→制限無
              │
              └─文脈（被修飾部）制限あり
                        飲食------入手・保有
                              タラフク
```

4.2　若年層話者の場合

　老年層話者に比べ、若年層話者の個人差は大きい。以下、調査票に掲載された文については、カタカナ表記ではなく、漢字仮名混じり文で表記する（○●の凡例はこれまでと同じ）。

　まずは、いくつかの語を取り出して、老年層話者とは大きく違う原理で個人差が生じていることを述べる。

　まず「ドギャシコデン」系（ドギャンデン、ドガシコデン、ドガンデンなど）の語では、「限界がない」という枠が設定できる。老年層話者の場合、洗濯物の

文などの目の前の状況を描写した文には使えないとする話者があった。若年層話者も同じ回答が1名以外のすべての話者から得られた。しかしB氏は「ドギャシコデン」を次のようにしか使用しない。

　○ド̄ギャシコデン̄　アッケン̄　ヤル̄　ヨ。(いくらでもあるからあげるよ。)

　先に老年層話者のところで触れたように、限界がないという意味で用いられる「ドギャシコデン」は、しばしば

　○ド̄ギャシコデン̄　ア̄ッケン̄　クワ̄ン　ネ。(いくらでもあるのだからたくさん食べなさい。)

のように人にものを勧める場合に出現する。若年層話者のB氏は、そこから「ドギャシコデン」は人にものを勧めたり、人から勧められたりする場合専用の語であると考えている。

　したがって、温泉でお湯が湧いてくる、という文では、限界がないことがはっきりしていても使用することができない。

　また、老年層話者において、数えられるものが対象になっていた「ドッサイ (ドッサリ)」は、若年層話者ではさまざまな観点から弁別を行っている。

　まず、老年層話者の大部分と同じように、数えられるものが対象となると認識している話者がC氏であった。使用できないと答えた文は

　○もうドッサリ食べたからいいよ。

　○今日はお金をドッサリ持っている。

　○｛豪雨の後で増水した川を見て｝水がドッサリ流れている。

である。対象物の「水」「お金」などは、1つ、2つ、と数えられないものである。

　一方、D、F、G、I、J氏は「ヨンニョ」「タクサン」に比べ、数が特に多い場合でないと使用できないと答えている。アンケートの自由記述では、

　●いかにもたくさん持っている。(D氏)

　●ヨンニョと比べて、ドッサリのほうが多い。(F氏)

　●ドッサイは多い感じ。(G氏)

などの記述がある。また、鹿島方言で盛んに用いられる「ヨンニョ」を基準に

し、量の比較を行った質問項目でも、「ヨンニョよりも多い」ほうにこの語を所属させている。

ところで、B氏は自由記述欄に次のように書いている。

●「ドッサリ」は使用が狭いが対象はよい。(B氏)

そして、使用できる文は次のようなものだけであった。

○もうドッサリ食べたからいいよ。
○今日はお金をドッサリ持っている。
○洗濯物がドッサリ干してあるなあ。
○駅に人がドッサリいる。
○ {豪雨の後で増水した川をみて} 水がドッサリ流れている。
○車がドッサリ停まっている。
○都会には建物がドッサリ建っている。
○奈良にはお寺がドッサリある。
○新潟では雪がドッサリ積もっているらしい。
○この辺には犬がドッサリいるなあ。

これらをみると、対象が「数えられるかどうか」に関わりはないようにみえる。一方、使えないとする文は以下のようなものである。

○あの人はお金をドッサリ貯めているらしい。
○うちの猫がドッサリ子猫を産んだよ。もらって？
○ドッサリあるからあげるよ。

これらの共通点は、何かがたくさんあって、それが余っているという状況である。自由記述にある「対象がよい」はまさにこのことであるとB氏は言う。すなわち、「余っているもの＝いらないもの」という意識がB氏にある。対象物が子猫であっても、「『ドッサリ』あるからあげる」の場合も、必要量以上にあって処分にこまる、というニュアンスがある。また、お金を貯めている場合は、「けちである」「お金にうるさい」などのニュアンスを伴うために使えないとする。話者にとって「望ましくない場合以外」に使うとする視点は、ほかの話者と全く異なるものである。

8　個人性と社会性からみる世代差

これら、話者間の差を表にすると以下のようになる。

		A	B	C	D	E	F	G	H	I	J
対象物の制限	数えられるもの			○							
	望ましくない以外		○								
	多量強調				○		○			○	○
	使用に制限なし	○				○		○	○		

　老年層話者の場合、個人差が存在しても、あくまでも対象物の制限という同じ観点の分類枠の中で、拡張関係として捉えられるものであった。これと比較すると、若年層話者の場合には大きな個人差が生じているということができよう。

　また、老年層話者の「ドッサリ」の意味として優勢な「数えられるものの量を表す」という点だけを純粋に認識している話者はC氏のみである。老年層話者が認識している意味を所有していないという点で、若年層話者では老年層話者のような意味の弁別は困難なのではないかということが予想される。

　さらに、方言形といわゆる共通語形との間で意味に差がみられる語も多い。例えば「ヤマンゴト」の場合である。

　老年層話者の「ヤマンゴト」と「ヤマホド」は、後者が共通語、前者が方言という違いはあるものの、意味は同じである。個人差も、積み上げられるということがはっきりわかる固体物と、それに生物を加えたものとの間に限られていた。

　若年層話者においては、対象が固体物だけであるとしたD氏、固体物と生物であるとしたG、Jの2氏以外のすべての話者が「ヤマンゴト」は「ヨンニョ」と同じであることを回答した。アンケートではすべての文が適文であると判断されている。しかし、若年層話者のうち、A、C氏は、次のような文についてしか使用しない。

　○新潟では雪がヤマホド積もっているらしい。
　○駅に人がヤマホドいる。

○駐車場に車がヤマホド停まっている。

つまり「ヤマホド」を山のように積もっていることが目に見えたり、数えられるものについてしか使っていない。

また、「タラフク」を満腹の時に使うとする話者はB、D氏の2名である。

一方、予想量よりも多く、驚きを込めて使うとしたのがA、C、E氏の3名で、これらの話者の場合、

○うちの猫が子猫をタップリ産んだ。

○ |いつもと違って| 今日は車がタップリ走っているなあ。

が適文となる。そして、残りの話者は全員内省がきかず、わからないと答えている。

「シコタマ」は、老年層同様、そんな言葉を聞いたことがないとする話者もあり、意味の認識も各個人でバラバラである。B氏は「シコタマ」を「シコタマ　ヤラレタ」のように数量ではなく、状態程度として、さらに、自分が何かをされた場合の文脈にしか用いないとする。自由記述の中で、

●シコタマは自分に対する受け身の時。(B氏)

と答えている。

C氏は「シコタマ」は多量の強調であるとする。H氏もC氏と同じであるが、さらに、「もういらない」という文脈の中でしか使わないとする。

このように、若年層話者では語の意味の個人差が大きい。それも、社会的にある程度の範囲でおさまっていた（共有部分と、そこからの拡張関係として説明できる）老年層話者とは違い、様々な観点から弁別している。それも、老年層話者が所有していないような分類枠で意味を認識している。このことは老年層話者が持っている各語の意味を継承していないことを意味するものと思われる。しかし、この状況は老年層話者において数量の認識の個人差が大きいことを意味しているというよりも、「ヨンニョ」が非常に盛んであることで、他の語をあまり聞かないことに関わっていると考えられる。実際、老年層話者は

●モー　ホトンド　ヨンニョ。(もうほとんど「ヨンニョ」|を使う|。)

●ナンナ　ホカナ　キクバッテン　サー。(なんだ、他の語は聞くけれどさ、

「使わない」。)
のように、「ヨンニョ」以外の語をほとんど使わないと述べている。

さらに、「ドギャシコデン」は人にものを勧める時に老年層話者がよく使っている。B氏がこの語を場面の問題として捉えているのは、これと関係があろう。

また、若年層話者は、状態程度の副詞である「ガバイ」を数量程度にもしばしば使う。「ガバイ」は、

　○ガバイ　ツカレタ。(とても疲れた。)

のように使われるが、「ガバイ　アル。」のようにも使うのである。そして、これをよく使う話者もある。アンケートの、頻度に関する自由記述で

　●ガバイをよく使う。(C氏)

のような教示がある。共通語「スゴイ」が、「スゴイ　アル。」のようにそのままの形で数量程度副詞として使われるのと、ほぼ同じ振る舞いをみせているのである。

これらをまとめてみよう。まず、若年層話者では話者によって体系が大きく異なっている。最も単純な体系を持つⅠ氏のものを示す。

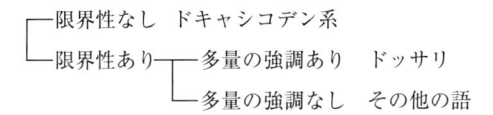

```
　┬─限界性なし　ドキャシコデン系
　└─限界性あり─┬─多量の強調あり　ドッサリ
　　　　　　　　└─多量の強調なし　その他の語
```

次に、D氏のものをあげる。

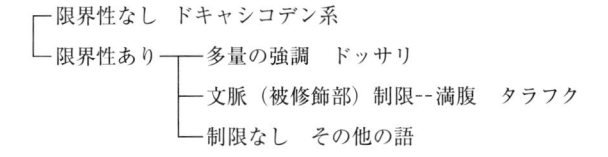

```
　┬─限界性なし　ドキャシコデン系
　└─限界性あり─┬─多量の強調　ドッサリ
　　　　　　　　├─文脈（被修飾部）制限--満腹　タラフク
　　　　　　　　└─制限なし　その他の語
```

Ⅰ氏の体系と、D氏の体系とでは、形が大きく異なっていることがわかる。このように体系が大きく異なるということは、各個人が、それぞれの基準で

語を弁別しようとした結果の現れであると考えられる。語形の上では伝統的な方言形を受け継ぎつつも、意味体系に大きな個人差がみられることが、老年層話者と比較した場合の若年層話者の個人差の特徴である。老年層のような社会性に支えられていないという点で、若年層話者の「混乱」の状況がうかがえる。

　語の意味の獲得の中途にあるために個人差が大きいだけで、いずれ個人差は解消され、最終的には現在の老年層話者のような状況が訪れるのであろうか。あるいは、この年代の教示者はもともと揺れが大きく、最後までこの状況が継続するのかは現時点では解明できない。しかし、いずれにせよ、現時点において若年層話者の個人差が非常に大きく（個人性が高く）、それぞれの話者が自分のコミュニケーション経験の中から、それなりに語の意味を見出している状況が確認できた。

4.3　老年層話者と若年層話者の比較

　老年層話者と若年層話者を比較すると次のようなことがわかる。

　体系の形がほとんど変わらず、意味の拡張として捉えられる範囲の中でしか個人差が出現しない老年層話者は、意味体系の社会性が強固であるといえる。一方、若年層話者では体系の形が大きく異なり、意味の拡張というよりも、自分なりに様々な観点から弁別しているとみられる。それも老年層が所有していないような分類枠で意味を認識している場合も多い。

　このことは、老年層話者が持っている各語の意味を、若年層話者が継承しておらず、社会性の低さを意味していよう。

　さらにこの状況は、老年層話者において意味認識の個人差が大きいことに関係するものではなく、「ヨンニョ」「ガバイ」が非常に盛んであることで、他の語をあまり聞かないことによると考えられる。

5　ま　と　め

　以下のことが明らかになった。

① 老年層話者に比べ、若年層話者に個人差が大きい。語数、体系ともに、である。
② 若年層話者は、老年層話者の所有語を多く所有している。そのうえ、老年層話者の所有する語を用いて新たな語形を生み出している。この結果、語彙量が老年層話者よりも大きくなっている。
③ 若年層話者における、各個人の体系の違いは、伝統的な社会性が失われ、語の弁別がしにくくなった結果おこっているものと予想される。そのため、各人が様々な観点で語を体系づけようとし、老年層話者にはない分類枠を使用しているものと思われる。その結果、体系図のレベルで大きく異なりをみせる。

伝統方言を語形の上で受け継ぎながらも、各語の意味は受け継いでいない。語彙組織という点では、若年層話者の社会性は低く、老年層話者の社会性は高いといえよう。今後、若年層話者が地域に根ざした生活をしていくうちに、語彙組織の社会性が高くなっていくのかどうか、興味深い点である。

それにしても、現在の若年層話者の状況は、お互いに言語レベルで共有している情報が少ないことを意味する。状況や、言語外のさまざまな要素によってコミュニケーションは成立するとしても、言語レベルで共有する情報が少ないとすれば、「若者のコミュニケーションが貧弱である」とする見方の1つの状況がここに現れているともいえるのではないだろうか。

9　語彙の生活カテゴリー分類と個人性・社会性
――風位語彙にみる地域の生活像――

1　語彙の生活カテゴリー分類

　語彙を生活語彙という捉え方で概観すると、全体を生活カテゴリーに基づいて分類することが最も自然であると考えられる。この生活カテゴリーに基づく分類は室山敏昭『生活語彙の基礎的研究』では次のように示される。

(1)　生業語彙
　　a　農業語彙　　b　漁業語彙　　c　商業語彙　　d　工業語彙
(2)　衣食住語彙
　　a　住の語彙　　b　食の語彙　　c　衣の語彙
(3)　家庭族縁語彙
　　a　家庭語彙　　b　族縁語彙
(4)　村落社会語彙
　　a　人間語彙　　b　交際語彙　　c　冠婚葬祭語彙
　　d　年中行事語彙　　e　公的生活語彙
(5)　生活環境語彙
　　a　自然環境語彙　　b　天文気象暦時語彙　　c　動植物語彙
　　d　鉱物語彙　　e　生活場所名語彙
(6)　生活一般語彙
　　a　助辞語彙　　b　独立詞語彙　　c　副詞語彙　　d　名詞語彙
　　e　数詞語彙　　f　代名詞語彙　　g　動詞語彙　　h　形容詞語彙
　　i　形容動詞語彙

9　語彙の生活カテゴリー分類と個人性・社会性

　これまで本書では、数量副詞語彙を取り上げてきた。これは(6) cの生活一般語彙に位置づけられる。ここでは、語彙の所属する生活カテゴリーによって、個人性と社会性のあらわれ方に違いがみられることを報告する。ここで取り上げるのは風位語彙である。

　まず、大崎下島大長方言において風位語彙は(1) aに、上蒲刈島宮盛(ミヤザカリ)方言において風位語彙は(5) aに所属することを確認し、次に、生業語彙として位置づけられる大長方言の風位語彙における個人差の状況を報告するとともに、その特徴と解釈を試みる。

　さて、室山敏昭・原田文子「広島県豊田郡豊町（大崎下島）大長方言の風位語彙」（『内海文化研究紀要』第12号　広島大学内海文化研究施設　1984）では、大崎下島大長の農業従事者が「デサク」（渡り作とも言う。以下、渡り作）を行っているという点に注目し、漁業従事者にとどまらず農業従事者の風位語彙の体系の解明も行っている。そして、それが漁業従事者の体系の細かさに近いことを指摘し、その理由を農業従事者の「渡り作」によるものとの見通しをたてている。

　しかし、同一集落内に漁業従事者と農業従事者が暮らしているために、両者の交流の中で農業従事者が風位語彙を獲得していったと考えることもできるのである。また、「渡り作」が農業従事者の風位語彙に密接に関係しているとすれば、その行き先によって所有する風位語彙の体系が異なっていることも考えられる。

　ここでは、「渡り作」に焦点を当てながら、当該地区の農業従事者の風位語彙の全容の解明を行いたい。その手順として、第一に、大崎下島に豊島をはさんで隣接する上蒲刈島宮盛の農業従事者の風位語彙と比較する。大長同様、柑橘栽培を中心とする農業を主な生業としており、かつ同一集落内に漁業従事者を抱えているという点において共通する集落である。この両地点の比較によって、漁業従事者との交流による風位語彙の獲得の可能性を検証できる。第二に、「渡り作」の行き先によって所有する風位語彙が異なるかどうかの検証を行う。以上の観点から以下、論を進めてゆくこととする。

なお、人の認識とことばの問題については、一般に「サピア・ウォーフの仮説」と呼ばれる言語相対説を前提とし、さらにそれを補強した生活語彙の論理に依拠している。

2 調査の概要

2.1 調査地点

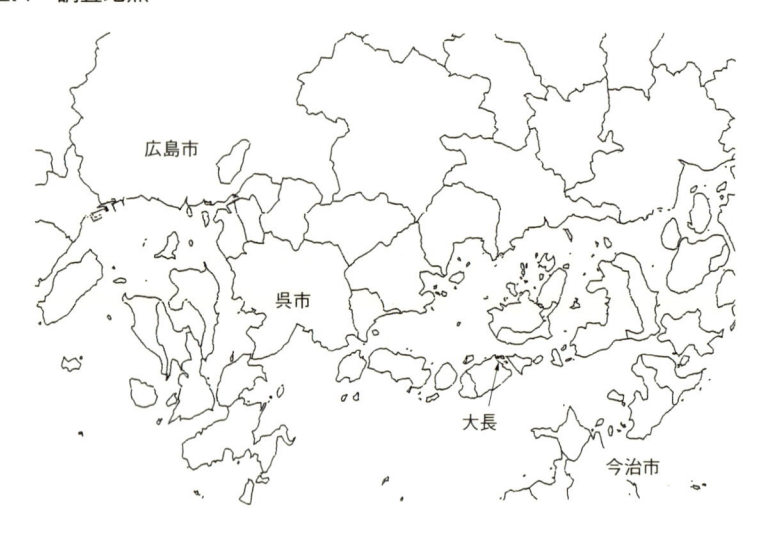

広島県呉市の2島である。
①大崎下島大長（オーチョー）
②上蒲刈島宮盛（ミヤザカリ）
大長、宮盛は、ともに柑橘栽培を中心とする農業集落である。

しかし、大長には「渡り作」という習慣がある。「渡り作」とは、大長の農業従事者が周辺の島や本州、四国に畑を持ち、そこまで船で耕作に通う事である。船は農業従事者が所有し、ほぼ1軒に1隻の割合で持つ。船は一見すると漁船に似ているが、幅が広く、高さが抑えてあるなど、作物を積んで安定して航行できるような構造になっている。大長集落には農用船を係留するための堀

が2つあり、大長の名所にもなっている。

2.2 調査方法
方位を挙げ、それに対応する風の名称を聞いてゆく質問調査を主とした。なお、『内海文化研究紀要』第12号の過去の大長での調査結果を参考に用いた。

2.3 方言話者
農業従事者で、70歳前後の外住歴の少ない人、各4名。男女については、予備調査の段階で差がないことが確認されたため、問わなかった。大長では男性3名、宮盛では2名である。

2.4 調査日時
調査日時　1993年9月～12月（延べ20日）

3　農業従事者の風位語彙の実態と構造

3.1　大崎下島大長方言の風位語彙の全容
4名の話者を得た。4名の「渡り作」の行き先は、過去・現在にわたって以下の通りである。

A　大崎上島外表（ソトオモテ）、旧大崎町（現在の大崎上島町）
B　大崎上島沖浦、愛媛県横島
C　大崎上島大串（オオクシ）、愛媛県岡村島
D　中島、大崎下島沖友（オキトモ）

この4名については個人差が大きく、大長の農業従事者の風位語彙といった時、どこに標準を求めるかが問題となってくる。しかしここでは、便宜的に大長の農業従事者から得られたすべての語の総和を「大長方言の風位語彙」とす

る。以下、得られた事象と土地の人の説明を挙げてゆく。なお、【 】内には可能な範囲での（辞書等で確認できる範囲での）共通語訳を掲げた。

〈北〉

キタ【北｜風｜】　秋から冬にかけて。強く冷たい風。大崎上島へ渡って、帰るとき、弱い北風なら良いが、強いと海が荒れ、良くない風。海が荒れる。

● オーサキノ　ホーエ　イッタ　ヒトガ　カエル　トキニワ　ホー　マイテ、ムカシノ　ヒトワ　カエリョッタケン　ネー。ソン　トキニ　キタガ　フイトッタラ　ホー　マイテ、ロー　オサント　カエラレヨッタケン　ネー。（大崎｜上島｜のほうへ行った人が帰る時には帆をまいて、昔の人は帰っていたからねえ。そのときに北｜風｜が吹いていたら帆をまいて、櫓を押さなくて帰ることができていたからねえ。）

● ユーガタカラ　キタガ、ワリニ　ヨー　フキョッタンデス。アキン　ナッタラ　ネ。ホーカラ　アキニワ　フネ　ホーマイテ　カエッタリ　シヨリマシタ　ネ。（夕方から北｜風｜が、わりによく吹いていたのです。秋になったらね。だから、秋には船に帆をまいて帰ったりしていました。）

● ｜吹いてくるのは｜　フユデス　ネ。（冬ですね。）

● サムヤ　キタカゼ、ツメタヤ　アナジ。（寒や北風、冷たや「アナジ」。）

● ｜大崎上島から大長へ帰ってくるのに｜　キタン　ナッタラ　エカッタ　ケド、ナダガ　ヒドー　フイタラ　ナミガ　ネー、ヨコナミ　クーヨーナカッタ　ワイネ。（北風になったら｜帆走するのに｜よかったけれど、強く吹いたら、灘が｜荒れて｜、横波を受けるようだったねえ。）

● キタカラ　マトモダッタラ、タダ　キタ　ユーワイ　ネ。（北からまともに来る風なら、ただ「キタ」と言いますね。）

アキギタ【秋北｜風｜】　秋の北風。聞くことは聞く。

アサギタ【朝北｜風｜】　夏頃。夜は「マジ」（南西の風）。9月頃。

ヨギタ【夜北｜風｜】　夜吹く北風。

オーギタ【大北｜風｜】　9から10月。強い風。大崎上島へ行くには櫓船では困難。

9 語彙の生活カテゴリー分類と個人性・社会性　177

- ローセンデワ　ナンギスル　カゼ。(櫓船では難儀する風。)
- オーギタノ　アサッテガ　アメ。(大北風の明後日は雨。「コチ」が吹くとよく雨が降るが、「オーギタ」の場合も明後日は雨になる。)
- キタガ　ガイニ　フイタラ、テンキガ　ヤッパリ　クダリザカン　ナル。(北風が強く吹いたら、天気がやっぱり下り坂になる。)
- 大北風が吹くと海が荒れて　ハシラナミン　ナルケン　ネ。(柱波になるからねえ。)

アオギタ【青北風】　「オーギタ」と同じ。海が青く見えるからアオギタという。

〈北東〉

キタゴチ【北東風】　昔は台風の風。冷たい風。雨が降る。

- キタゴチワ　ツメタイン　ヨネー。マー、アレガ　フイタラ、アメガ　ホンマニ。(北東風は冷たいのよねえ。まあ、あれが吹いたら、雨が本当に降ってくる。)
- 「キタゴチ」という名称には　ヤッパリ　ヒガシガ　ツクケン　ネー、アンマリ　オーキー　ナミジャ　ナイ　ワケ　ヨ。ニシトカ　アナジター　チゴーテ　ネ、ナントモ　ナー、ワシラ　フネ　ダスワケ　ヨ。ナダガ　セマーケン　ノ。(やっぱり東がつくからねえ、あまり大きい波ではないわけだよ。西風や「アナジ」北西風とは違ってね、海は何ともない、私たちは船を出すわけだよ。八木灘は灘が狭いからね。)

〈東〉

コチ【東風】

- コチ　ユー　モノワ　モンスゴイ　ヨー　フイトッテモ　ネー、パタット　ナグ　コトガ　アルンジャ。カナラズ　アメガ　チカイ　ノ。(東風というものはものすごく良く吹いていてもねえ、ぱたっと凪ぐことがあるのだ。そうなると必ず雨が近いな。)

●シェ̄キ̄ゼンノ　ホ̄ーデワ、コレ、ヒ̄ロイカラデモ　ア̄ルンダガ　ネ̄ー、コ̄ッ̄チデワ　コ̄チガ　フ̄イテデモ　コ̄ー　ナ̄ニ̄シ̄タ̄リ。コー　ヒ̄ーロカロ̄ー。カ̄ゲン　ナル　モノガ　ナ̄イケン　ネ̄ー。イマノ、ウ̄ラ̄エ　マワル、マ̄エニワ　カ̄イガンノ　ド̄ーロガ　ナ̄カッタケン、ワ̄シラノ　ワ̄カ̄イ　ト̄キニワ　ヨ̄、コ̄ッ̄チー　デテ、ザ̄ワザワ　シ̄ダスト　ミ̄タライエ　マデ　フ̄ネー　マ̄ーストカ、コ̄ッ̄チー　カ̄エルトカ。イ̄マワ　ド̄ーロガ　ツ̄イトル。（関前の方では、これ、|灘が| 広いからでもあるんだがねえ、こちらでは東風が吹いても、こう、|海が荒れたり| する。こう、|灘が| 広いだろう。陰になるものがないからねえ。今の、裏へまわる、前には海岸の道路がなかったから、私たちの若いときには、こっち |関前灘のこと| へ出て、|風が| ざわざわし始めると御手洗へまで船をまわすとか、こっち |大長のこと| へ帰るとか |していた|。今は道路がついている。）

オ̄ーゴチ【大東風】　昔の人は言っていた。

ド̄ヨ̄ーゴチ【土用東風】　夏の土用の頃吹く。イギスという海草が生える。これで豆腐を作ったりしていた。

●|土用東風が吹くのは| ダ̄イタ̄イ　ナ̄ツ̄　ヨ̄ネ̄ー。（だいたい夏よねえ。）

●ナ̄ツニ　ア̄レガ　ネ̄ー、ド̄ヨ̄ーゴチガ　フ̄クト、ヨ̄ー　イ̄ギスー　ユ̄ー　カ̄イソ̄ーガ　ネ̄ー　ハ̄エルンデス　ワ。コ̄チガ　オ̄イ̄ー　ト̄キニワ、ヨ̄ー、イ̄ギス　ユ̄ー　カ̄イソ̄ーガ　ネ̄ー。（夏にあれが、土用東風が吹くと、よくいぎすという海草が生えるのです。東風が多く吹くときには、よく、いぎすという海草がねえ |生えるのです|。）

●ド̄ヨ̄ーノ　ア̄イダワ　ネ̄ー、アマリ。ド̄ヨ̄ーガ　サ̄メ̄タラ、アノー、ヨ̄ーフ̄クン　ヨネ。ホデ、ア̄キノ　ド̄ヨ̄ーデモ、ド̄ヨ̄ーガ　サ̄メン　ウ̄チニ　イテ、ミナ　ア̄ノー　ワ̄タ̄リー　イ̄ク̄ニャー　ネー、イ̄モ̄　ツ̄クッタリ　シ̄ヨル　ゴロワ、ド̄ヨ̄ーガ　サ̄メタラ　ウ̄ミガ　ア̄レルケン、ユ̄ーテ　ネ̄、ヨー、ド̄ヨ̄ーガ　サ̄メン　ウ̄チニ　ホ̄ッテ　コ̄ーデ、ユーテ　アレ　シ̄ョッタ。（土用の間はね、あまり |風は強くない|。土用が終わったら、あの、よく |強く| 吹くのよね。そして、秋の土用でも、土用が終わらないうちに |畑

に 行って、渡り作に出かけるには、芋を作ったりしているときは、土用が過ぎたら海が荒れるから、といって、よく、土用が過ぎないうちに |芋を| 掘って来ようよ、といって |渡って| いた。)

タトエゴチ【湛え東風】 満潮で吹く。潮が引き始めると強い。大崎からの帰路が楽。雨を伴う。
- マンチョーノ トキヤナンカニ フイタラ、タトエゴチジャ ユー ワイネ。ガイニ フイタラ。(満潮の時などに |東風が| 吹いたら、たとえ東風だと言いますね。強く吹いたら。)
- シオガ サゲタラ、ヒキダシタラ カゼガ ツヨー ナルン ヨネ。(潮が下げたら、引きはじめたら風が強くなるのよね。)
- タトエゴチ ユーノガ ソガーナ トキニ シオー ミテ、コチダッタラ オイカゼン ナッテ モドル トキガ ラクナン ヨネ。(たとえ東風というのがそんな |に吹き始めた| 時に潮をみて、東風が吹いていたら追い風になって|木江から| 戻るときが楽なのよね。)
- アメガ フル トキニ ネー、ヨー、タトエゴチカラ アメガ フルトカ、アー ユーヨーナ コトオ ムカシノ ヒトワ イヨリマシタ ネー。(雨が降るときに、湛え東風から雨が降るとか、ああいったことを昔の人はよく言っていたねえ。)
- アキダトエ、ハルビヨリ (秋の満潮から雨、春は干潮から |雨が降る|。)

ノボリ【のぼり】 聞いたことはあるが使わない。
- コチケートーノ コトオ ユーンダロー オモウンジャガ ネ。クダリザカン ナルトキニ ノボリカゼジャ ユータリ ショル。(東風系統のことを言うのだろうと思うのだがね。|天気が| 下り坂になるときにのぼり風だと言ったりしている。)

マゴチ【真東風】 真東の風。

〈南東〉

ナントー【南東 |風|】

III　個人性と社会性からみえること

ヤマジゴチ【やまじ東風】　雨を伴う。
- ●ヤマジゴチ　フイタラ　ダイタイ　アメ。(「ヤマジゴチ」が吹いたら大体雨が降る｜。)
- ●コチカラ　ヤマジエ　ナッタラ　ネ、アメガ　チカイ。(東風から「ヤマジ」へ変わったら、雨が近い。｜「ヤマジゴチ」は、その変化の中間にあたる｜)

ミタライゴチ【御手洗東風】　「ヤマジゴチ」のことと思われる。
- ●ミタライガ　ソコジャケン、ソコノ　ホーカラ　コー　クルノオ　ミタライゴチジャ　ナイ　カイネ、シランデ。(御手洗がそこ｜大長の南東｜だから、そこの方からくるのを御手洗東風ではないのかね、｜御手洗東風はよくは｜知らないよ。)

〈南〉

ミナミカゼ【南風】

ヤマジ【やまじ】　暖かい風。
- ○ヤマジワ　キョーワ　ヌクイ　ドー。(「ヤマジ」は今日は暖かいぞ。)
- ●フイタラ　ガイナ。(吹いたら強い。)

〈南西〉

ナンセ(シェ)ー【南西｜風｜】

マジ【まじ】　暖かい。午後から吹くことが多い。1日で凪ぐ。
- ●サイキンワ　ネー、モー、ホトンド　ナンセーノ　カゼデス　ネー。タイフーワ、マジノカゼ。ワシラ　コドモノ　コロワ、ダイタイ　ホクトーノ　カゼガ　フキヨッタンデスケンド　ネー。ホーシテ　ネー、コンダー　カワセー　ユーノガ　マジカ、ニシカガ　フキョーッタンデス。(最近はねえ、もう、ほとんど南西の風です。台風｜の風｜は、「マジ」の風。私たちが子供の頃は、大体北東の風が吹いていたのですけどねえ。そうして、こんどはかわせ｜の風｜というのが、「マジ」か、西｜風｜が吹いていたのです。)
- ●マジガ　フイタラ　アタタカイ。(「マジ」が吹いたら暖かい。)

9 語彙の生活カテゴリー分類と個人性・社会性　　181

- サムヤ　キタカゼ、ツメタヤ　アナジ。ワシガ　オモウワ　マジガ　ヨイ。(寒や北風、冷たや「アナジ」。私が ¦吹いてほしいと¦ 思うのは「マジ」がよい。)
- ヌクイ。(暖かい。)
- マジノ　カゼワ　ヒイッパイ、ユーテ、イチニチ　フイタラ　イッパイダ、モー　バンニワ　ナグ、ユーテ　ネ。(「マジ」の風は日いっぱい、といって、1日吹いたらもう晩には凪ぐ、といってね。)
- ホデ、ガイナカッタラ、イマ　マジ　ガイナケン　ダスマーデ。アノ、ヒイッパイデ　バンニワ　ナグケン、ユーテ、ナーデ　カエルトキモ　アッタワイ　ネ。(そうして、¦「マジ」が¦ 強かったら、今「マジ」が強いから ¦船を¦ 出すまいよ。あの、日いっぱいで晩には凪ぐから、と言って、凪いでから帰るときもあったわね。)
- ムカイカゼン　ナルケン　ナーデ　カエランニャー　ガイナン　ヨネ。(向かい風になるから凪いで帰らないと大変なんだよね。)
- ヤマニ　オッテ　ネ、ワタシラノ　ヤマガ　マジガ　マアテノ　ヤマガ　アルケン　ネー、アッコカラ　タカーホーノ　ヤマジャケン　ボーシモ　カズイトラレンヨーニ　フク　トキガ　アルン　ヨネ。マジガ。(山にいてね、私たちの山が「マジ」が直接当たる山があるからね、あそこから高い方の山だから帽子もかぶっていられないように吹くときがあるのよね。「マジ」が。)
- ¦「マジ」当ての山だから¦　ミカンガ　ハチマキン　ナルン　ヨネ。(蜜柑がはちまきに ¦実が擦れて真ん中が茶色くなること¦ なるのよね。)
- マジガ　ツヨー　フイテモ、ワシラ　ゼンゼン　オソリャーセン　ヨ。(「マジ」が強く吹いても、私たちは全然恐れはしないよ。)
- ¦吹いているのが¦ マジダッタラ、ムコーカラ　カエルンジャケン　マトモニ　ウケテ　カエル　ワケ　ヨ。ピシャーン、ピシャーン、ピシャーン、ピシャーン、モンスゴイ　カブルンジャ　ノ、ナミオ。ネンニ　イッカイカ　ニカイカ　アッタ　ノ。(「マジ」だったら、向こう ¦大崎上島¦ から帰るのだからまともに受けて帰るわけだよ。ぴしゃーん、ぴしゃーん、ぴ

しゃーん、ぴしゃーんと、ものすごくかぶるのだな、波を。そういうことが年に1回か2回かあったな。)
　●マジデモ　ネ、ソガーニ　ガイニ　フカンケン　ネ。(まじでもね、そんなに強くは吹かないからね。)

オーマジ【大まじ】　強い。台風の時の風に多い。昔は台風といえばコチだった。
　●台風の時の「オーマジ」で　ネトカラ　キガ　トンダ。マアテジャケン。(根から木が飛んだ。「マジ」に対して　真当て　の畑　だから。)

ヨマジ【夜まじ】　微風。夏の土用の頃よく吹く。翌日は晴れることが多い。
　○ヨマジジャケン　アシタワ　ヒヨリジャ　ワイ。(「ヨマジ」だから明日は晴天だ。)
　●ナツノ　ドヨーノ　コロ　ヨー　フキマス　ネー。(夏の土用の頃よく吹きますねえ。)
　●強くないが　ビフーガ　ネー。(微風がねえ。)

サクラマジ【桜まじ】　3月に桜が咲く頃にはよく「マジ」がふく。
　●3月頃のまじを「サクラマジ」と　ユーノガ　ネー、サクラジキニワ　マジガ　フクンデス　ワ。(言うのはねえ、桜の　花の咲く　時期には「マジ」が吹くのです。)
　●ダイタイ、イママデ　キタガカッタ　カゼガ　オーカッタンデスガ　ネ、トコロガ、サクラマジユーテ、アタタカクナッテ　サクラガ　サクゴロニナッタラ、マジガ　フク　ユー　コトナンデス。ジキテキニ、ソー　ヨーン　ナル。(大体、今まで北がかった風が多かったのですがね、ところが、「サクラマジ」といって、暖かくなって桜　の花　が咲く頃になったら、「マジ」が吹くということなのです。時期的に、よくそのようになる。)

タカマジ【高まじ】　強い。「高い」は強いこと。

ハエ【はえ】　寒い風と暖かい風の変わり目。南西。西にずれることも。強い。海が青く見える。海が荒れる。突風。
　●風が突然　ワータヨーニ　クル。(湧いたようにくる。)

- ●ナギノヨーナカッテモ ネ、コノ ヘンガ ソバエーデモ、ヨソガ ソバエタラ ネー、ワーット ネー、ワータヨーニ、アノ、オトー タテテクル ワイネ。ホータラ ウミガ モノスゴイ。マッサオンナッテ ネー。(凪のようでもね、|自分のいる| このへんが荒れなくても、他が荒れたら、わーっと、湧いたように、あの、音をたてて来るのよね。そうしたら海がものすごく |荒れる|。真っ青になってね。)
- ●フネノ ウエニ アタマバッカリ ナミガ イッテ ネ。(船の上を波がいってね。)
- ●ウミガ チョット ソバエタラ、アラー、ハエデー、コリャー。デマーデー、アブナイケン。ジコニ アウン ヨネ。(海がちょっと荒れはじめたら、あら、「ハエ」だぞ、これは。|海に| 出るまいよ、危ないから |という|。|こういう時に出ると| 事故にあうのよね。)

〈西南西〉

タカマジ【高まじ】　A氏の回答。マジよりも少し北寄りの風。
- ●|「タカマジ」の| タカイ ユー コトワ ネー、ハヨ ユータラ、キタヨリナンデス ヨー。(高いということはねえ、簡単に言えば、北寄り |ということ| なのですよ。)

〈南西〉

マジニシ【まじ西】
- ●ホクシェーダト、チト、ズーット カミニ ノボッテ ノ、サゲテ モドル トキニワ、フネガ トモニ ナッテ ヤリヤスイワケ ヨ。マジニシ ユータラ ネー、マトモニ コー イカント イケン ノ。カエルンダッタラ、オーサキノ ホー カエルンダッタラ、アンガイ アナジノ ホーガ カエリヤスイ。(北西の風 |が吹いているとき| だと、ちょっと、ずっと東のほうに上って |いって| ね、|そこから| 西へ下って |大長の方向へ| 戻るときには、船が |風向きと| 追い風になって |帰るのに| やりやすいわけだよ。

Ⅲ　個人性と社会性からみえること

「マジニシ」だったらねえ、まともに |向かい風になって| いかないといけないな。帰るのだったら、大崎 |上島| のほう |から| 帰るのだったら、案外「アナジ」のほうが帰りやすい。)

〈西〉

ニ̄シカジェ【西風】　梅雨や秋口。フユニシはない。
- キ̄タ̄ガ　フ̄ク　マエ̄ニ。(北が吹く前 |の時期| に吹く。)

ゴ̄ガツノタ̄ニシ（タ̄ニシとも）【5月の田西 |風|】　西が強い。雨が降る。5月頃。ハエが吹く頃。
- ゴ̄ガツニワ　タウエ̄ー　ハヨ　ジュ̄ンビ　シ̄トケ　ヨ̄。アメ̄　フ̄ル̄ド̄ー、ユー　コトナンデス。(5月には田植えを早く準備しておけよ。雨が降るぞ、ということなのです。)
- ニ̄シガ　ガ̄イニ　フイ̄テキテ　ネ̄ー、マッ̄ク̄ラン　ナ̄ッタリ　シ̄タ̄ラ̄　ア̄メガ　ヨ̄ー　フ̄ッテクルン　タ̄ニ̄シジャー　ユー̄ン　ヨネ̄ー。(西が強く吹いてきてねえ、真っ暗になったりしたら雨がよく降ってくるのを「タニシ」だと言うのよねえ。)

参考：田に関する教示
- |大崎|　カミ̄ジマ　イッタラ　ダイショ̄ー　ア̄ル。(上島へ行ったら |田は| 大小ある。)

〈西北西〉

ニ̄シアナジ【西あなじ】　強い。海が荒れる。
- ○ニ̄シガカットルガ。コリャー　マトモナ　ア̄ナジジャ　ナ̄ー　ネ̄ー。ニ̄シモ　カ̄カットル。(西がかっているが。これはまともな「アナジ」ではないねえ。西がかっている。)

〈北西〉

ホ̄クセ̄ー【北西 |風|】　海がよく荒れる。

9 語彙の生活カテゴリー分類と個人性・社会性　185

●ホクセーガ　ダシニクイ。(北西|の風が吹くと、船を|出しにくい。)

アナジ【あなじ】　秋から冬にかけて。強く、冷たい風で、海が荒れる。「アナジ」が吹くと、フェリーも欠航する。特に、明石（大崎上島・木江町の地名）付近の海上が荒れる。船を出すには良くない風。

●アナジノ　ヨーカブキ。(あなじの8日吹き。)

●|「アナジ」が吹くと|　オーサキエ　ワタッテ　イカレンノ　ヨネ。ソレガ　フキダシタラ　ヨーカンカングライ　ヤマンノ　ヨネ。(大崎上島へ渡って行かれないよね。それが吹き始めたら8日間くらい止まないよね。)

●|「アナジ」が|　ヒドイ　コトガ　アル　デ。イチネンニ　イッペンカニヘンカ　アル　ワ。デラレン　ノヨ、ムコーエ　ムケテ、ヤギナダエ。(ひどいことがあるよ。1年に1度か2度かあるよ。|大崎上島から|出られないのよ、向こうへ向けて、八木灘へ。)

〈北北西〉

キタアナジ【北あなじ】　寒い。冬の間。海が荒れる。

●|「キタアナジ」というのは|　アナジト　キタガ　イッショニ　クルヨーナノオ　ユーン　ヨネ。(「アナジ」と北が一緒にくるような風を言うのだよ。)

●|「アナジ」は|　サブイン　ヨネ。(寒いのよね。)

●|大崎下島へ渡るには|　キタガ　ガイナカッテモ　イカン、アナジガ　ガイナカッテモ　イカン。(北が強くても良くない、「アナジ」が強くても良くない。)

〈方位限定なし〉

ハヤテ【はやて】　梅雨の時期。突風。方位の限定は特にない。

●アリャ　ネー、キューニ　クルワケ　ヨ、カゼガ。ホンデ　ツユニ　クルンジャ。ツユニ。カゼガ　フキヨランカッテモ　バットー　クル　コトガ　アルンジャ。ツユ　ジブンニ。(あれはねえ、急に来るわけよ、風が。そして梅雨に来るのだ。梅雨に。風が吹いていなくてもばーっと来ることがあるのだ。

梅雨時分に。)
- マジガ フイタリ、ニシガ フイタリ ワカラン。(「マジ」が吹いたり、西風が吹いたりわからない。)
- |「ハヤテ」が吹いてくる| アノ ゴロワ、ダイタイ ネー、マジノ カゼガ オイー オモウ ヨ。ヌクイ トキジャケン。(あの頃は、大体ね、まじの風が多いと思うよ。暖かい時期だから。)

フキオロシ【吹きおろし】
- フキオロシワ キクケド ネー。ドノ カゼデモ アル ワケヨ。ヤマカラ、コー、オリテ クル コトー ユー ワケヨ。(吹きおろしは聞くけどねえ。どの風でもあるわけよ。山から、こう、下りてくることを言うわけよ。)

ハルイチバン【春一番】 まじが多い。
- ハルイチバンワ ネ、ヒドイン ヨネ、カゼガ。(春一番はね、ひどいのよね、風が。)
- |春一番は| マジガ オーイ ネ。(「マジ」が多いね。)

ツムジカゼ【つむじ風】 強い。風向きが変わる。

カワセ【かわせ】 台風の時に多い。風向が突然変わる。5月頃に吹くことも。
- サイキンワ ネー、モー、ホトンド ナンセーノ カゼデス ネー。タイフーワ、マジノカゼ。ワシラ コドモノ コロワ、ダイタイ ホクトーノ カゼガ フキヨッタンデスケンド ネー。ホーシテ ネー、コンダー カワセー ユーノガ、マジカ、ニシカガ フキョーッタンデス。(最近はねえ、もう、ほとんど南西の風です。台風 |の風| は、まじの風。私たちが子供の頃は、大体北東の風が吹いていたのですけどねえ。そうして、こんどは「カワセ」|の風| というのが、「マジ」か、西 |風| が吹いていたのです。)

得られた事象について、土地の人の1つ1つの説明を統合し、分類枠を設定した。これを表の最上段に掲げる。なお、分類枠の最後に「生活意味」が挙がっているが、土地の人の風に対する評価、という意での「生活意味」である。大長の風位語彙については、表1（204ページ）として掲げる。

3.2 上蒲刈島宮盛の風位語彙の全容

先の大長と同じく4名の話者を得た。4名とも農業従事者で、柑橘栽培に従事していた。

先と同様の手続き、記述方針で、風位語彙の実態を以下に記述する。

〈北〉

キタカゼ【北風】
- サムヤ キタカゼ、ツメタヤ アナジ。(寒いのは北風、冷たいのは「アナジ」。)
- フユノ オモデス ノー。(冬の主な風ですねえ。)
- サブイノワ。(寒いのは |北風だ|。)

オーギタ【大北|風|】 強い北風。
アキギタ【秋北】 晴天になる。

〈北東〉

キタゴチ【北東風】 冷たい風。寒いので良くない。蜜柑をとる頃。
- カイソーノ ヨルノデ シッチョル。(海藻が |岸に| 寄るので知っている。)

〈東〉

コチ【東風】 雨が近い。あまりよくない風。
- コチノ スダレワ アメト ナル。(東風の翌翌日は雨となる。)

ドヨーゴチ【土用東風】 波のうねりが大きい。船乗りから聞いた。夏の土用のころは暑い。しかし、東風が吹いてくると涼しく、過ごしやすい。
- モシェガ アガル。ソレオ ヒライニ イク。ヤマノ ナイ モンガ。(岸に藻が上がる。それを拾いに行く。山のない者が。)
- コチニ アメ、クソニ ションベン。(東風に雨、糞に小便 |糞をするとき必ず小便を伴うように、東風は雨を伴う、の意|。)
- アサゴチ ヒルカラ マジ。(朝は東風、昼からは「マジ」|が吹くことが多

188　Ⅲ　個人性と社会性からみえること

い｜。）

オーゴチ【大東風】　聞いたことがある。

ミタライゴチ【御手洗東風】

●「ミタライゴチ」が マシマノ オキー トーッタラ ヒヨリ。コチガ フクト ウミガ アオイ。(松島の沖を通ったら｜翌日は｜日和。この｜東｜風が吹くと海が青い。)

〈南〉

マジ【まじ】　南風。春に多い。6月頃の「マジ」は芋の苗を枯らすほど強い。

●マジノ カゼワ ヒイッパイ。(「マジ」の風は日いっぱい｜で止む｜。)

サクラマジ【桜まじ】

○マジガ フキダータケン メガ デタ。(「マジ」が吹きだしたから｜作物の｜芽が出た。)

●ヌークイ カゼ。(暖かい風。)

ヤマジ【やまじ】　大風。台風の時、「コチ」から「ヤマジ」を経て「キタ」の風になる。被害が大きい。

●ミナミト ニシト カカットル。(南と西と混じっている。)

●ツヨイデス。イチバン ツヨイ。(強いです。一番強い。)

●イエガ コケアガル。(家が転け上がる｜倒れる、ということ｜。)

●ニシガ フキョーッテ、ヤマジニ カワスト、ヒガイガ アル。(西が吹いていて、｜西風が｜「ヤマジ」｜の方向｜にかわすと、被害がある。)

オーヤマジ【大やまじ】　ヤマジの特に強い風。

デアラシ【出あらし】　(ジアラシとも。)　朝の風。山の方から吹いてくる。「アサマジ」と同じ風。

アサマジ【朝まじ】　吹くと晴天になる。

●アサマジワ ヒヨリノ カミサン。(「アサマジ」は天気の神様。)

ヨマジ【夜まじ】

●ヨワジワ ヒヨリ ソコナイ。(「ヨマジ」は日和を損なう。)

トージンボー【とうじん坊】 ただし、由来を知っているのは1名のみ。麦を刈る頃の風。
　●ムギオ　コカス。(麦を倒す。)

〈南西〉
マジニシ【まじ西】 聞いたことはある。

〈西〉
ニシ、ニシカゼ【西風】 島の裏側の海が荒れる。
ゴガツノサニシ【五月の田西】 5月の田西のことと思われる。田植えをしている頃吹いてくる強い風。雨を伴う。苗が植わらない。
　●ゴガツノサニシニ　モドラヌ　フネワ　ドコノ　オヤマガ　トメタヤラ。
　　(船乗りの奥さんが歌う歌であるが、直訳は可能だが、意味はもう分からなかった。)

〈北西〉
アナジ【あなじ】 対岸の川尻町小用の方から吹く。下からすくい上げるように吹き、海が荒れる。
　●アナジガ　フルケン　サムイ　ノー。(「アナジ」が吹くから寒いなあ。)
　●サブヤ　キタカジェ、ミニシブ　アナジ。(寒いな北風は、身にしみるのは「アナジ」だ。)

〈北北西〉
キタアナジ【北あなじ】 「アナジ」と同じ。

〈方位不定〉
ハルイチバン【春一番】 春のはじめに吹く風。強い。南の方から。

190　Ⅲ　個人性と社会性からみえること

先の大長と同じ手続きで、得られた語形を一覧表の形で示したものを表2（205ページ）として掲げる。

4　両島の農業従事者の風位語彙の比較と解釈

4.1　量的構造に着目して

全体の語数をみた場合、延べ語数も異なり語数も大長方言の方が多い。異なり語数では大長の農業従事者は宮盛のおよそ1.5倍である。延べ語数も大長方言の方が多い。

	大長	宮盛
延べ語数	81	60
異なり語数	37	23

一方、方位別の量的構造は以下の通りである。

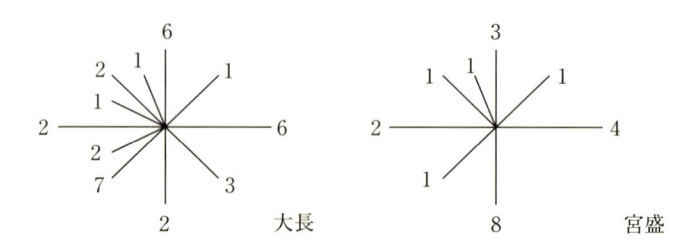

```
        6                          3
   2  1   1                    1 1   1
    1                            
  2 ―――――― 6              2 ―――――― 4
   2                          1
   7    3
        2   大長                 8    宮盛
```

まず第一に、方位の弁別ということに絞ってみると、宮盛は極端に南西から北東にかけての方位の弁別が細かくなっていることがわかる。大長もその傾向はあるが、宮盛は南東などの中間方位の弁別が全くなされていない点において、やはり顕著であると言えよう。また、方位別の語数をみると大長では北、東、南西に特に栄えていると言える。宮盛では南が極端に多く、ついで東、北の順である。方位別の語数は両地点ともに傾向はほぼ同じである。

以上が事実の指摘である。

さて、この事実の解釈を行う前に、まず3つの柱を設定したいと思う。1つ

9　語彙の生活カテゴリー分類と個人性・社会性　　191

は生業（生業のありようも含む）、2つには自然環境、3つめに社会環境である。以下、3つの柱を中心にしながら解釈を行いたいと思う。言うまでもなく、この3つの柱はそれぞれ別個に存在しているわけではなく、互いに関連性を持ちながら存在しているという前提が存在する。

　ところで先に指摘した事実であるが、方位の弁別について、宮盛のそれは自然環境という柱によって解釈できると考える。宮盛は北向きの集落で、南西から北東にかけてが海の方向になる。一方、南は山になるが、小さい川があるために南はその谷筋となる。したがって南西から北東にかけて方位が細分化されている、と考えて良いであろう。

　しかし、大長ではそうはいかない。大長は東向きの集落である。さらに、目の前の瀬戸は狭く、小さい島もあり、風が吹きにくい構造である。大長方言の方位の弁別は宮盛と同じようには解釈できない。

　大長で「キタゴチ」の説明をみると、土地の人の次のような説明があった。

● |「キタゴチ」という名称には| ヤッパリ　ヒガシガ　ツクケン　ネー、アンマリ　オーキー　ナミジャ　ナイ　ワケ　ヨ。ニシトカ　アナジター　チゴーテ　ネ、ナントモ　ナ、　ワシラ　フネ　ダスワケ　ヨ。ナダガ　セマーケン　ノ。（やっぱり東がつくからねえ、あまり大きい波ではないわけだよ。西 |風| や「アナジ」|北西風| とは違ってね、|海は| 何ともない、私たちは船を出すわけだよ。|八木灘は| 灘が狭いからね。）

ここでは、八木灘という、大長とは少し離れた海上の風のことを言っている。同じように、隣島の大崎上島の、木江町付近の海上の様子が分類枠として挙がっている風もある。大長の人にとっての風は、大長集落そのものよりも、むしろその周辺の海上に視点を置いて捉え、名称をつけ、意味を焦点化している観がある。こう考えるならば、大長という集落の自然環境では解釈ができないことは説明がつこう。大長の風位語彙は、大長集落の自然環境に規定される以前に、生業によって規定された面があるということを考えねばなるまい。大長の人々にとっては、大長以外の場所が風の認識の基準点になっている。自然環境は、大長から離れた基準点を考えなくてはならないであろう。したがって、

大長方言の風位語彙の解釈にあたっては、自然環境という柱は特に持ち込まないこととする。後に触れることになるが、それぞれの個人が「渡り作」で異なる場所に出かけており、それらを一括して論ずることができないからである。この項で指摘した大長方言の事実について、次のような解釈を与えておきたい。大長では宮盛と違い、大長という集落の自然環境では解釈ができないということ、その理由として、大長の農業従事者は「渡り作」を行うために、風を認識するその基準となる場所が、大長の外にあったということが考えられる。

　語数の多い方位とそうでない方位との関係については、ここでは解釈できそうにない。「語数が多い＝注目が集まる」とは単純にいかないからである。各語の意味をもあわせて考えなくてはなるまい。

4.2　意味による比較

　帰納された分類枠をみると、両地点とも同じ分類枠であるが、分類枠内部を両地点で比較すると、微妙に異なっていることが看取される。

　まず「強弱」についてであるが、「強弱」についての分類枠が挙げられている場合、両地点とも「強い」という分類枠が多く挙がっている。次に「季節」「時間帯」であるが、若干、大長方言の方が月を指定してあるなどの細かさがみられる。「天候」についても、両地点ともに晴天よりは雨天の方が分類枠に多く挙がっている。「寒暖」も「寒い」という分類枠が多く挙がっており、農作業と雨天、寒さとの関連がここに表れたものと思われる。両者ともにあまり歓迎すべき事柄ではなかろう。その結果として注目が集まることになり、それに関する分類枠が多く挙がったものと思われる。

　大きく異なりがみられる分類枠として、まず、方位の特定を行っている「方位」の項目がある。ここでは、大長が「真東」「北がかる」のように東西南北の方位名で答えているのに対して、宮盛では「山から」などのように、具体的なもの、あるいは場所をもって方位の特定を行っていることがわかる。ところで、風を観察する場所が変われば、「山から」といった方位の特定は意味をなさない。したがって、宮盛の方位の特定の態度は、基本的に宮盛という場所に

観察点をおいていることがわかる。陸上視点の捉え方である。また、「海の状態」の項目にもそれが現れる。大長では「海が荒れる」以外に、「潮が引くと強い」といった分類枠がみられるが、宮盛では潮と関連させている分類枠は見当たらない。「海が荒れる」「海が青い」といった、陸上から観察できる事柄が挙がっている。宮盛の風位語彙の意味構造をみてゆくと、各々の語が陸上視点によって捉えられる事柄を分類枠に持っている語が多いことがわかる。一方、そのような宮盛に対して、大長では大長以外の場所において捉えられる事柄を分類枠として持っている語がいくつかみられる。例えば、大長方言の「キタ」は「八木灘が荒れる」風で、大長という集落には直接関係のない場所を荒らす風である。完全な陸上視点であれば、そもそもこのような風に注目することはないであろうし、「海の状態」にこのような分類枠が挙がることは考えにくい。先の「方位」についても宮盛とは逆のことが指摘でき、大長において、風は、大長という集落のみに限定されない視点で捉えられているようである。

　さて、風位語彙が土地の人々にとってどういう意味を持っているのかという、最も重要なことを知るためには、それぞれの語が持っている「生活意味」をみることが重要である。「生活意味」は土地の人の風に対する評価である。それぞれの語にみられる土地の人の評価は、その土地において、風位語彙が単なる知識として存在するのか、それとも生活の中で何か重要な意味を持っているのかをあらわしている。先の問題も、ここではっきりとみえてくるはずである。

　「生活意味」について注目すると、非常に興味深いことがわかる。大長では話者がすべて農業従事者であるにも関わらず、「帆走に危険」「船を出せない」といった分類枠が多くみられるのに対して、宮盛では「麦を倒す」「被害が大きい」「苗が植わらない」などの分類枠ばかりで、船に関するものが全くみられない。このことは、宮盛において風位語彙は農作業に与える影響、あるいは強い風による家屋倒壊など、陸上での農業と生活との関わりでとらえられ、使用されていることを示している。一方、大長では、農業従事者として「蜜柑づくりにはよくない」「畑に被害」などと共に、「船を出せない」といった分類枠

がかなり多くみられ、帆走との影響において風を捉え、それらを分類枠として風位語彙が機能していることがうかがえる。ここに、宮盛の陸上視点に対し、大長の海上視点という風の捉え方の違いを看取できる。

　社会環境という点では、両集落ともに船に乗ることを本職とする漁業従事者や船乗りがいる。そして、特にどちらかの集落が漁業従事者との交流が盛んということは確認できなかった。生活時間が違うので、あまり親しくない、という意見が多く聞かれた。また、漁業従事者は集落の中では少数で、それも集落の一部にかたまって暮らしている。両地点で大きく変わるところはないと判断される。にもかかわらずこのような差が現れることは、大長の農業従事者の「渡り作」という習慣が大きく影響していると考えるのが適当であろう。生業という柱である。「生活意味」の項目でみられたように、まずは生業によって風の持つ意味合いが両集落で異なり、大長では「渡り作」による影響で風を捉え、宮盛では集落内の畑での農作業や生活による影響で風をとらえる。その上で、大長付近の海上と宮盛集落という自然環境の差が、互いに両者の風位語彙の差を生み出していったと考えるのである。

　ところで、先に指摘した語数の多少と方位との関連について、ここで少し考察してみたい。

　語数の多さということを、注目の強さということにすぐに結びつけるわけにはいかないであろう。注目の強さの内実が問題である。まず、生活に与える影響が好ましくなく、吹くと困るという点でいえば、大長の農業従事者は「アナジ」に注目を寄せていると考えてよいであろう。まず真っ先に、危険な風と言えば「アナジ」なのである。土地の人の意味の説明にもそれが伺える。しかし、危険なはずの北西の風をあらわす語は「ホクセー」「アナジ」の２語である。それに対して、北風は語数が多い。北からの風を表すことばとして、「キタ」「オーギタ」「アオギタ」「アキギタ」「アサギタ」「ヨギタ」が挙がっている。うち、「キタ」は次のような風である。

　「秋から冬にかけて。強く冷たい風。大崎上島へ渡って、帰るとき、弱い北風なら良いが、強いと海が荒れ、良くない風。海が荒れる。」

これをみると、基本的に「キタ」は帆走に便利な風のようである。しかし、いったん強くなってしまうと危険な風になってしまう。そこで、「オーギタ」と「キタ」とを区別したと考えられる。

また、「キタ」は季節風の影響で秋から吹きはじめることが多く、そろそろ北風の時期だ、ということを共有認識とするために「アキギタ」が生まれたと考えられる。このようにみてゆくと、生活に対して完全にマイナスの影響を与える「アナジ」については派生語がなく、生活に対しての影響がプラスかマイナスか転換する可能性がある「キタ」については派生語を生み出すという事実が指摘できる。注目といっても、そこには様々なレベルのものがあることを見逃してはなるまい。

なお、大長では他にも「マジ」も「キタ」と同じ傾向がある。「サクラマジ」は北からの季節風が変化して南の風になってゆく指標であり、「マジ」は暖かくも強くもないが、「オーマジ」になると帆走に支障をきたす。なお、北風では「ヨギタ」のように、中にはなぜその語が生み出されたのか、はっきりとわからないものもある。そういう語は、ほとんどが分類枠の貧弱な語である。土地の人にも、その風の持つ生活上の意味がわからなくなっているのだろうか。弁別の必要性が感じられなくなったということにつながっている。

5　風位語彙の個人性と社会性

以上をまとめると、次のようなことが指摘できる。

まず集落全体を対象に量的構造と意味的構造の2面から考察を加えた。「渡り作」を行っている大長と「渡り作」を行っていない宮盛の比較において、前者は生活意味に帆走への影響が多く挙がっている一方、後者は麦を倒すなどの、陸上での農業に関する生活意味が挙がっていた。「方位」の項などをみても、前者は海上視点、後者は陸上視点ということで、基本的に機能が違うものと解される。つまり、大長では生業語彙として、宮盛では生業語彙という色彩よりも、むしろ自然環境語彙としての色合いが強いということである。

2つの集落の比較において違いがみいだせたということは、大長方言の風位語彙が「渡り作」によって支えられていることがわかる。

大長における風位語彙を生業語彙として位置づけられた。

ところで、風位語彙の性質の1つに、「明確に定義された語を学習するわけではない」という点がある。術語や外国語の単語を「勉強して」覚えるのとは本質的に異なっている。生業語彙についてもそれは同じである。漁業従事者が風位語彙について次のように述べている。

● チャント　ナ￣ロータ　ワケジャ　ナ￣ーケン　ア￣ー。ヒ￣トガ　ユーノ￣ー　キ￣ーテカラ、ア￣ー、コ￣ーナ　イミジャッタンジャ　ユー　グ￣ライ　ヨ￣。

　　（ちゃんと習ったわけではないからね。人が言うのを聞いてから、ああ、こういう意味だったんだというくらいだから。）　大長　中男→筆者

個人差が大きくなる原因は、このような教示からもうかがうことができるであろう。

以上のことから、生業語彙における個人差は、生活一般語彙とされる数量副詞語彙や形容詞語彙とは異なったふるまいをみせることを確認する。また、風は目に見えないために、その回答内容に個人差が生じる可能性も高いと考えられよう。

6　個人性からみる社会

6.1　量的構造に注目して

ここでは大長の農業従事者の風位語彙の個人差について考えてみたい。大長では各4名に調査を行ったが、それぞれが「渡り作」の行き先が異なっており、「渡り作」との影響関係で農業従事者の風位語彙が規定されるのであれば、注目しなくてはならない事柄である。まず、4名の「渡り作」での行き先と地図を掲げる。

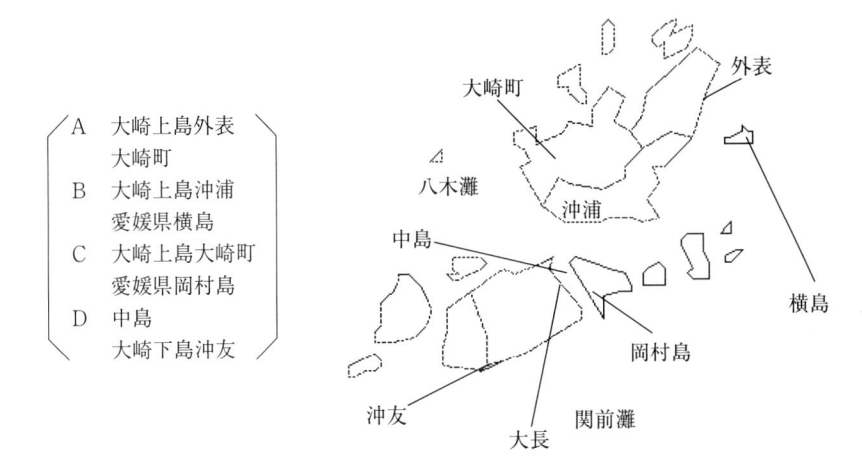

9　語彙の生活カテゴリー分類と個人性・社会性　　197

```
   A  大崎上島外表
      大崎町
   B  大崎上島沖浦
      愛媛県横島
   C  大崎上島大崎町
      愛媛県岡村島
   D  中島
      大崎下島沖友
```

大崎町　外表
八木灘　沖浦
中島　横島
沖友　岡村島
　　大長　関前灘

次に、得られた事象を語形のみに注目して整理すると、以下のようになる。

A/B/C/D	キタ、オーギタ、キタゴチ、コチ、マジ、ニシ、ゴガツノタニシ、アナジ、ハルイチバン	9
A/B/C	ドヨーゴチ、ヤマジゴチ	2
A/B/ D	ヤマジ、ヨマジ	2
A/ C/D	ハヤテ	1
B/C/D	キタアナジ	1
A/B	タトエゴチ、ミナミ、ナンセー	3
A/ C	アサギタ、オーゴチ、タカマジ	3
A/ D	0	
B/C	0	
B/ D	0	
C/D	0	
A	アオギタ、サクラマジ、ホクセー	3
B	アキギタ、マゴチ、ノボリ、ナントー、ミタライゴチ、オーマジ、ハエ、ニシアナジ、カワセ、ツムジカゼ	10
C	ヨギタ、マジニシ	2
D	0	

まず、全員が回答した語形9語のうち、6語が一次語である。しかし、3名以下の回答事象には性質呼称などを伴う二次的派生語が多いことがわかる。一次語を基本的部分と考えるならば、風位語彙の基本的枠組みは全員が共有していると考えてよいであろう。それ以上にさらに細分化して命名を行う場合に個人差があらわれてきているのである。これまでに大長の農業従事者の風位語彙が、その量の多さ、構造の複雑さが「渡り作」によって支えられてきたものであることを述べてきたが、これを前提に考えると、それぞれの個人が自分の「渡り作」の必要性によって注目する風を細分化して捉えていった結果がここにあらわれたということになる。

語彙量についてみると、B氏の特有語彙が他に比べて多いことがわかる。B氏のみ女性である。この中に女性特有語が含まれている可能性も否定できなくはないが、渡り先が遠く、複数地点であることに注目したい。なお、全国の多くの漁業集落では、おおむね女性の風位語彙が貧弱で、男性のそれが豊富であることが指摘されている。漁業従事者ではなく農業従事者であるという違いはあるものの、少なくとも大長の農業従事者にはそれがあてはまらない。むしろ女性の方が多く所有している。あるいは、男女ともに同じように所有していると考えるほうが妥当であろうか。いずれにせよ、男女とも同じように「渡り作」を行っていたことから、男女が同じような風位語彙を持つに至ったと解してよいと思われる。宮盛でも男女で差はない。しかしここでは、生業ということと密接な関係があるわけではないために同じようになったと解した方が良いと考えられる。

さて、説明を元に戻し、D氏に注目する。渡り作を行わないD氏の特有語がゼロであることが重要であろう。またD氏は所有語数も13語と、最多のB氏の約半分で最も少ない。「渡り作」がひとつの鍵であるようだ。D氏は次のように言っている。

●ワシラ、アノー、カゼヤナンカノ　コト、フネー　ヤランカラ　ネー、ノッテ　シゴト　ムコー　イッタリ　スル　ヒトワ　キオ　ツケテネー、カゼガ　ドーヤラ　ヨー　イヨッタケド。ワシラ　アンマリ　トー

9　語彙の生活カテゴリー分類と個人性・社会性　199

　　クエ　デンカラ。(私たちは、あの、風なんかのこと、船をやらないからねえ、
　　|船に| 乗って仕事 |をしに| 向こう |大崎上島のこと| へ行ったりする人は気
　　をつけてねえ、風がどうだと言ったりしていたけれど。私たちはあんまり遠く
　　へ出ないから。)
●ワシ　ミカン　ズクリデ　ネー、ソコ、カイソーテンノ　ネー、マエニ
　　コマイ　シマガ　アルンダガ、ナカジマダケン、ソコデテ、ツット。ナカ
　　ダロー。(私は蜜柑作り |をやっていて| ねえ、そこ、回漕店 |現在、大長港のあ
　　る場所| のねえ、前に小さい島があるのだが、|そこが| 中島だから、そこ |農
　　用船の停泊している大長の堀のこと| を出て、つっと |すぐ行ったところだ|。
　　|瀬戸の| 中だろう。|だから風にはあまり関心がない。|)

　B氏は最多の27語を所有する。うち10語がB氏だけの特有語である。一方、
A氏とC氏はそれぞれ23語、18語を所有しているものの、1名しか所有してい
ない特有語は少ない。またA氏とC氏には共通事象が15語で、特にC氏はA氏
と同じような語を所有していることがわかる。A氏とC氏の行き先が、ともに
大崎上島南部であり、互いに似通っていることから説明できると考える。とい
うのも、かつて櫓船で「渡り作」に出かけていたときは、「ビンノリ」といい、
誰かが船を出すとき同乗していくという習慣が広く行われていたためである。
同じような場所へ向かう者は、特にお互いの交流が密であったと思われる。
「ビンノリ」について、土地の人は次のように説明している。

●|相手の船が| オーキナ　フネジャッタラ　ビン　モローテ　ネー。(大
　　きな船だったら便を貰ってねえ。)＝ビンモライ
●ムカシワ　ネー、ヨッケ　ビンノリ　シテ　オッタ　ワ。オーサキエ　イ
　　キマショー、ユーテ　ネー、サンニンダケジャッタラ　ロー　オシテモ
　　エライデショーガ。ジップンカ　ジューゴフンカ　シタラ　コータイ　ス
　　ルワケ　ヨ。ビンノリガ　オッタ　ホーガ　エカッタ　ユーワケ　ヨ。(昔
　　はねえ、たくさん便乗りをしていたよ。大崎 |上島| へ行きましょう、と言っ
　　てね。3人だけだったら櫓をおしても辛いでしょう。10分か15分かしたら |櫓
　　を押すのを| 交代するわけだよ。便乗りがいた方が良かったという訳よ。)

6.2 意味に注目して

以上は語形のみに注目してきたが、意味の個人差についても考えてみたい。各話者から得られた結果を、分類枠を設定して一覧表の形にしたものを掲げる（表3・206～209ページ）。

これまで語形に注目し、その所有の状況を観察してきたが、表3によると、たとえ同じ語形を所有していても、話者によって挙がっている分類枠が異なっていることがわかる。Ⅰで検討した数量副詞語彙とは大きく異なる結果である。数量副詞の場合、所有している分類枠（数量副詞では分類枠と定義した）は同じであり、その内部において個人差が生じていた。分類枠自体が異なるというのは、非常に特徴的である。

改めて表3を検討すると、個人差が大きいのは生活意味である。違いの要因には2つのものがあるように思われる。

まず「コチ」を取り上げる。注目すべき内容について例文も示しながらみてゆくことにする。

A氏
● ウミワ　アレマセン　ノー。（海は荒れませんね。）

B氏
　特になし。

C氏
●｜岡村島と大長の間の瀬戸は｜セマイデショー。ナミガ　ナインデス。（狭いでしょう。｜東風が吹いても｜波がないんです。）
● コチ　ユー　モノワ　モンスゴイ　ノ　フイトッテモ　ネー、パタット　ナグ　コトガ　アルンジャ。カナラズ　アメガ　チカイ　ノ。（東風というものはものすごく良く吹いていてもねえ、ぱたっと凪ぐことがあるのだ。｜そうなると｜必ず雨が近いな。）

3氏が東風を海への影響なしといっていたことに対して、D氏は次のように答えている。

● シェキゼンノ　ホーデワ、コレ、ヒロイカラデモ　アルンダガ　ネー、

9　語彙の生活カテゴリー分類と個人性・社会性　201

コッチデワ　コチガ　フイテデモ、コー　ナニシタリ。コー、ヒーロカロー。カゲン　ナル　モノガ　ナイケン　ネー。イマノ、ウラエ　マワル、マエニワ　カイガンノ　ドーロガ　ナカッタケン、ワシラノ　ワカイ　トキニワ　ヨ、コッチー　デテ、ザワザワ　シダスト　ミタライエ　マデ　フネー　マーストカ、コッチー　カエルトカ。イマワ　ドーロガ　ツイトル。(関前の方では、これ、|灘が| 広いからでもあるんだがねえ、こちらでは東風が吹いてでも、こう、|海が荒れたり| する。こう、|灘が| 広いだろう。陰になるものがないからねえ。今の、裏へまわる、前には海岸の道路がなかったから、私たちの若いときには、こっち |関前灘のこと| へ出て、|風が| ざわざわし始めると御手洗へまで船をまわすとか、こっち |大長のこと| へ帰るとか |していた|。今は道路がついている。)

　このように東風に対して、A～Cは海に影響はなく、困る風でないという捉え方であるのに対して、D氏は東西に広い大長の南側の関前灘を通って沖友(オキトモ)の畑に通っていた。したがって東風に対しては危険であるという認識がある。渡りの行き先によって風に対する捉え方が異なる。風位語彙が「渡り作」に規定されていることの証明となろう。渡りの行き先によって風に対しての認識の仕方、捉え方が異なり、ことばの上にそれがあらわれたのであろう。ただ、これは「渡り作」と大長との位置関係によって決定される事柄である。

　次に「マジ」についてもみてみたい。B氏からは次のような教示を得た。
●ヤマニ　オッテ　ネ、ワタシラノ　ヤマガ　マジガ　マアテノ　ヤマガ　アルケン　ネー、アッコカラ　タカーホーノ　ヤマジャケン　ボーシモ　カズイトラレンヨーニ　フク　トキガ　アルン　ヨネ。マジガ。(山にいてね、私たちの山が「マジ」が直接当たる山があるからね、あそこから高い方の山だから帽子もかぶっていられないように吹くときがあるのよね。「マジ」が。)
●|「マジ」当ての山だから| ミカンガ　ハチマキン　ナルン　ヨネ。(蜜柑がはちまきに |実が擦れて真ん中が茶色くなること| なるのよね。)

　B氏の行き先は主に愛媛県横島である。小さい島のため、風が畑に直接影響を与えているようである。同じように、D氏は大長の前の瀬戸に浮かぶ小島に

渡っているが、大きな地図には載らないほどのごく小さい島である。ここも、畑が直接風の影響を受けているようで、次のような教示がある。

- ●チョット　ミカンヤ　ナンカデモ　フユニ　サムイ　ネー、コッチノ　ブンワ　ハオ　オトス　ワイノ。キタガ　フクヨーナ　トコロワ、ナカジマヨー　ハガ　モゲルトカ、ボーフーリン　ネー。（ちょっと蜜柑なども冬に寒いね｜時には｜、こっちの木は葉を落とすよね。北が吹くようなところは、中島などよく葉が取れるとか、防風林を｜植えたり｜ねえ。）

これは畑の位置の問題で、渡り先での問題であると考えられる。

7　ま　と　め

　まず、2つの集落全体を対象に量的構造と意味的構造の2面から考察を加えた。「渡り作」を行っている大長と「渡り作」を行っていない宮盛の比較において、前者は生活意味に帆走への影響が多く挙がっている一方、後者は麦を倒すなどの、陸上での農業に関する生活意味が挙がっていた。「方位」の項をみても、前者は海上視点、後者は陸上視点ということで、基本的に機能が違うものと解される。つまり、大長では生業語彙として、宮盛では生業語彙という面よりも、むしろ自然環境語彙としての色合いが強いということである。

　それをふまえ、個人差の状況について考察した。

　「渡り作」の行き先によって、それぞれの個人が別々の体系を所有している。基本的部分は重なるものの、二次的派生語において異なりがみられた。行き先と大長との位置関係、行った先の状況によって風への関心が異なり、それが語彙体系の上に反映しているということを読みとることができよう。

　これが「渡り作」を行う大長の農業従事者にとって、風位語彙が生活に必要な、それも伝達という面よりも認識するという面のほうが重要であることを物語っているのであろう。

　従来パロールとして切り捨てられがちであった個人差を取り上げることによって、特に「渡り作」を行う農業従事者のいる大長において、生業語彙とし

ての重要性を認識することができた。

　このように、語彙の個人性と社会性という側面から捉えると、生業語彙にも新たな事実が浮かび上がってくるのである。

表1 大長の風位語彙

語形	強弱	季節	時間帯	方位	高度	天候	寒暖	海の状態	生活意味
キタ	強い	秋～冬	夕方				寒い	八木灘が荒れる	帰路、帆走可 船を出せない 蜜柑作りにはよくない 船を出せない
オーギタ	強い	9～10月				雨が近い	寒い	荒れる 海が青い	
アオギタ	強い	9～10月							
アキギタ		秋							
アサギタ		9月頃	早朝						
ヨギタ			夜						
キタゴチ	強い					台風、雨	寒い	荒れる	昔は危険な風
コチ						凪ぐと雨			関前灘が荒れる 沖友へ行けない
オーゴチ	強い							後に荒れる	恐ろしくない
ドヨーゴチ	強くなる	夏の土用							船を出せない
タトエゴチ	強くなる							潮が引くと強	追い風になる
マゴチ				真東					
ノボリ						雨が近い			
ナントー						雨が近い			大崎上島へは、追い風
ヤマジゴチ	強くない					台風に多い			
ミタライゴチ									
ミナミ		春							
ヤマジ	強い								
ナンセーノカゼ		春～秋口	一日で凪ぐ 午後に多い 夜				暖かい		向かい風だが、恐れはしない
マジ									
ヨマジ	微風	夏の土用				翌日晴天			
サクラマジ		春～秋口 桜の時期				季節風の変化	暖かい		
オーマジ	強い		一日で凪ぐ						畑に被害 帆走も危険 危険
ハエ	強い	5月		西～南西				荒れる 海が青くなる	
タカマジ	強い					変化			
タカマジ				北がかる					大崎上島からの帰路は向かい風
マジニシ									
ニシ		梅雨・秋				雨を運ぶ	寒い		冬の西風は悪い 作業にはマイナス 大崎上島では田植えの時期
ゴガツノタニシ	強い	5月							
ニシアナジ	強い							荒れる	
ホクセーアナジ	強い	冬 秋～冬	8日間続く				寒い	荒れる 荒れる	船を出せない 特に八木灘危険
キタアナジ		冬					寒い	荒れる	船を出せない
ハヤテ	突風	梅雨時期		マジ多し 西がかる		雨になる			危険
ハルイチバン	強い	春		マジ多い					
カワセ		5月・秋		風向変化					
ツムジカゼ	強い			風向変化					
フキオロシ					山から				

9 語彙の生活カテゴリー分類と個人性・社会性　205

表2　宮盛の風位語彙

語　形	強弱	季節	時間帯	方位	高度	天候	寒暖	海の状態	生活意味
キタカゼ アキギタ オーギタ	強い	冬に多い 秋				晴天	寒い		
キタゴチ		冬					寒い		海藻が寄る 作業に良くない
コチ オーゴチ ドヨーゴチ	強い					雨が近い	涼しい	波のうね り大	海藻があがる
ミタライゴチ	強い			御手洗		晴天		海が青い	
マジ アサマジ ヨマジ デアラシ トージンボー 注2 ヤマジ オーヤマジ	6月は 強 強い 特に強 い	春に多い 麦の時期	一日で凪ぐ 朝 夜 朝	山から 山から		晴天 雨が近い 台風に伴	暖かい		芋の苗を枯す 注1 注1 アサマジのこと 麦を倒す。悪い 被害が大きい 被害が大きい
サクラマジ		春先					暖かい		植物の芽を出す
マジニシ									聞いたことあり
ニシ ゴガツノサ ニシ（タニ シ）		田植え時 5月頃				雨を伴う		裏が荒れ る 荒れる、 注3	苗が植わらない
アナジ		冬に多い			下から		寒い		
キタアナジ		冬に多い					寒い		
ハルイチバン		春先							

注1　アサマジワ　ヒヨリノ　カミサン、ヨマジワ　ヒヨリソコナイ。
注2　トージンボーの由来は以下の通り。
　　「昔、戦に負けた武士が宮盛に逃げ込んできた。村人はそれを隠さず、追ってきた敵の武士にそのことを教えた。武士は敵の武士に殺され、殺されるとき村人達を恨んで『自分が隠れていたことを知らせた怨みに、毎年麦のできる頃に強風を吹かせ、麦を倒して麦を食べられなくしてやる』と言ったという。トージンボーは、その風である。」
　　トージンボーの名前は人名かどうかははっきりしないが、伝説があるという。
注3　ゴガツノ　サニシニ　モドラヌ　フネワ　ドコノ　オヤマガ　トメタヤラ。（5月の田西に戻ってこない船は、どこのお山 |遊郭の遊女のこと| が止めたのやら）　船乗りの奥さんが言う。宮盛には昔、船乗りも多かった。昭和初期までは3本マストの帆船で、九州・大阪間の石炭輸送などを行っていた。

表3 大長の農業従事者の風位語彙（教示者別）

■A氏の風位語彙

73歳。

元農業従事。蜜柑づくりを行っていた。渡り作をおこなっており、大崎上島の大崎町内及び外表に畑を所有していた。ほぼ毎日のように出かけていた。

若い頃は櫓船。戦後から動力船に変わった。櫓船のころは、風向きによっては帆をまいて走った。秋頃は夕方から風が北にかわるので、帰りは帆走が可能になり、便利であった。行きはマジが吹くと帆走できたが、マジは主に午後の風であり、櫓を押していくことの方が多かった。

語形	強弱	季節	時間帯	方位	高度	天候	寒暖	海の状態	生活意味
キタ アサギタ オーギタ アオギタ	強い 強い	秋〜冬 9月頃 9〜10月 9〜10月	夕方 早朝				寒い	荒れる 海が青い 海が青い	帰路、帆走可 櫓船は難儀
キタゴチ	強い					台風の風		荒れる	昔は危険な風
コチ オーゴチ ドヨーゴチ タトエゴチ	強い	夏の土用				雨が近い 雨が近い		イギスが生える 潮が満ちる時	
ヤマジゴチ									
ミナミカゼ ヤマジ									
ナンセーノカゼ マジ ヨマジ サクラマジ	微風	夏の土用 桜の時期	午後に多い 夜			季節風の変化	暖かい		
タカマジ				北がかる					
ニシ ゴガツノタニシ		梅雨・秋 5月				梅雨近し			大崎上島では田植えの時期
ホクセー アナジ		冬 冬						荒れる 荒れる	
ハヤテ ハルイチバン	突風	梅雨 春		西が多い				危険	

■B氏の風位語彙

71歳。女性。

大長生まれ、大長育ち。農業を行い、柑橘以外にも桃やさつまいもなどを作っていた。渡り作を行い、愛媛県横島、大崎上島木江町沖浦付近に畑を所有していた。横島は小さい島で、どのような風がきても風をまともに受けるため、風が強いのは歓迎すべきことではない。また、南西向きの畑を所有しており、マジが吹くと影響を受けた。

若い頃はまだ櫓船であり、約1時間漕いで、大崎上島に渡っていた。

なお、調査時は同席者あり。80歳の女性で、大長出身。この方もまた、渡り作を行い、大崎上島へ渡っていた。

語　形	強弱	季節	時間帯	方位	高度	天候	寒暖	海の状態	生活意味
キタ	強い	秋～冬					寒い	荒れる	弱い風なら帰路帆走可能
アキギタ		秋							
オーギタ	強い					雨が近い	寒い	荒れる	船を出せない
キタゴチ						雨が近い	寒い		昔は危険な風
コチ				真東		雨が近い			
マゴチ									
ドヨーゴチ	強くなる	土用						後に荒れる	この風の後は船を出せない
タトエゴチ	強くなる							潮が引くと強	追い風になる
ノボリ						雨が近い			
ナントー									
ヤマジゴチ						雨が近い			
ミタライゴチ									あまり知らない
ミナミ									
ヤマジ	強い	春							
ナンセー									
マジ							暖かい		
オーマジ	強い	春～秋口	一日で凪ぐ						畑に被害 帆走も危険
ヨマジ		春～秋口	夜			翌日晴天			
ハエ	強い	5月		西～南西				荒れる 海が青くなる	危険
ハルイチバン	強い	春先							
ニシ									
ゴガツノタニシ	強い	5月				雨を運ぶ			作業にはマイナス
ニシアナジ	強い							荒れる	
アナジ	強い	秋～冬	8日間続く				寒い	荒れる	船を出せない
キタアナジ		冬					寒い	荒れる	
カワセ		5月・秋		風向変化					
ツムジカゼ	強い			風向変化					

■C氏の風位語彙

64歳。男性。

大長生まれ、大長育ち。

農業従事。渡り作を今も行う。大長の前にある愛媛県関前村岡村島と、大崎上島大崎町大串に、農船で通っている。

語　形	強弱	季節	時間帯	方位	高度	天候	寒暖	海の状態	生活意味
キタ アサギタ オーギタ ヨギタ	強い	冬が主	早朝 夜				寒い	波が高い 波が高い	船を出せない 船を出せない
キタゴチ									
コチ オーゴチ ドヨーゴチ	強い	土用				凪ぐと雨			恐ろしくない
ヤマジゴチ	強くない					台風に多い			上島へは追い風
マジ タカマジ	強い		一日で凪ぐ			変化			向かい風だが、恐れはしない
マジニシ									帰路は向かい風
ニシ ゴガツノタニシ		5月				雨が多い	寒い		
アナジ		冬	8日も続く					荒れる	八木灘へ出せない
キタアナジ		冬						荒れる	船を出せない
フキオロシ ハルイチバン ハヤテ	強い 突風	初春 梅雨時期		マジ多し マジ多し	山から	雨になる			危険

■D氏の風位語彙

82歳。男性。

大長生まれ、大長育ち。外住歴は、尋常小学校卒業後の、松山の農学校の在学中3年間と、兵役で山口県徳山市へ行った2年間である。

農業従事。渡り作を行うが、大長の目の前にある中島（大島とも）と、沖友周辺に畑を所有し、農船で通った。しかし、距離的に近いことで、風位語彙にはあまり関心がない。

語形	強弱	季節	時間帯	方位	高度	天候	寒暖	海の状態	生活意味
キタ		冬に多い					寒い	八木灘が荒れる	蜜柑作りにはよくない
オーギタ	強い						寒い	荒れる	遠くへ行く人は船を出せない
キタゴチ				北寄り					
コチ						雨が近い			関前灘が荒れる 沖友へ行けない
ヤマジ									
マジ							暖かい		
ヨマジ			夜						
ニシ									
タニシ									冬の西は悪い
アナジ								荒れる	
キタアナジ									
ハルイチバン	強い	春							

○ワシラ、アノー、カゼヤナンカノ コト、フネー ヤランカラ ネー、ノッテ シゴト ムコー イッタリ スル ヒトワ キオツケテ ネー、カゼガ ドーヤ ヨー イヨッタケド。ワシラ アンマリ トークエ デンカラ。（私たちは、あの、風なんかのこと、船をやらないからねえ、|船に| 乗って仕事 |をしに| 向こう |大崎上島のこと| へ行ったりする人は気をつけてねえ、風がどうだと言ったりしていたけれど。私たちはあんまり遠くへ出ないから。）

注：船をやらないというのは、船で遠くへ出ない、の意。

○ワシ ミカンズクリデ ネー、ソコ、カイソーテンノ ネー、マエニ コマイ シマガ アルンダガ ナカジマダケン ソコデテ、ツット。ナカダロー。（私は蜜柑作り|をやっていて| ねえ、そこ、回漕店 |現在、大長港のある場所| のねえ、前に小さい島があるのだが、|そこが| 中島だから、そこ |農用船の停泊している大長の堀のこと| をでて、つっと |すぐ行ったところだ|。|瀬戸の| 中だろう。|だから風にはあまり関心がない。|）

10 まとめにかえて

1 数量副詞語彙から読み取れること

Ⅰでは、数量副詞語彙について考えてきた。

数量と割合の2つのカテゴリーに大きくわかれること、数量〈多〉と〈少〉ではその構造に非対称性がみられることなどを報告した。数量〈少〉はより少ない数量を表す方向に栄えていること、数量〈多〉は文脈に制限がみられる語があり、それが「飲食」「取得・保有」という文脈が特立されることなどである。「飲食」「取得・保有」ということは、食料、財産が主な対象ということになるが、この2つは人々にとって、それらが多くあることが望ましいことを意味し、関心が高いことを意味しているのであろう。これについては、付章でさらに違った形のアプローチから考察したい。

2 個人差の出現状況

Ⅱでは、老年層話者の数量副詞語彙を対象に、語彙体系における個人性と社会性の状況を考察した。その結果、2種の分類枠を個人差の出現モデルとして提示することができた。分量に関わる分類枠と、文脈（被修飾部）や対象物の制限として現れる分類枠の2種である。このうち、互いに排他的関係になる分類枠である分量に関わる分類枠は、個人差の現れにくいものであることを指摘した。ただし、「より多」「より少」という末端部には個人差が出現する。単文レベルで捉えにくい「意味」であるからであろう。しかし、数量〈多〉よりも数量〈少〉のほうが安定しており、数量〈少〉が「より少ない」方向に栄えて

いることが、ここからも明らかになる。

　一方、対象物や被修飾部との共起という分類枠は、個人差の出やすい体系であった。しかし、その個人差は無制限に起こるものではない。性質の似たものを表す枠の間で起こり、かつ、すべての教示者が同じ枠を持っていることを確認できた。これは、各々の語の意義特徴の拡張を意味していると思われる。一方で、トータルにみた場合の意義特徴の個人差は小さい。意義特徴を、頭の中にあるその語の意味と言い換えると、この部分に社会性は高く、状況認知と語の選択及び使用について、個人性が高くなっているといえる。ただ、この個人性の高さ、すなわち個人差の出現は、老年層の数量副詞語彙体系の場合、非常に小さいもので、体系そのものを変更するような差ではなかった。老年層話者は社会経験をともにし、言語生活上も非常に近い位置にあったことを意味しているものと考えられる。

　そして、個人性と社会性という観点から語彙体系を扱う際、この体系を語彙組織と呼ぶことを提案した。

3　語彙組織から地域差、世代差、生活語彙を捉える

　Ⅲでは、個人性と社会性という観点から、語彙組織の地域差、世代差、語彙カテゴリーの違いによる解釈の可能性について考察した。

　地域差では、広島県安芸方言に属する島嶼部と山間部の集落を比較し、山間部の集落に個人性が高いことを明らかにした。人の流動性が高い環境にあることがその理由として考えられた。

　また、佐賀県鹿島市七浦方言の数量副詞語彙を取り上げ、世代差の考察を行った。その結果、若年層話者において非常に大きな個人差が見られることを指摘した。社会的に共通するのは、若年層話者の場合、数量が多いことにとどまると言ってもよい。これが、言語発達の途中段階にあるための現象であるのか、それとも今後の日本語の行く末を暗示しているのかは、今後も観察していく必要がある。感想めいたことになるが、若い人が言語によるコミュニケー

ションで、表面的なところしか通じていないのではないか、と評されることの1つの事実なのかもしれない。

そして、老年層話者にも大きな個人差が見られるものとして、これまでの数量副詞語彙から離れ、風位語彙を取り上げた。大長方言の風位語彙は、生業語彙の1つである。したがって、生業の差が語彙体系のありようにダイレクトに「差」として現れた。老年層の副詞語彙でみてきたような個人性と社会性の状況とは全く異なっていた。風位語彙を生業語彙として所有しているということは、風位語彙を帆走の影響とからめて捉えているということであった。副詞語彙のような日常一般のコミュニケーションで使われるものと異なり、言語の使用よりも認識のほうが重要であることによるのであろう。大長の風位語彙は、帆走に危険な状況を農家自身が捉えるために必要なマーカーである。したがって、大きな個人差を持っていることは、コミュニケーションにすぐに支障となるわけではない。認識言語と伝達言語という点において、個人差の大きさと出現傾向はある尺度となる可能性を秘めている。

4　今後の展開の方向性

ある方言の語彙体系を描く時、多くの生活語彙研究などにみられるように、数名の教示者を得て、その結果をまとめてその土地の語彙体系を描いていくやり方がある。例えば、大長の漁業従事者の風位語彙の場合、約3名の教示者を得ている。この3名の教示者の教示内容をあわせ、大長の漁業従事者の風位語彙を求める方法である。しかし、注意しなくてはならないことは、このような方法で描いた語彙体系には、人数のデータは直接反映されないということである。『方言副詞語彙の基礎的研究』の中に、教示者の3分の2以上の回答をもってその土地の語として認定したという記述があるように、3分の2以上の回答があったものはすべて同じように扱って採用し、逆に3分の2に満たなかったものは捨てられるということである。このような処理では、個人差の存在は直接的には体系に反映しない。体系上どの部分に個人差が多く、どの部分

に少ないのかは、描かれた体系からは見えてこない。

　ただ、回答者数のデータを切り捨てたことによって「何か」が失われたかもしれない。例えば、社会性の高い部分はその土地において重要である、といった「価値」の違いを、語彙の世界に持ち込むことができないであろうか。従来の語彙体系の中に、回答者数という新たなパラメーターを導入するのである。

　例えば、大長の「ドロツキホド」は蜜柑について使うという語であった。この語は柑橘栽培をしている大長では非常に重要な語であろう。このような語は、プロトタイプ枠が最も具体性の高い最下位レベルにあるものの、全く個人差を見せない。このことが、また、この語の重要度を示しているように思われる。

　また、2地点とも、数量〈少〉のカテゴリーで排他的体系の最下位の部分に揺れが小さかったことは、数量〈少〉のカテゴリーの場合、より少ないことに注目が集まっているということにつながる。さらに、〈多〉〈少〉のカテゴリーの包括的体系のプロトタイプ枠が「固体物」にある語が多いこと、プロトタイプ枠が「生物」にある語がないことなどから、量の多い少ないは人々にとって「固体物」が想定されていることなどが見えてくる。「シコタマ」よりも「タラフク」の方が個人差が少ないことから、財産の取得や保有ということよりも、飲食のほうがより重要であったり、頻繁にそのような場面があったりした反映ではないかとも考えられる。こういったことがらも、個人差の状況を検討することから、言及しうるのではないか。

　今後は、よりダイナミックな生活語彙研究の展開を考えたい。生業、自然環境、そして社会環境の3つを、特に社会環境をこれまで以上に取り込んだ、新たな生活語彙研究の展開がある。これまで、生活一般語彙であると位置づけられてきた分野の語彙を詳細に調査し、生業語彙との関わりにおいて説いてゆく必要が残されているが。

　数量副詞語彙の世界も、個人性と社会性や語彙組織の世界も、課題は山積している。まずは、全国規模での数量副詞語彙の記述を行いながら、同時に、個人差を含み込んだ語彙組織を様々な語彙カテゴリー、様々な地域で記述していくことが必要であろう。

付章　用法の拡張と語彙体系
——語彙体系をプロトタイプから描く——

1　プロトタイプから拡張する「意味」

　個人差の実態を捉えた時、特に対象物や被修飾部に制限がみられる語において次のことを指摘した。全員が使えるとするプロトタイプから拡張をみせ、その拡張部分に個人差が出現していること。そのプロトタイプから大きく逸脱する部分では全員が使えないとする社会性の高い部分が存在していることである。
　ここでは、1語だけを取り上げ、この状況をさらに詳細に観察してみたい。そこで、被修飾部制限に反映する文脈制限のある語から「タップリ」を取り上げ、この語が使用されている文例について許容度を調査した。調査は広島市中心部在住の16歳から20歳までの、同じ高校・短大に通う女性56名に行った。

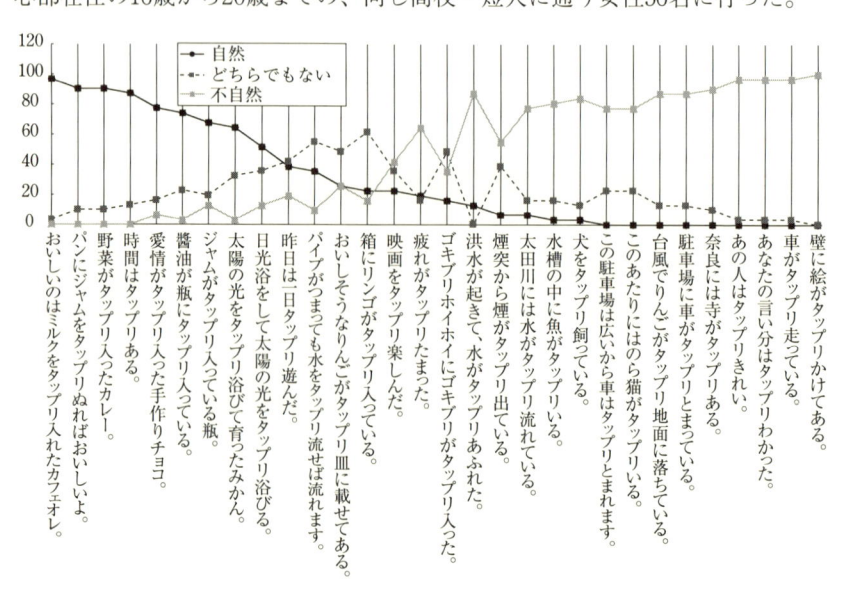

その結果が前頁のグラフである。しかし、「タップリ」の従来の意味記述にみられるような「液体などが有り余るほど多量にあり、それは好ましい状態で、同時に大量消費の暗示がある」という従来の意味記述だけでは、この結果は説明しきれない。例えば、「液体」が対象物になっている「醬油が瓶にタップリ入っている」が許容度6位であること、その一方、「野菜」が対象である「野菜がタップリ入ったカレー」の許容度が高いことも説明しにくい。このことは、話者が文例の許容度を判定する際、これまで記述されてきた意味以外の情報を参考にしているということを意味していよう。

ここで改めて許容度の高い文例をみていくと、上位3例をはじめとして、許容度の高い文例は食品が対象物になっていることがわかる。

人は日常の経験から言語を獲得していく。したがって、「タップリ」が食品に使われている例が我々の日常生活に多くみられ、「タップリ」が食品について使われた場合に、それをプロトタイプ事例として捉えているという仮説をたてることができる。

ここでは、ある語が使用されている文を1つの作品とみなし、そこにどのような語が出現しているのかという点から、ある語のプロトタイプ的な用法を明らかにする。その結果と従来の方法の意味分析から得られた結果をあわせることで、より詳細な体系化をめざすものである。また、大量のデータを効率的に分析するための方法として、テキストマイニングの考え方を利用した。

2 副詞「タップリ」をめぐって

副詞「タップリ」を含む文をインターネット上で「goo」(http://www.goo.ne.jp) を使って検索、その文例を奈良先端科学技術大学院大学の形態素解析ソフト「茶筌」を利用して形態素解析を行い、同一文に共起していた語を頻度順に配列したものが次頁の表である。

全661語中、頻度1の語が522語とほとんどを占める中、頻度4以上の語は左にあげた31語である。

する	動詞－自立	27
野菜	名詞－一般	26
ソース	名詞－一般	12
いる	動詞－自立	7
きのこ	名詞－一般	7
ミネラル	名詞－一般	7
食べる	動詞－自立	7
繊維	名詞－一般	7
栄養	名詞－一般	6
食物	名詞－一般	6
入る	動詞－自立	6
料理	名詞－サ変接続	6
ハンバーグ	名詞－一般	5
ヒアルロン酸	名詞－一般	5
メニュー	名詞－一般	5
使う	動詞－自立	5
1	数詞	4
3	数詞	4
ある	動詞－自立	4
おいしい	形容詞－自立	5
きる	動詞－自立	4
サラダ	名詞－一般	4
パスタ	名詞－一般	4
ビタミン	名詞－一般	4
もの	名詞－非自立－一般	4
夏	名詞－副詞可能	4
摂る	動詞－自立	4
肉	名詞－一般	4
日間	名詞－接尾－助数詞	4
肌	名詞－一般	4
緑茶	名詞－一般	4

　ここに挙げられた語は、動詞では「する」「いる」「食べる」「入る」「使う」「ある」「きる」などである。「いる」「ある」のように存在を表すもの、「食べる」「入る」のように何かに取り入れるという意味の語などである。頻度3まで加えると、動詞では「いただく」「加える」「含む」「入れる」と続き、上の状況を確認できる。次に名詞に関しては、圧倒的に食物に関わるもの、栄養成分などが多い。これは、人間の体内に取り入れる性質のものである。このことから、「タップリ」の使用にあたっては、「食物・栄養素をはじめとした物質を（が）、何かに、入れる（入っている）」という文例がもっとも典型的であることが予想される。

　さらに、評価に関わる語として、頻度5に形容詞「おいしい」が出現、頻度2では可能動詞「楽しめる」、頻度1では形容詞「うれしい」「いい」「美味」などが出現する。もっとも、「高い」「荒々しい」なども頻度1に出現するため

完全ではないものの、「タップリ」が評価に関わる語と共起している場合には、いわゆるプラス評価の語と共起しがちであると指摘できる。また、食品・栄養素と共起していることから、1で示した仮説が妥当であることも指摘できよう。

3 『分類語彙表』項目3.1910-10の内部体系

3.1 所属する語と先行論における意味記述

『分類語彙表』3.1910-10語彙は以下の8語からなる。

　豊か　豊富　潤沢　たっぷり　／　豊満　福々しい　豊潤　／　津々（しんしん）

　このうち、「豊か」から「タップリ」の4語についての分析を行うことにする。さて、これら4語の意味について、森田『基礎日本語』(1977)では次のような記述がされる。

　　「豊か」「豊富」は物の量が十分にあって望ましいことだという気持ちが伴う。「多い」には、このようなプラス評価はない。(7)は「豊か」に置き換えることのできる例が多い。なお「多い／豊か」の関係は「少ない／乏しい」の関係にあたる。　　　　　※注：(7)は物の量をさす

「豊か」と「豊富」は、多量、かつプラス評価であることが示される。また2語は類義であることが指摘される。この2語については田・泉原・金『類義語使い分け辞典』(1998)では次のように記述される。

　　豊かだ：固有にプラス評価の事柄が多く備わり、気分的にも満ち足りた状態。

−中　略−

　　置換：「多く」は「たくさんある」に、「豊かな」は「多くの・たくさんの」に置き換え可能。「多い・たくさん」が事柄の善し悪しに関わらず、数量の程度が大きいことを表すのに対して、「豊かだ」は「資源・知識・才能・経験・内容・リズム・自然・実り・個性・起伏・生活・心・胸」な

ど、経済的・精神的・形状的なものが、ある国や地方・人・物などに、固有にありあまるほど備わっていて、基準をはるかに越えてゆとりを感じさせる、プラス評価の状態を指す。例を「温泉が豊かで」に置き換えると、温泉地の数ではなく地下資源としての温泉、つまり温泉の量を指し、同じことを二度繰り返すことになるので「日本は豊かな温泉を利用して」とした方がすっきりした文になる。

　「豊富だ」はプラス評価の事柄が数量的に「たくさん」あるという意味の漢語的表現。「新鮮な材料を豊富に使った料理・種類が豊富なギフトショップ・優勝経験の豊富なチーム」など、物を惜しみなく使う・数量的な多さ・非常に多くの回数・場数という意味を表す場合は「豊かだ」に置き換えることはできない。逆に物質化・数量化できない上述の「自然～胸」といった「豊かな」事柄は「豊富だ」に置き換わらない。

　ただ「科学（武芸）に関する知識（才能）が豊富な人」などは「知識・才能がたくさんある」、つまり知識・才能が多方面にわたっており、数量や種類の多さに恵まれていることに重点があり、「豊かな」に置き換えると、科学・武芸のこと以外は何も知らなくても、その知識・才能がその人固有のもので、価値あるものということに重点がある。

　　　　　　　　　－中　略－

　「潤沢だ」は文章語で、特に資金・資源がありあまるほど豊富にあるという意味の漢語的表現。

ここでは「豊か」と「豊富」は類義であるものの、後者はより物質的・数量的なものが多量にあることを示していると指摘される。また、「潤沢」は、とりわけ資金・資源について豊富であるとされる。ただし、説明では「豊富にある」と言われるものの、対象が資金や資源であるから、「豊か」にも置き換えられる。

　さて、飛田・浅田『現代副詞用法辞典』(1994)による「タップリ」の記述は以下のようであった。

　　タップリ：余裕・量感を感じさせる時間・お金・物・体積・量が十分にあ

る。いっぱいあって「ゆとり・ボリューム」を感じさせるものにしか使えない。

以上が先行研究における意味記述である。

4 同一文中に共起する他語との関係にみる意味分析試論

4.1 方法

自由記述文の分析に使われるテキストマイニングで最も基本的な手法に、自由記述された文の形態素解析を行い、多く出てくる単語の意味分野の偏りから、大体の内容を推測しようとするものがある。

今回行う意味分析と語彙の体系化はこの手法を利用する。

まず用例文の形態素解析を行い、扱おうとする語と同一文中に共起している語の種類および頻度、意味分野について特定する。次に、特定した意味分野の分布の偏りから、問題とする語がどの意味分野、どういう意味の語と共起関係にあるかを明らかにしていく。この手法を利用することで頻度の情報がそのままプロトタイプ文認定の基準となると共に、数量化が可能になると考えられる。

なお、この方法を採用することは、大量の言語データを自動処理できるという利点がある。「茶筌」の形態素解析が適切に行われない場合もあるものの、大量のデータを処理することでその誤差をうめることもできると考える。今回は、そのテストケースとして、それぞれの語について100文を対象にし、分析を行った。今回使用するデータは、2005年10月24日現在の「goo」でヒットしたインターネット上のデータである。

4.2 「豊か」と「豊富」について

先行論において、「豊か」と「豊富」は類義であるものの、後者の方が物質的で数量的なものを対象とすることが指摘されている。その指摘の通り、実際の用例をみても

・人の心を豊かにするメンタルコミットロボット

対象物：心（www.paro.jp）
　・心豊かな暮らしのためのマネープランニング
　　　　　対象物：心（www.tsk-web.com/fp/fp）

などのように、「心」が対象となる場合には「豊富」への置き換えは不可能である。その他にも、

　・懸賞で勝ち取る豊かな生活
　　　　　対象物：生活（www.bestshop.co.jp/1-kensyou/cat5）
　・豊かな風味と個性ある歯ごたえ、能登の「海藻しゃぶしゃぶ」は海のご馳走
　　　　　対象物：風味（www.president.co.jp/dan/20050400/001.html）
　・中部の豊かな住まいづくり研究会
　　　　　対象物：住まい（www.cbr.mlit.go.jp/kensei/yutasuma）

など、「豊富」への置き換えが不可能な例が存在する。

　一方、「豊富」への置き換えは可能であるものの、置き換えると文の意味が変わってしまうものもある。次に示すのは「豊か」では質の高さについて言及していたものが、「豊富」に置き換えると「種類の多さ」と解釈できるようになる例である。

　・豊かな日本語表現をサポート
　　　　　対象物：日本語表現（www.ichitaro.com/2005/taro/toku01.html）
　・島根県には、宍道湖・中海をはじめとする全国に例を見ない豊かな内水面漁場があります。
　　　　　対象物：内水面漁場（www2.pref.shimane.jp/naisuisi/yutakana）

「豊かな日本語表現」を「豊富な日本語表現」に置き換えると、後者は日本語表現の種類の多さについて、「豊かな内水面漁場」と「豊富な内水面漁場」では、前者は1カ所であっても生物の多く住む良い漁場と解釈できるのに対し、後者は良い漁場が何カ所もあると解釈できる。「豊か」と「豊富」では、後者の対象物が物質的・数量的性質を持つものであり、基準より数量が多いことがプラスに評価されているといえる。

　左に示すのは、「豊か」と「豊富」の結果である。まず、動詞の結果を表に

付章　用法の拡張と語彙体系　221

「豊か」	
する	54
いる	6
なる	6
考える	6
使う	5
できる	5
いく	4
めざす	4
ある	3
思う	3
生きる	3
与える	2
言う	2
活かす	2
いただく	2
得る	2
感じる	2
くれる	2
知る	2
育つ	2
釣る	2
向ける	2
育む	2
送る	2
目指す	2

「豊富」	
する	33
含む	8
ある	6
いる	6
おる	5
使う	5
揃える	4
できる	4
見る	4
選ぶ	4
いただける	3
見つける	2
使える	2
生まれる	2
言う	2
掛ける	2
ください	2
加える	2
流す	2
なる	2
飲む	2
目指す	2

した。副詞語彙を対象としているため、これら動詞は「豊か」「豊富」の直接的な被修飾語になっていると考えられる。

2例以上出現するものを示した。

大きく異なるのは「豊富」の上位が「含む」「ある」など、個別のものが存在していることをあらわす語や、「揃える」「選ぶ」などの個別の物体の存在を前提としている動詞であるのに対し、「豊か」は変化をあらわす「なる」や「めざす」、「考える」「思う」などの内面の思索を意味する語が出現している点である。

この結果は、「豊富」が、数量的に数えられるものがたくさん存在し、それがプラスに評価される状態にあることを意味するのに対し、「豊か」は質的に充実し、それがプラスに評価されることを意味するという違いと矛盾していない。

また、出現頻度を手がかりにすれば、「豊か」のプロトタイプは「いる」や「なる」という、ある状態でいることや変化することを表す動詞との共起、「豊富」は「含む」や「ある」といった動詞との共起ということになろう。多くの名詞が出現頻度1であり、頻度1に出現している語には「豊か」「豊富」とも、大きな違いはなかった。文全体を対象としたため、直接「豊か」や「豊富」の対象物となっていない語も含まれることが、原因の1つであろう。そのため、頻度が低い語は比較の対象として適しているとは考えにくいため、まずは、頻度3を目安に、それ以上の頻度がある語を一覧にまとめた。

頻度1、2のものは、全体傾向をみたあとで考えることとしたい。

III　個人性と社会性からみえること

頻度	豊　か（のべ677語）	豊　富（のべ574語）
18	生活	
13	社会	
11	環境　心	
10	人	
9		栄養
8	自然	種類
7	こと　教育	水
6	ガス　サイト　人生	
5	海　個性　国　暮らし	ミネラル　温泉　酢　品　デザイン
4	ビジネス　学校　国民　年 自分　全国　地域　長寿	アミノ酸　メニュー　食品　水素 天然
3	ネット　家庭　機会　子供 時代　情報　人間　美術　県 広島　平成	こと　サービス　ノウハウ ビタミン　もの　実績　情報 成分　提供　利用　力

　「豊か」は抽象的概念の名詞が多く現れる。表には示していないが、頻度2の「感性」「感覚」を含めると、心・生活環境に関わる語が全体ののべ語数の14%を占める。一方「豊富」は栄養・食品に関わる語が多い。同じように頻度2や1の語も含めると、全体の12.1%が食品や栄養に関わる語であった（「豊か」で心や生活環境に関わる名詞としてカウントしたのは次の名詞である。生活・社会・環境・心・教育・人生・個性・暮らし・自分・地域・家庭・人間・風味・食生活・実り・彩り・漁場・感性・感覚。また、「豊富」で食物・栄養分としてカウントしたのは次の名詞である。栄養・水・ミネラル・酢・アミノ酸・メニュー・食品・ビタミン・ダイエット・料理・大豆・野菜・素材・脂肪・飲料・タンパク質・牛乳・口当たり・バーガー・油・薬効・泡盛・蜂蜜・鉄分・炭水化物・焼酎・ジンギスカン・マグネシウム・ナトリウム・カテキン・ドリンクビネガー・ペクチン・ペプチド・イソフラボン）。

　形容詞は次頁の表のとおりである。

頻度	豊か	豊富
9	ない	
7		良い
6		安い
3	良い	
2	楽しい	高い　ない　楽しい　おいしい
1	高い　若い　上手い　新しい　青い　多い　暖かい　うまい　鋭い	広い　若い　新しい　多い　難しい　幅広い　明るい

「豊か」では「ない」の頻度が最も高くなっているものの、全体傾向として、感情形容詞の場合はプラス評価に傾く語が多い。

これらの結果をあわせて考えると、「豊か」の意味は、「あるものがたくさん備わっていることで質的に充実した状態にあり、それがプラスに評価される」ということに、「豊富」は「ある数えられるものがたくさんあり、それがプラスに評価される」ということになる。さらに、「豊か」のプロトタイプは「心」や「生活環境」の充実ぶりについて言及する場面である。「豊富」は「栄養」についてふれた場面で、特に「種類」の充実ぶりについて言及する場面にプロトタイプがあると考えられる。

4.3 「潤沢」について

同様の手続きで「潤沢」についてまとめたものが下の表である。

動詞の上位には「豊か」「豊富」でも上位にあった語が並ぶ。「豊か」とも「豊富」とも置き換え可能にみえる。例えば

- 日本は潤沢な資源がありながらそれを利用せず、COP3に後ろ向きなのはけしからんというのがEUの言い分。

　　　対象物：資源（www.gifu-u.ac.jp/~wakailab/research/BioMass/Plant/Plant.html）
- 年度末に向けた一層潤沢な資金供給。

　　　対象物：資金（www.boj.or.jp/seisaku/02/pb/k020228.htm）

などである。

する	29
なる	17
いる	12
ある	12
いう	7
みる	6
出回る	4
行う	4
できる	4
かかわる	3
避ける	2
ゆだねる	2
申し上げる	2
仕込む	2
思う	2
扱う	2

しかし、「豊か」よりは「豊富」に置き換わりやすい例が多い。

・お店の名前通り飲み物は潤沢に取りそろえており、便利なお店。
　　対象物：飲み物（cxcm.exblog.jp）
・米国、依然として潤沢なコーン在庫保有。
　　対象物：コーン在庫（tmr.or.jp/headline/1109125785.html）

「豊か」「豊富」と比較した際に「潤沢」を大きく特徴づけるのは共起する名詞との関係においてである。

下に示したのは、名詞、形容詞との共起関係を表にしたものである。

頻度	名詞　（のべ541語）	形容詞
33	資金	
16	供給	
11	在庫	
10	人	
8	市場　こと	
7	銀行	
6	入荷　場合　手元　金融　企業	
4	利用　日本　商品　時間	ない
3	理由　予算　目標　万　重要　増加　手数料　価格　安定　レート　モデル　コール	少ない （2　良い）　※（ ）内は参考 （1　難しい　低い　多い　細かい　厳しい　高い　安い　悪い　早い）

　名詞では金融関係の用語が上位に並んでいることがわかる。また、「在庫」「供給」といった商業資源も上位にある。頻度2の「円」「株」、頻度1の「日本銀行」「利息」などを合わせ、金融関係の語、企業名、商品名など、経済資源に関わる語が全体の33.5％を占める（「潤沢」で経済資源に関わる名詞としてカウントしたのは次の名詞である。資金・市場・銀行・金融・入荷・予算・万・価格・手

数料・コール・レート・円・欧州・中国・社債・株・単価・総裁・相場・資源・企業・フロー・日本銀行・G7・角川・ソニー・利息・利益・利・料金・有利子・負債・年度内・年度末・貸し出し・店頭・需要・原資・軍資金・株式)。形容詞では出現する語種、頻度共に低く、「潤沢」は形容詞との共起関係において特に指摘できるだけの情報はない。

　以上をまとめると、「潤沢」は特に金融関係において「資金」に、商業資源としての「在庫」の「供給」が十分なされていることに特化した語であるといえる。そのプロトタイプは、「資金の供給が潤沢」という文脈にあると考えられる。

4.4 「たっぷり」について

- 野菜をたっぷり食べれば、脂肪やエネルギーの高い食品の摂取が抑制されることにもなる

　　　　対象物：野菜（alic.vegenet.jp/yasaijoho/wadai/0409/wadai1.html）

これは「豊か」よりも「豊富」におきかえやすい例である。
一方で、「豊か」に置き換えやすい例も存在する。

- 旨みたっぷり　しいたけ

　　　　対象物：旨み（www.oisix.com/ShouhinShousai.00017300.htm）

「たっぷり」は1で触れたとおり、容器に入るという容器スキーマがあり、「豊か」とも「豊富」とも異なる意味を持っていると考えられる。
　これまでの3語と同じ形式でデータを示した。
　「食べる」「いただく」「飲む」といった食品の消費をあらわす動詞（飲食に関する動詞）や同じく食品に関する動詞「味わう」、消費の暗示の「使う」が比較的高い頻度で出現する。
　また、「入る」「入れる」などの容器性を持つ状況を前提とする動詞も出現する。
　飲食に関する動詞の多さと呼応するように、名詞では食物が圧倒的に多く、全体の37％を占める。「たっぷり」は「液体などが有り余るほど多量にあり、

頻度	名詞　（のべ713語）	形容詞
27	する	
7	いる	
7	食べる	
6	入る	
5	使う	
4	ある	
4	きる	
3	いただく	
3	加える	
3	含む	
3	入れる	
2	しまう	
2	おろす	
2	くる	
2	しく	
2	つくる	
2	飲む	
2	楽しめる	
2	取れる	
2	避ける	
2	防ぐ	
2	味わう	

頻度	名詞　（のべ713語）	形容詞
26	野菜	
12	ソース	
11		
10		
8		
7	きのこ　繊維　ミネラル	
6	栄養　料理	
5	ハンバーグ　ヒアルロン酸　メニュー	おいしい
4	1　3　サラダ　ビタミン　もの　夏　パスタ　肌　日間　肉　緑茶	
3	カテキン　キャベツ　ダイエット　まるごと　家庭　具　効果　使用　材　時　春　大豆　品　本　味　油	

それは好ましい状態で、同時に大量消費の暗示がある」という意味であるが、同一文中の他語との関係を考えると、「たっぷり」のプロトタイプは、食品について、それを多量に飲食するという場合、もしくは食品に栄養分やその他の具材食品がたくさん含まれているという文脈ということになる。

5　詳細な分析からわかること

　語の意味について考えるとき、特に用法レベルでのプロトタイプを、大量のデータを効率的に分析するための方法と併せて考えてきた。その結果、従来の意味分析の結果と併せ、『分類語彙表』3.1910-10語彙の部分体系を次のように説明することができる。

いずれの語も、何かが多量にあることをあらわし、評価はプラスに傾く。

　抽象度が高い語として「豊か」「豊富」の2語がある。うち「豊か」は、対象物を質的・全体的に捉え、「豊富」は物質的・数量的に捉える。その中でも「豊か」のプロトタイプは対象が心・生活資源で、これらが多量に存在するという文脈、「豊富」は食物や栄養分が多量に存在するという文脈にある。

　同様に「たっぷり」も食物や栄養分に関わる文脈にプロトタイプがあるものの、抽象度は「豊富」ほど高くはない。何かが容器（容器とみなされるもの）に入っている場合に使われる。食物や栄養分の多量摂取がプロトタイプ的な用法である。「潤沢」も同様で、抽象度は高くなく、主に経済資源（在庫や資金）が多量に存在する場合がプロトタイプ的な用法である。

　ここで重要であるのは、具体的事物として「心や生活環境」「食物・栄養分」「資金・在庫」が用法レベルでのプロトタイプになる点である。この結果は、広島方言における数量副詞語彙の「タラフク」が食物について、「シコタマ」が収入などに専用に使われていることと似通った状況にある。ものの多量について考える場合、とりわけ「食物」「お金」について人々の注目度が高いことを示唆していると考えられる。それは、「食物」や「お金」が多量に存在していることが当たり前ではない（これらが十分にある生活をしている人は少ない）反面、これらのものが多量にある状況を人々が望ましいと考えている気持ちの表れであるようにも思われる。

　さらに、抽象度が高い2語と共起しやすい意味分野の名詞は、のべ語数の10％代である一方、抽象度の低い語（特定の場面と結びつきやすいといっても良いか）では30％代であることにも注目しておきたい。共起する名詞のパターンによって、語の意味の抽象度の判定ができる可能性がある。

6　今後の展開

　ここでは、個人差の結果から、ほぼ全員が使える例とそうではない例、中間

的で個人差をみせる例があることをヒントに、意義特徴を基にした分類枠という方法をとらず、同一文中に共起する他語との関係から一語一語のプロトタイプ的用法を明らかにし、そこから語彙体系を構築する試案を示した。

　ここで示した方法は、語彙体系の個人性と社会性をより詳細に捉える方法となり得るものであると考える。しかし、そうなるためには、次のような課題も存在する。

　それは、共起する語の中で頻度の低い語について、意味的なカテゴリー分類を行うことなどで、分析の対象に加えていく方法を模索することである。意味的なカテゴリー分類にあたっては、例えば「大根」を「植物」とせず、「食品」とするような分類を設定する必要があろう。また、共起した名詞を中心にした共起関係など、さまざまな角度から共起関係を捉えていく必要もあると考える。

　その他にも、この手法を用いて次のような課題を解決することができると考える。

　まず、数量副詞語彙の非対称性について、「豊か」の対義語である「乏しい」とその一連の語群を取り上げ、そのプロトタイプに非対称性がみられるかどうかという問題を考えることである。

　また、語のシソーラスの評価への利用も可能である。

　そして、データとしてコーパスを用いれば、コンピューター上でほとんどの処理ができるという点において、各地の方言のコーパスデータがそろっていくことで、方言語彙体系を簡便に構築することができると期待される。

資料編

第1部　大崎下島大長で使用した調査票

ここでは、調査に用いた調査票などを掲載した。
Ⅰでは第一次調査票を、Ⅱでは第二次調査票に使用した文を掲載している。

Ⅰ　第1次調査票

第1次調査票は、下のような分類を行った上で作成している。
1　全をあらわす語
2　多いことをあらわす語
3　適当なことをあらわす語
4　少ないことをあらわす語

■第1次調査票

それぞれの語について、例文、教示などを収録する。また、頻度、品位、方言意識を確認する。

1　全をあらわす語　　　　　　　　　　　　※方共は、方言か共通語かを表す。

所有	語	頻度	品位	新古	方共	例　文
	アリッタケ					
	アリダケ					
	イッサンマイ					
	キレーニ					
	コグチカラ					
	コソロモソロ					
	コッポリ					
	ゴッポリ					
	スッカリ					
	スベテ					

所有	語	頻度	品位	新古	方共	例　文
	ゼンブ					
	タンマリ					
	デンブ					
	ナニモカモ					
	ナンボデモ					
	ネコソギ					
	マルタマ					
	マルデ					
	ミナ					
	ミンナ					

2　多いことをあらわす語

所有	語	頻度	品位	新古	方共	例　文
	イーッパエ					
	イクラデモ					
	イックラデモ					
	イッパイ					
	イッパイコト					
	イッパエ					
	イッパー					
	イッペ					
	ウント					
	ウントコサ					
	エーット					
	エット					
	エットエット					
	エットコト					
	エットノコト					
	エロー					
	オーゴト					
	オーマク					
	オマク					
	オモワク					
	オンワク					
	ギョーサン					
	ギョーサンギョーサン					
	ギョーサンニ					
	ギョーニ					

グッツリ
ゴーギー
ゴーギニ
ゴーゲニ
シコタマ
シタタカ
シッカリ
ジョーサン
ジョーニ
ズイブン
タイソー
タイソナコト
ダイブ
ダイブン
タクサン
タクサンニ
タブンニ
タラフク
タント
ドッサリ
ドヒョーシモナー
ドヨーシ
ドヨーシモナー
バクダイ
フトイコト
ボッコ
モノスゴク
ヨーケ
ヨーケー
ヨーケナコト
ヨーサン
ヨケ
ヨケー
ヨケーニ
ヨッケー
オーメニ
ソレソレ
ドイツモコイツモ
トヤカク

所有	語	頻度	品位	新古	方共	例文
	ドナイツモコナイツモ ナニカナシ ナニモカモ ナニモカニモ ナニャーカ ナンモカンモ ナンゾカンゾ ナンナリト ナンヤカイ メッソウ ヨブンニ ヨロズ					

3　適当なことをあらわす語

所有	語	頻度	品位	新古	方共	例文
	カッチリ キッチリ ソレホド ソンダキ チョッキシ チョッキリ チョード ピシャリ ピッタリ					

4　少ないことをあらわす語

所有	語	頻度	品位	新古	方共	例文
	ダイショー スコーシ スコシ ソーデニ チークリ チート チートズツ チービット チックシ チックリ					

資料編 233

チッピリ					
チット					
チビット					
チョックシ					
チョックリ					
チョット					
チョッピリ					
チョッポシ					
チョビット					
チョボット					
チョロット					
チョンビリ					
チョンボリ					
ワズカ					
メクソハナクソ					
メクソハナクソホド					
メクソホド					

Ⅱ 第2次調査票

　第2次調査票は、大長と加計で得られた語の一語一語についてその分類枠を確認するためのものである。第2次調査では、第2次調査票に掲載された例文について各々の語がその文中で使用できるかどうかを教示者の方々に判断していただき、また、教示をもとに分類枠の所有の有無を確認していった。

　対象物の名詞は、広くいろいろな分野を拾うため、「分類語彙表」の体の部のうち、人間活動の主体、人間活動（一部のみ）、生産物及び用具、自然物及び自然現象の中から選択した。項目番号1.2〜1.5に所属する語である。

　なお、ここでは調査文を掲載した。データは、語ごとに、この調査文から得られた結果と、頻度、方言意識、品位、新古について加え、別に準備した用紙に記入する方式をとった。なお、本書ではその用紙は掲載しない。

1 数量〈多〉をあらわす語

■限界性の有無

限界性	あり	あそこに洗濯物が（　）干してある。 客が（　）帰ってしまった。 そんなに（　）飲んではいないのに。
	なし	温泉だから湯が（　）湧いてくる。 （　）あるのだからたくさん食べなさい。 お金もあるし、こんなに安かったら（　）買える。

■どちらが多いような感じがありますか。

　エットあるなあ。
　（　）あるなあ。

■被修飾部制限

取得	昨日は宴会があって 酒を （　）飲んだ。 （　）食べて、飲んで、歌った。 あいつはお金を（　）貯めているらしいぞ。 酒を（　）売っている。 商売に成功して（　）儲けてなあ。 今安売りをしているから（　）買えるぞ。 無料だったから（　）持ってかえった。
その他	（　）あるねえ、ごちそうが。 お金を（　）使ったよ、香港旅行で。

■対象物制限

非可算物／量	液・気体	酒	酒を（　）飲んだ。 酒は（　）ありますから、遠慮せずに召し上がって下さい。
			風呂に水が（　）たまった。 田に水が（　）張ってある。 風船に空気が（　）入っている。 お茶を（　）飲んだ。 醤油を（　）かけて食べなさい。 やかんから湯気が（　）出ている。

資料編　235

無生物	可算物／数	財産	お金が（　）ある。 財産が（　）ある家は善し悪しだ。
		固体	手紙が（　）届いている。 家が（　）建っている。 あの人は本を（　）持っている。 鉛筆が（　）必要だ。 強い者がいて米俵を（　）担いでいた。 着替えを（　）持ってきなさい。 行商がきて着物を（　）売っているよ。 スーパーにいけば（　）品物を売っている。 今年は蜜柑が（　）とれた。 車が（　）停まっている。 船を（　）持っていて、回船業をしている。 トラックが（　）きたよ。 あの人は切手を（　）集めている。 釘が（　）いるなあ。 糸を（　）買ってきた。 あの人は土地を（　）持っている。 山に木が（　）生えている。 選挙でポスターが（　）貼ってあってね。 石鹸を（　）もらった。 雪が（　）積もっていた。 平野のほうには池が（　）ある。 世界には国が（　）あるなあ。 今日は大漁で魚が（　）釣れた。 広島に行けば店は（　）ある。 奈良には寺が（　）あるよ。 そこで土産を（　）買ってきた。
生物	生物	人	昔は子供は（　）いたけれど、今は少ないなあ。 町へ出ていった人は正月には（　）帰ってくるよ。 集会所に人が（　）集まって何をするのだろう。
			野良猫は（　）いるよ。この辺には。 あそこは犬を（　）飼っている。 魚が（　）いるのに釣れない。 とんぼが（　）飛んでいる。 へびは昔は（　）いたのに、最近は見ないなあ。

2 数量〈少〉をあらわす語

■量が限られていないのはどちらですか。
　□ちょっと　　□（タショーなど）

■数量に曖昧性がない
　□ |物を貰ったり買ったりするとき| （　）だけ下さい。
　□ほんの（　）貰えますか？

■どちらが少ないような感じがありますか。
　ちょっとならあるよ。
　（　）ならあるよ。

■人に物を借りるとき使うのはどちらですか？
　□ちょっと　　□（チョビットなど）

■対象物制限

無生物	非可算物／量	液・気体	酒	酒を（　）だけ飲んだ。 （ついでもらう時）酔うから（　）でいいぞ。
			まだ風呂には水が（　）たまっただけだ。 田に水は（　）しかない。 風船に空気は（　）しか入っていない。 お茶を（　）だけ飲んだ。 醤油を（　）だけかけて食べなさい。 やかんから湯気が（　）出ている。
		財産	お金が（　）しかない。 うちには財産が（　）しかない。
		固体	手紙が（　）しか届いていない。 新しい団地だからまだ家が（　）しかない。 あの人は本を（　）しか持っていない。 鉛筆が（　）だけ必要だ。 力がないから米俵は（　）しか担げないよ。 着替えを（　）持ってきなさい。 着物は（　）しか持っていない。 小さい店だから（　）しか品物を売っていない。 車が（　）しか停まっていない。

資料編　237

可算物／数			今は船は（　）だけだよ。 今年はトラックが（　）しかいないよ。 あの人は切手をたくさん集めているけれど、私は（　）だけしかないよ。 釘が（　）いるなあ。 糸を（　）買ってきた。 私は土地を（　）だけ持っている。 山に木が（　）だけ生えている。 選挙だというのにポスターが（　）しか貼ってないね。 石鹸が（　）しかない。 雪は（　）しか降らない。 島だから池は（　）だけだ。 よその国は（　）しか知らない。 今日は天候が悪くて魚は（　）しか釣れなかった。 田舎だから店は（　）しかない。 ここには寺が（　）しかない。 時間がなかったので土産を（　）しか買えなかった。
		蜜柑	今年は蜜柑が（　）しか取れなかった。 （よく取れたねと言われて）あなたのところの（　）よ。
生物	生物	人	忙しいのにほとんど出かけて（　）しか残っていない。 町へ出ていた人は、もう（　）しか帰ってこない。 集会所にまだ人は（　）だけだ。
			野良猫が減ってもう（　）しかいないよ。 犬は（　）だけだなあ。あまり飼っていない。 魚が（　）いるだけで釣れはしない。 とんぼが（　）だけ飛んでいる。 へびは今はもう（　）しかいないなあ。

3　割合〈全〉をあらわす語

同質・異質	同質	この蜜柑を（　）持って帰りなさい。 酒を一本（　）飲んだ。 来た人は（　）帰ってしまった。 うちの子は（　）言うことを聞かない。
		家の中の物を（　）全部持って行かれた。

異質	大水で（　）流されてしまった。 酒のディスカウントの店でワインや日本酒やビールを（　）買ってきた。 （　）全部まとめて持ってきた。

■概数100%
　□（　）賛成したよ、あの人は反対だったけど。
　□このように、完全に100%でなくても使うことが出来ますか。不自然か全く普通か。

■被修飾部制限

存在性	プラス	（　）集めたよ。 これでやっと（　）揃ったよ。 最後の肥料を運んだからこれで（　）だ。 もう（　）届いているよ。 とまっていた車は（　）県外ナンバーだった。
	マイナス	水害で（　）流されてしまった。 泥棒に（　）盗まれた。 もうないよ。（　）使ったから。 安かったから（　）買ってきたよ。もうないよ。

■対象物制限

無生物	非可算物／量	酒	あった酒は（　）飲んだ。 酒は（　）飲んでしまわないといけない。
		液・気体	風呂水が（　）たまった。 田に（　）水が張ってある。 真空パックというのは空気を（　）抜くらしいよ。 お茶を（　）飲んだから買ってこないといけない。 醬油を（　）かけたら塩辛いよ。 湯気を（　）逃がさないと湿気がたまる。
		財産	お金を（　）使ったよ。 財産が（　）なくなって傾いたらしいよ、あの家は。
			手紙は（　）届いた。 家が（　）壊れたらしいね、地震で。

資料編　239

可算物／数	固体		あの人は本を（　）持っているよ。1巻から（　）。 鉛筆が（　）折れている。 米俵を（　）運んできた。 着替えを（　）持ってきなさい。 着物を（　）ダメにした。 あのスーパーの品物は（　）新鮮だ。 今年はもう蜜柑を（　）とった。 車が（　）いなくなった。 船が（　）帰ってきた。 トラックが（　）荷物をたくさん積んでいたよ。 あの人は切手を（　）持っている。 釘が（　）錆びた。 糸を（　）買ってきた。 あの人は土地を（　）売ってしまった。 山の木が（　）倒れた。 選挙のポスターを（　）剥いできた。 石鹸を（　）もらった。 雪が（　）とけてしまってスキーは出来ないね、今年。 池を（　）埋め立てるらしいよ、危ないから。 会議に出ている国が（　）反対していたのでは決まらないね。 今日は釣った魚を（　）隣にあげてきた。 ここの店は（　）赤字だそうだ。 寺が（　）なくなったら良くないね。 土産を（　）忘れたのよ、汽車に。
生物	生物	人	子供が（　）言うことを聞かない。 町へ出ていった人は正月には（　）帰ってくるよ。 人が（　）集まってきたよ。
			野良猫が（　）集まるのだ、スーパーの裏に。 あそこの犬は（　）よく吠える。 そこに泳いでいる魚は（　）小さいよ。 とんぼが（　）いなくなった。 へびは昔は（　）見て知っていたのに、最近は忘れたよ。

第2部　鹿島方言調査での若年層への確認用アンケート

次にあげた言葉すべてについて、該当する項目を○で囲んでください。

タクサン	よく使う	使うこともある	使わないが意味はわかる	そんな言葉はない
ヨンニョ	よく使う	使うこともある	使わないが意味はわかる	そんな言葉はない
ヨンニュ	よく使う	使うこともある	使わないが意味はわかる	そんな言葉はない
イッパイ	よく使う	使うこともある	使わないが意味はわかる	そんな言葉はない
イッピャー	よく使う	使うこともある	使わないが意味はわかる	そんな言葉はない
ヨーケ	よく使う	使うこともある	使わないが意味はわかる	そんな言葉はない
ヨケー	よく使う	使うこともある	使わないが意味はわかる	そんな言葉はない
タップリ	よく使う	使うこともある	使わないが意味はわかる	そんな言葉はない
ドッサリ	よく使う	使うこともある	使わないが意味はわかる	そんな言葉はない
ドッサイ	よく使う	使うこともある	使わないが意味はわかる	そんな言葉はない
タラフク	よく使う	使うこともある	使わないが意味はわかる	そんな言葉はない
ヤマンゴト	よく使う	使うこともある	使わないが意味はわかる	そんな言葉はない
ヤマホド	よく使う	使うこともある	使わないが意味はわかる	そんな言葉はない
ドギャシコデン	よく使う	使うこともある	使わないが意味はわかる	そんな言葉はない
ドギャンデン	よく使う	使うこともある	使わないが意味はわかる	そんな言葉はない
ドガシコデン	よく使う	使うこともある	使わないが意味はわかる	そんな言葉はない
ドガンデン	よく使う	使うこともある	使わないが意味はわかる	そんな言葉はない
ドシコデン	よく使う	使うこともある	使わないが意味はわかる	そんな言葉はない
イクラデン	よく使う	使うこともある	使わないが意味はわかる	そんな言葉はない
シコタマ	よく使う	使うこともある	使わないが意味はわかる	そんな言葉はない

では、次の例文についておたずねします。
　〈　〉の中に表中のそれぞれの言葉をいれた場合、その文が自然か、不自然かを判定してください。不自然な場合には枠内に×をつけてください。
　使わない言葉の場合も×をつけてください。

例：(たくさん洗濯物が干してあるのを見て) 今日は洗濯物を〈　　〉干してある。

タクサン		ヨーケ		タラフク	×	ドガシコデン	
ヨンニョ		ヨケー		ヤマンゴト		ドガンデン	
ヨンニュ		タップリ		ヤマホド		ドシコデン	×
イッパイ		ドッサリ		ドギャシコデン		イクラデン	
イッピャー		ドッサイ		ドギャンデン		シコタマ	×

資料編　241

それでは以下の文について判定してください。

1：(腹一杯食べて、さらに勧められて) もう〈　　〉食べたからいいよ。

タクサン		ヨーケ		タラフク		ドガシコデン	
ヨンニョ		ヨケー		ヤマンゴト		ドガンデン	
ヨンニュ		タップリ		ヤマホド		ドシコデン	
イッパイ		ドッサリ		ドギャシコデン		イクラデン	
イッピャー		ドッサイ		ドギャンデン		シコタマ	

2：(蜜柑が豊作なので) 今年は蜜柑が〈　　〉とれた。

タクサン		ヨーケ		タラフク		ドガシコデン	
ヨンニョ		ヨケー		ヤマンゴト		ドガンデン	
ヨンニュ		タップリ		ヤマホド		ドシコデン	
イッパイ		ドッサリ		ドギャシコデン		イクラデン	
イッピャー		ドッサイ		ドギャンデン		シコタマ	

3：(お年玉が多かったので) 今年はお年玉を〈　　〉もらったよ。

タクサン		ヨーケ		タラフク		ドガシコデン	
ヨンニョ		ヨケー		ヤマンゴト		ドガンデン	
ヨンニュ		タップリ		ヤマホド		ドシコデン	
イッパイ		ドッサリ		ドギャシコデン		イクラデン	
イッピャー		ドッサイ		ドギャンデン		シコタマ	

4：(いつもより多くお金を持っていて) 今日はお金を〈　　〉持っているよ。

タクサン		ヨーケ		タラフク		ドガシコデン	
ヨンニョ		ヨケー		ヤマンゴト		ドガンデン	
ヨンニュ		タップリ		ヤマホド		ドシコデン	
イッパイ		ドッサリ		ドギャシコデン		イクラデン	
イッピャー		ドッサイ		ドギャンデン		シコタマ	

5：(たくさん洗濯物が干してあるのを見て) 今日は洗濯物を〈　〉干してある。

タクサン	ヨーケ	タラフク	ドガシコデン	
ヨンニョ	ヨケー	ヤマンゴト	ドガンデン	
ヨンニュ	タップリ	ヤマホド	ドシコデン	
イッパイ	ドッサリ	ドギャシコデン	イクラデン	
イッピャー	ドッサイ	ドギャンデン	シコタマ	

6：(駅に人が多いのを見て) 駅に人が〈　〉いるよ。

タクサン	ヨーケ	タラフク	ドガシコデン	
ヨンニョ	ヨケー	ヤマンゴト	ドガンデン	
ヨンニュ	タップリ	ヤマホド	ドシコデン	
イッパイ	ドッサリ	ドギャシコデン	イクラデン	
イッピャー	ドッサイ	ドギャンデン	シコタマ	

7：我が家の猫が〈　〉子猫を産んだよ。

タクサン	ヨーケ	タラフク	ドガシコデン	
ヨンニョ	ヨケー	ヤマンゴト	ドガンデン	
ヨンニュ	タップリ	ヤマホド	ドシコデン	
イッパイ	ドッサリ	ドギャシコデン	イクラデン	
イッピャー	ドッサイ	ドギャンデン	シコタマ	

8：(けちで、お金をためている人のことを)
　あの人はお金を〈　〉ため込んでいるらしい。

タクサン	ヨーケ	タラフク	ドガシコデン	
ヨンニョ	ヨケー	ヤマンゴト	ドガンデン	
ヨンニュ	タップリ	ヤマホド	ドシコデン	
イッパイ	ドッサリ	ドギャシコデン	イクラデン	
イッピャー	ドッサイ	ドギャンデン	シコタマ	

9：（雨の後、川が増水していて）水が〈　　〉流れている。

タクサン	ヨーケ	タラフク	ドガシコデン	
ヨンニョ	ヨケー	ヤマンゴト	ドガンデン	
ヨンニュ	タップリ	ヤマホド	ドシコデン	
イッパイ	ドッサリ	ドギャシコデン	イクラデン	
イッピャー	ドッサイ	ドギャンデン	シコタマ	

10：（国道に車が多いのを見て）車が〈　　〉走っているなあ。

タクサン	ヨーケ	タラフク	ドガシコデン	
ヨンニョ	ヨケー	ヤマンゴト	ドガンデン	
ヨンニュ	タップリ	ヤマホド	ドシコデン	
イッパイ	ドッサリ	ドギャシコデン	イクラデン	
イッピャー	ドッサイ	ドギャンデン	シコタマ	

11：（駐車場が満車なのを見て）車が〈　　〉停まっている。

タクサン	ヨーケ	タラフク	ドガシコデン	
ヨンニョ	ヨケー	ヤマンゴト	ドガンデン	
ヨンニュ	タップリ	ヤマホド	ドシコデン	
イッパイ	ドッサリ	ドギャシコデン	イクラデン	
イッピャー	ドッサイ	ドギャンデン	シコタマ	

12：（都会と田舎を比べて）都会は建物が〈　　〉建っている。

タクサン	ヨーケ	タラフク	ドガシコデン	
ヨンニョ	ヨケー	ヤマンゴト	ドガンデン	
ヨンニュ	タップリ	ヤマホド	ドシコデン	
イッパイ	ドッサリ	ドギャシコデン	イクラデン	
イッピャー	ドッサイ	ドギャンデン	シコタマ	

13：奈良にはお寺や遺跡が〈　　〉ある。

| タクサン
ヨンニョ
ヨンニュ
イッパイ
イッピャー | ヨーケ
ヨケー
タップリ
ドッサリ
ドッサイ | タラフク
ヤマンゴト
ヤマホド
ドギャシコデン
ドギャンデン | ドガシコデン
ドガンデン
ドシコデン
イクラデン
シコタマ | |

14：新潟は毎年雪が〈　　〉降る。

| タクサン
ヨンニョ
ヨンニュ
イッパイ
イッピャー | ヨーケ
ヨケー
タップリ
ドッサリ
ドッサイ | タラフク
ヤマンゴト
ヤマホド
ドギャシコデン
ドギャンデン | ドガシコデン
ドガンデン
ドシコデン
イクラデン
シコタマ | |

15：（田植え前の水田に）水が〈　　〉たまっている。

| タクサン
ヨンニョ
ヨンニュ
イッパイ
イッピャー | ヨーケ
ヨケー
タップリ
ドッサリ
ドッサイ | タラフク
ヤマンゴト
ヤマホド
ドギャシコデン
ドギャンデン | ドガシコデン
ドガンデン
ドシコデン
イクラデン
シコタマ | |

16：（こちらがたくさん持っている物をあげる時）〈　　〉あるからあげるよ。

| タクサン
ヨンニョ
ヨンニュ
イッパイ
イッピャー | ヨーケ
ヨケー
タップリ
ドッサリ
ドッサイ | タラフク
ヤマンゴト
ヤマホド
ドギャシコデン
ドギャンデン | ドガシコデン
ドガンデン
ドシコデン
イクラデン
シコタマ | |

17：蜜柑を〈　　〉食べた。

タクサン		ヨーケ		タラフク		ドガシコデン	
ヨンニョ		ヨケー		ヤマンゴト		ドガンデン	
ヨンニュ		タップリ		ヤマホド		ドシコデン	
イッパイ		ドッサリ		ドギャシコデン		イクラデン	
イッピャー		ドッサイ		ドギャンデン		シコタマ	

18：（野良犬が多いのを見て）このへんには犬が〈　　〉いるなあ。

タクサン		ヨーケ		タラフク		ドガシコデン	
ヨンニョ		ヨケー		ヤマンゴト		ドガンデン	
ヨンニュ		タップリ		ヤマホド		ドシコデン	
イッパイ		ドッサリ		ドギャシコデン		イクラデン	
イッピャー		ドッサイ		ドギャンデン		シコタマ	

　では、次にあげた語について、もっとも多い量をあらわす語はどれでしょうか。枠内に○をご記入ください。
　どの語もそれほど変わらない場合には何も書かなくてかまいません。

タクサン		ヨーケ		タラフク		ドガシコデン	
ヨンニョ		ヨケー		ヤマンゴト		ドガンデン	
ヨンニュ		タップリ		ヤマホド		ドシコデン	
イッパイ		ドッサリ		ドギャシコデン		イクラデン	
イッピャー		ドッサイ		ドギャンデン		シコタマ	

　タクサンと比較して、ドギャシコデン、ドギャンデン、ドガシコデン、ドガンデンの違いを説明するとすればどのようになりますか。自由にお書きください。

　シコタマの意味を説明するとすれば、どのようになりますか。自由にお書きください。

　タクサンと比較してドッサリの意味を説明するとすればどのようになりますか。自由にお書きください。変わらない場合には「変わらない」で結構です。

参考・引用文献

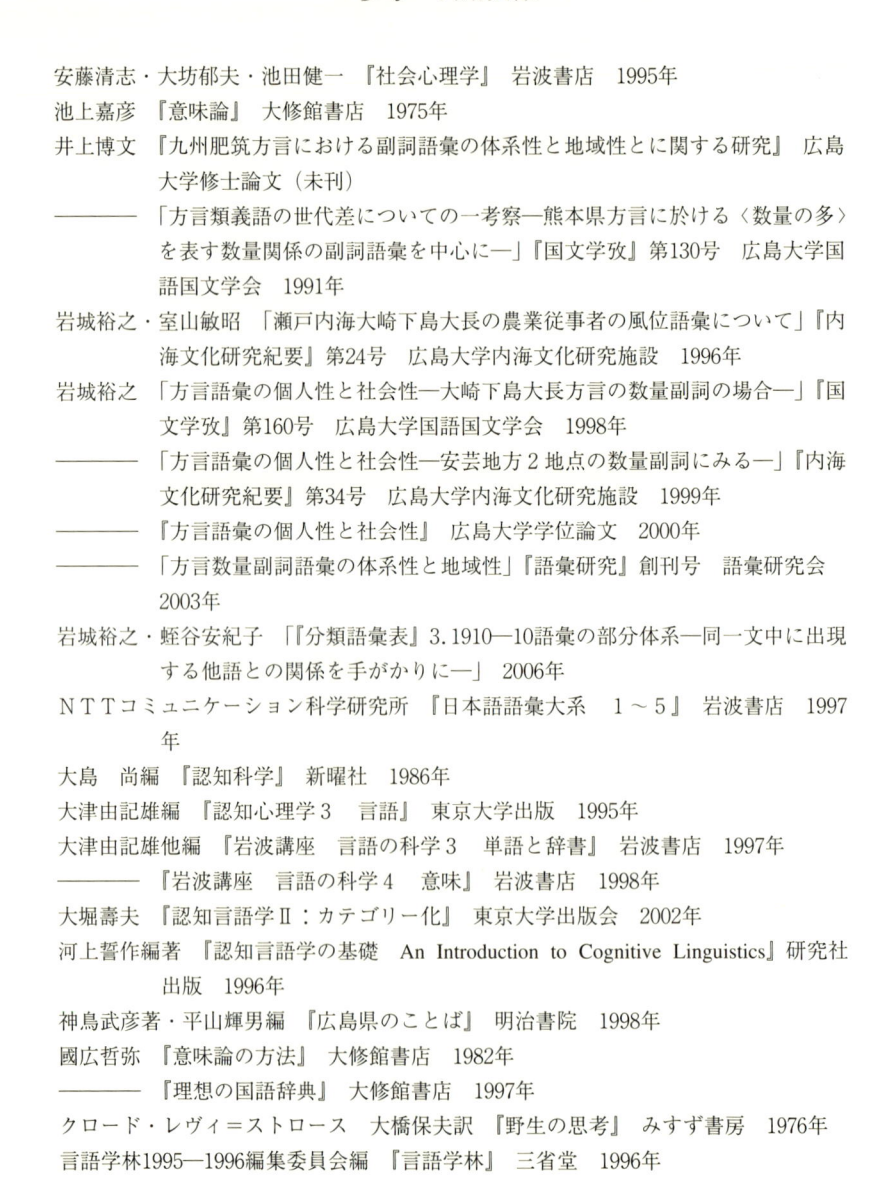

安藤清志・大坊郁夫・池田健一 『社会心理学』 岩波書店 1995年
池上嘉彦 『意味論』 大修館書店 1975年
井上博文 『九州肥筑方言における副詞語彙の体系性と地域性とに関する研究』 広島大学修士論文(未刊)
──── 「方言類義語の世代差についての一考察─熊本県方言に於ける〈数量の多〉を表す数量関係の副詞語彙を中心に─」『国文学攷』第130号 広島大学国語国文学会 1991年
岩城裕之・室山敏昭 「瀬戸内海大崎下島大長の農業従事者の風位語彙について」『内海文化研究紀要』第24号 広島大学内海文化研究施設 1996年
岩城裕之 「方言語彙の個人性と社会性─大崎下島大長方言の数量副詞の場合─」『国文学攷』第160号 広島大学国語国文学会 1998年
──── 「方言語彙の個人性と社会性─安芸地方2地点の数量副詞にみる─」『内海文化研究紀要』第34号 広島大学内海文化研究施設 1999年
──── 『方言語彙の個人性と社会性』 広島大学学位論文 2000年
──── 「方言数量副詞語彙の体系性と地域性」『語彙研究』創刊号 語彙研究会 2003年
岩城裕之・蛭谷安紀子 「『分類語彙表』3.1910─10語彙の部分体系─同一文中に出現する他語との関係を手がかりに─」 2006年
ＮＴＴコミュニケーション科学研究所 『日本語語彙大系 1〜5』 岩波書店 1997年
大島 尚編 『認知科学』 新曜社 1986年
大津由記雄編 『認知心理学3 言語』 東京大学出版 1995年
大津由記雄他編 『岩波講座 言語の科学3 単語と辞書』 岩波書店 1997年
──── 『岩波講座 言語の科学4 意味』 岩波書店 1998年
大堀壽夫 『認知言語学Ⅱ:カテゴリー化』 東京大学出版会 2002年
河上誓作編著 『認知言語学の基礎 An Introduction to Cognitive Linguistics』 研究社出版 1996年
神鳥武彦著・平山輝男編 『広島県のことば』 明治書院 1998年
國広哲弥 『意味論の方法』 大修館書店 1982年
──── 『理想の国語辞典』 大修館書店 1997年
クロード・レヴィ=ストロース 大橋保夫訳 『野生の思考』 みすず書房 1976年
言語学林1995─1996編集委員会編 『言語学林』 三省堂 1996年

国立国語研究所編　『分類語彙表』　秀英出版　1954年
─────　『分類語彙表　増補改訂版』　大日本図書　2004年
─────　『日本言語地図』
児玉徳美　『意味論の対象と方法』　くろしお出版　2002年
志津田藤四郎　『佐賀の方言　上・中・下』　佐賀新聞社　1998年（再刊）
柴田　武　『語彙論の方法』　三省堂　1988年
高永　茂　『都市化する地域社会の社会言語学的研究』　渓水社　1996年
高橋顕志　『地域語の生態シリーズ　中国・四国編　地域差から年齢差へ、そして…』　おうふう　1996年
高見健一・久野暲　『日本語機能的構文研究』　大修館書店　2006年
立川健二・山田広昭　『現代言語論』　新曜社　1990年
地域社会学会編　『地域社会学会年報第七集　地域社会学の新争点』　時潮社　1995年
田忠魁・泉原省二・金相順　『類義語使い分け辞典』　研究社出版　1998年
飛田良文・浅田秀子　『現代副詞用法辞典』　東京堂出版　1994年
富永健一　『社会学講義』　中公新書　1995年
中右　実　『認知意味論の原理』　大修館書店　1994年
西村義樹　『認知言語学Ⅰ：事象構造』　東京大学出版会　2002年
野林正路　『意味をつむぐ人びと―構成意味論・語彙論の理論と方法―』　海鳴社　1986年
─────　『認識言語と意味の領野―構成意味論・語彙論の方法―』　名著出版　1996年
林　俊克　『Excelで学ぶテキストマイニング入門』　オーム社　2002年
原純輔・海野道郎　『社会調査演習』　東京大学出版　1984年
広島大学内海文化研究室　「瀬戸内海域方言の副詞語彙の研究」『内海文化研究紀要』第4号　広島大学内海文化研究施設　1976年
福武直・松原治郎編　『社会調査法』　有斐閣双書　1967年
藤田勝良著・平山輝男編　『佐賀県のことば』　明治書院　2003年
藤原与一　『瀬戸内海方言辞典　上・中・下巻』　東京堂出版　1988年
室山敏昭　『方言副詞語彙の基礎的研究』　たたら書房　1976年
─────　「全国各地漁業社会の風位語彙資料」『広島大学文学部紀要』第43巻特輯号2　1983年
─────　『生活語彙の基礎的研究』　和泉書院　1987年
森田良行　『基礎日本語　角川小辞典＝7』　角川書店　1977年
─────　『基礎日本語2　角川小辞典＝8』　角川書店　1980年
─────　『日本語をみがく小辞典〈形容詞・副詞篇〉』　講談社現代新書　1989年
森敏昭・井上毅・松井孝雄共著　『グラフィック認知心理学』　サイエンス社　1967年

森本順子 『話し手の主観を表す副詞について』 くろしお出版 1994年
安田三郎・原純輔 『社会調査ハンドブック〔第3版〕』 有斐閣双書 1960年
「日本語の語彙と言語文化」『国文学』 1996年9月号 学燈社 1996
F. ウンゲラー／H.-J. シュミット 池上嘉彦ほか訳 『認知言語学入門』 大修館書店 1998年
John R.Taylor 辻幸夫訳 『認知言語学のための14章』（LINGUISTIC CATEGORIZATION Prototypes in Linguistic Theory） 紀伊國屋書店 1996年

索　引

あ行

曖昧性　39, 236
曖昧な数量　39, 51, 63, 64, 66, 127, 133, 139
アクセント　69
アクセント表記　103
アンチ構造言語学　72
意義特徴　140, 211, 228
育児語　38
異種の全体量　133, 139
一次語　198
一般モデル　143
意味記述　71, 215, 217, 219
意味的構造　50, 195, 202
意味認識　124, 170
意味的張り合い関係　50
飲食概念を持つ動詞　25, 26
温州蜜柑　47
運用場面　53
遠慮の意識　35
置き換え　23〜25, 217, 218, 220, 225
音訛　79, 80, 84
音訛形　22
音声　18, 81, 82
音声的バリエーション　80, 88

か行

海上視点　194, 195, 202
階層構造　127, 140
拡張　22, 75, 97, 99, 102, 103, 105, 124, 161, 163, 170, 211, 214
拡張関係　103, 105, 106, 167, 168
拡張現象　103
拡張制限　162
可算物　145
カテゴリー　10, 11, 48, 49, 51〜53, 57, 62, 64, 65, 87, 121, 123, 124, 126〜128, 133, 141, 145, 146, 210, 213
カテゴリー分類　228
感情形容詞　223
基準点　191
機能分担　96
基本レベルカテゴリー　128, 129, 133
共通語意識　21, 31, 36, 42, 159
共通語化　72, 157
共通事象　199
許容度　214, 215
経済資源　224, 227
形態素解析ソフト　215
限界性　28〜30, 51, 62, 65, 88, 96, 104, 127, 131, 133, 139, 161, 164, 169, 234
言語外現実　147
言語相対説　174
言語的断層の実態　71
謙遜　36〜38, 142, 143
語彙カテゴリー　2, 211
語彙組織　2, 130〜134, 158, 171, 211, 213
語彙体系　1, 2, 6, 50, 53, 70〜72, 134, 202, 210〜214, 228
コーパス　228
心　73, 219, 220, 222, 223, 227

個人差　1, 2, 32, 33, 44, 53, 57, 62, 63, 69〜71, 73〜79, 86, 95〜106, 112, 113, 120〜130, 132, 133, 137, 140〜149, 151〜153, 155, 157, 158, 162〜164, 167, 168, 170, 171, 173, 175, 196, 198, 200, 202, 210〜214, 227, 228
個人性　1, 2, 7, 73〜75, 77, 78, 85, 87, 88, 103, 106, 113, 124, 125, 130, 132〜135, 137, 139, 140, 143, 147, 149, 151, 153, 172, 173, 195, 196, 203, 210〜213, 228
固体物　27, 30, 36, 37, 39, 51, 52, 61, 62, 64〜66, 88〜95, 98〜102, 104〜119, 121〜124, 126, 131, 132, 143〜145, 162, 163, 167, 213
個別の物体　221

さ行

再現性　76
サピア・ウォーフの仮説　174
潮の語彙　147, 148
資金・在庫　227
自然環境　66, 72, 75, 147〜149, 151, 191, 192, 194, 213
自然環境語彙　172, 195, 202
自然傍受法　76, 77
シソーラス　228
社会環境　72, 73, 137, 147, 148, 151, 191, 194, 213
社会言語学　71, 72
社会性　1, 2, 7, 73〜75, 77, 78, 86〜88, 98, 102, 103, 105, 106, 113, 114, 123〜126, 129, 130, 132〜134, 137, 139, 140, 142, 143, 147, 149, 151, 153, 170〜173, 195, 203, 210〜214, 228
集落社会の現状　71
重量感　30, 51, 61, 62, 65, 88〜95, 98, 100, 105
樹形図　140
出現モデル　210
取得・保有　25, 30, 51, 62, 65, 88, 96, 97, 104, 105, 131, 133, 210
上位場面　26
状態程度　18, 25, 168
状態程度(の)副詞　6, 30, 83, 155, 169
食物・栄養分　227
女性特有語　198
所有語　78, 155, 156, 158, 171
所有語彙　156, 158
所有語数　153, 155〜158, 198
親族語彙　6
数量スケール　14, 50, 54
数量＜多＞　14, 17, 19, 30, 48〜53, 64〜66, 78, 84〜88, 101, 103, 112, 113, 122, 123, 127〜133, 139〜142, 144〜147, 153〜155, 210, 213
数量＜少＞　14, 15, 30, 48〜53, 63〜66, 84〜88, 106, 112, 113, 123, 127〜133, 139, 141, 142, 144〜147, 155, 210, 213
数量副詞　6, 8, 10, 13, 14, 17, 22, 23, 29, 40, 83, 127, 133, 139, 140, 142, 155, 173, 200
数量副詞語彙　1〜3, 5, 7, 8, 15〜17, 48, 56, 71, 133, 173, 196, 200, 210〜213, 227, 228
数量副詞語彙体系　48, 56, 57, 78, 148, 211
生活カテゴリー　172, 173
生活環境　172, 222, 223, 227
生活語彙　149, 172, 174, 211
生活語彙研究　72, 212, 213
生活資源　227
生活実相　134
生活体験　71
生活場面　52

生業差　75
性向語彙　72, 149
性差　75
静的体系論　73
静的な構造　130
世代差　2, 134, 153, 155, 158, 211
相補的関係　84
相補的分布　79
属性　162

た行

待遇度　19, 21
対象物の制限　57, 61, 125, 140, 167, 210
多量の強調　61, 62, 65, 160, 161, 164, 168, 169
地域言語調査　76
地域差　2, 134, 137, 146, 147, 156, 211
地域生活者　52
中核機能　138, 151
中核集落　138, 151
抽象化　97, 99, 101, 102, 124, 128, 143, 145
抽象度　17, 18, 20, 22, 23, 59, 63, 82, 101, 140, 227
抽象枠　143
中心的語形　140
長音化　32
テキストマイニング　215, 219
伝達言語　1
同種の全体量　127, 133, 139
動的構造論　73
動的な構造　130
特殊拍　35, 53, 80, 82, 85
ドロツキホド　7, 30, 37, 38, 49, 65, 66, 84, 107〜113, 132, 213

な行

内部構造　2, 10, 50, 51, 53, 103, 130
内面の思索　221
二次的派生語　198, 202
認識言語　1, 212
年層差　75
農業従事者　57, 147, 148, 151, 173〜175, 190, 192〜194, 196, 198, 202
延べ語数　190

は行

排他的関係　210
派生語　195
パロール　85, 202
帆走　176, 193〜195, 202, 212
比況性　30, 36, 37, 39, 51, 61, 64, 66, 88〜95, 98, 103〜111, 113〜119, 126, 131, 132, 162
被修飾部の制限　57, 97
非所有語　78
非対称性　49, 130, 131, 133, 210, 228
非難の文脈　45
標準状態　49
頻度　17, 19, 20, 36, 37, 42, 44, 50, 51, 82〜87, 89, 123, 124, 140, 157, 161, 169, 215, 216, 219, 221〜226, 228〜230, 232, 233
風位語彙　147〜149, 172, 173, 175, 186, 187, 190〜196, 198, 201, 202, 212
副詞語彙　5〜8, 70, 75, 76, 140, 149, 153, 154, 172, 212, 220
プロトタイプ　40, 101, 102, 123, 143, 145, 214, 215, 219, 221, 223, 225〜228
プロトタイプ枠　128, 143, 144, 213
文体的価値　21, 26, 31, 32

分類枠　　5, 7, 8, 17, 19, 29, 30, 39, 46, 48,
　　51～53, 65, 66, 77, 88, 95～97, 99,
　　100, 102～106, 113, 121, 125～129,
　　132, 133, 140, 142～144, 146, 163,
　　167, 168, 170, 171, 186, 191～195,
　　200, 210, 211, 228, 233
変動係数　　158
包括的体系　　213
方言意識　　60, 82, 229, 233

ま行

無生物　　36, 89～95, 98～102, 104, 106
　　～111, 122, 123, 126, 131, 159, 164
明確な数量　　127, 133, 139

や行

有形物　　99～101, 122, 123
容器スキーマ　　225
容器性　　225
幼児語　　38
要素レベル　　66
用法レベル　　226, 227

ら行

ラング　　73, 85
理解語　　83, 87, 157
陸上視点　　193～195, 202
流通度　　75
量的構造　　190, 195, 196, 202
量的な構造　　48
隣接枠　　102, 124, 128, 143

わ行

渡り作　　16, 147, 148, 151, 173, 174, 179,
　　192, 194～196, 198, 199, 201, 202

割合スケール　　14, 53～55
割合＜全＞　　13, 14, 39, 48, 49, 53, 85,
　　87, 88, 114, 121, 125, 127～129, 133,
　　139～142, 144～147
割合＜大＞　　13, 14, 47～49, 53, 86～88,
　　126～129, 133, 139

おわりに

　方言語彙の個人差の問題は、以前から問題になってきたテーマである。個人差がどの程度あるのか、個人差が何を意味しているのか、個人差を取り巻く問題は数多くある。本書では個人差だけを捉えるのではなく、個人差と共通部分を連続的に捉えることによって個人性と社会性と呼んだ。このことで、語彙体系の揺らぎを観察することができる。揺らぎを観察することで、地域社会の人々の暮らしがこれまで以上に鮮明に見えてくる可能性を描いたつもりである。

　さて、個性の時代と言われる一方、日本をはじめとし、世界は今急速に標準的なものや普通のものへの志向を強めているように思える。「ひとつの世界」といえば聞こえは良いが、一つの価値観が「標準的なもの」として世界を圧倒しようとしている。また、一人一人の異なった、しかし重い暮らしや人生を、単なる数として政治は語ろうとする。世界の一地方である日本の、その一地方のことばである方言の、さらにその中の個人のことばは、「標準的なもの」や、数字の世界の圧倒的な力の前に無力に見える。しかし、人々はそれぞれ異なり、地に足をつけて生活し、ことばを使い世界を認識し、ことばを用いてコミュニケーションを行う。個人のことばの持つ世界は、「標準的なもの」に圧倒されるだけではない強さを持っている。共通する部分を持ちながらも、個人の世界を保持する。語彙の揺らぎに、その強さを見たように思う。これからも語彙の世界で、揺らぎを見つめていきたい。

　本書の内容は、筆者が学位論文としてまとめた『方言語彙の個人性と社会性』がもとになっている。
　しかし、本書のために読み返してみると、未完成の部分が気にかかり、当初の予定をこえて全面的に書き直すことになった。筆者にとって学位論文は終点ではなく、実際にはそこが出発点であった。

そして本書を書き終えた今、本書は筆者にとって研究の終点ではなく、出発点になろうとしている。荒削りで、まだまだ様々なデータの収集や解釈の余地が残されているのを感じる。しかし、それは同時に、まさにここから方言数量副詞語彙の世界、語彙組織という世界を開いていけるということでもある。方言語彙の開く世界が、この先に広がっている。

本研究はその入り口の部分から、多くの方々のご指導、ご協力があってこその研究であった。

わが恩師、室山敏昭先生には、私が方言語彙研究の世界に足を踏み入れて以来、お導きいただいている。私が広島大学の学生になった時から、いつも私を見守ってくださった。演習での議論、ヒント、叱咤激励、そして本書の出版へのお話、これらがあったからこそ、今私はここにいる。心からの感謝を申し上げるとともに、本書を通じ、私の研究の軌跡をご報告申し上げるものである。

また、遅々として進まない筆をあきらめることなく待ってくださった和泉書院の皆様に感謝している。

そして、何よりも、ことばについて様々な教示を下さり、調査に協力を賜った多くの話者の方々に、深い敬意と感謝の念を申し上げる。

岩 城 裕 之

■ 著者紹介

岩 城 裕 之（いわき ひろゆき）

1971年　広島県に生まれる
2001年　広島大学大学院修了、博士（文学）となる
2004年　富山商船高等専門学校講師
2008年　呉工業高等専門学校准教授、現在に至る
（主著）
ひろしまのおもしろ方言集（共著）松林社　2000
音声学入門（共著）和泉書院　2005
出雲弁検定教科書（共著）ワン・ライン　2008

研究叢書　390

方言数量副詞語彙の個人性と社会性

2009年6月25日　初版第一刷発行

著　者　　岩　城　裕　之
発行者　　廣　橋　研　三
〒543-0002　大阪市天王寺区上汐5－3－8
発行所　　有限会社　和　泉　書　院
電話 06-6771-1467
振替 00970-8-15043

印刷／製本・亜細亜印刷

ISBN 978-4-7576-0511-4　C0381

和泉書院の本

研究叢書	文化言語学序説 世界観と環境	室山 敏昭 著	13650円
研究叢書	意味の原野 日常世界構成の語彙論	野林 正路 著	8400円
生活語彙の開く世界	地名語彙の開く世界	上野 智子 著	2940円
生活語彙の開く世界	屋号語彙の開く世界	岡野 信子 著	2940円
生活語彙の開く世界	育児語彙の開く世界	友定 賢治 著	2940円
いずみ昂そうしょ	「ヨコ」社会の構造と意味 方言性向語彙に見る	室山 敏昭 著	3675円
いずみブックレット	小さな地名の調べかた メディモリで調べ、アカレンで踊り、ダテマエで待つ	上野 智子 著	1050円
いずみブックレット	近代文学のなかの"関西弁" 語る関西／語られる関西	日本近代文学会関西支部 編	1155円
いずみブックレット	「ノラ」と「ドラ」 怠け者と放蕩者の言語文化誌	室山 敏昭 著	1260円
和泉選書	越境した日本語 話者の「語り」から	真田 信治 著	2940円

（価格は5％税込）